スポーツ
ビジネス
概論 5

黒田次郎
石塚大輔
萩原悟一
秋山大輔　編

CONTENTS

第二部　近年のスポーツビジネス

第三部　スポーツビジネスの発展

第四部　トップスポーツビジネス

第六部　スポーツビジネスの発展を考える

第一部　スポーツビジネスの起源と基礎知識

第1章　スポーツビジネスの歴史

1. 古代のスポーツビジネス

　先史時代の日本列島では、狩猟や戦争、葬送儀礼、共同体の神事の中に、後のスポーツに繋がる営みが萌芽していた。やがて、貴族を中心とする古代王朝社会が出現すると、中国大陸から多くの運動競技や遊戯が伝来し、貴族を担い手とする優雅な世界の中で日本特有のスポーツの伝統が築き上げられた。

　この時代の貴族は、すでに「するスポーツ」と「みるスポーツ」を区別して楽しんでいたが、そこには今日に先駆けたスポーツビジネスの片鱗がみられる。

　スポーツをするためには関連の用具が必要となるが、生産行為を生業としない貴族たちは、自ら用具を作り出すことはできない。ゆえに、貴族のスポーツは、用具の製造を請け負う職人によって支えられていたのである。貴族社会に定着した蹴鞠を例にみると、鞠の製造を専門とする「鞠括」という業態は、すでに古代末期には存在したといわれる。

図 1-1　与作
（『七十一番職人歌合』より）

貴族が観覧して楽しんだスポーツの代表格は、宮廷の年中行事として行われた節会スポーツである。天皇をはじめとする上級貴族たちの目の前で多種目におよぶスポーツ競技が実施され、相撲、打毬（騎乗して行う球戯）、そして弓を射る形態の競技が目立って行われた。

　そこに勝敗が争われる以上、より高度なパフォーマンスを目指す射手たちが良質の弓矢を求めたことは容易に想像がつく。その要望に応えたのが、用具を製造する職人だった。弓の製造を請け負う「弓作」の存在は、遅くとも12世紀には確認することができる。また、矢を製造する職人は「矢細工」と呼ばれた。

　スポーツという言葉を語源に遡って広く「遊びごと」と捉えれば、平安貴族が好んだスポーツに盤上遊戯がある。とくに貴族は賭け雙六に熱中したが、賭場には思い通りの賽の目を出す熟練のギャンブラーがいたという。彼らも、黎明期のスポーツビジネス業界を支えていた。

2. 中世のスポーツビジネス

　中世には、時の権力者の座についた武士がスポーツ文化の中心的担い手となる。この時代は、古代以来の節会スポーツが衰退し、寺社祭礼の奉納芸としてのスポーツが各地で盛んになっていった。

　東国の武士は、西の貴族文化に対抗するために戦闘手段である武術のルールやマナーを整え、必須の教養としてこれに励んだ。その武術の中には、合戦で相手と直接組み合うことを想定した相撲も含まれていた。

　やがて、鎌倉新仏教の台頭とも絡んで、観客から見物料を徴収して芸能をみせる勧進興行が盛んになると、相撲も芸能の一分野として取り込まれていく。勧進相撲は、実戦での殺傷能力よりも観客に「みせる」ための技量が要求されたため、徐々に相撲人の専業化が進む。彼らは、スポーツで生計を立てる、いわばプロスポーツ選手だった。

　勧進相撲興行を取り仕切っていたのが、半僧半俗の民間宗教者である「勧進聖」だった。そもそも勧進とは、寺社の建立や修復のための募金活動を意味する。勧進聖は自分が請け負った寺社の資金調達を、さらに専業の相撲人に下請けさせ、興行に集う大勢の観客から徴収する見物料をもっ

て、一挙に目標額を手にするように企てたのである。中世の勧進聖は、実に巧みなスポーツビジネス戦略を編み出していたといえよう。

　中世を通じて、武士は西の貴族文化である蹴鞠の習得に熱心になり、鎌倉・室町の歴代将軍や戦国武将の中にも多くの蹴鞠の熟練者が出現した。蹴鞠の競技人口が着実に増加するに連れて、蹴鞠用具の製造職人が頭角を現す。蹴鞠のボールを作る「鞠括」、専用シューズを作る「沓造」も、室町時代には専業の職人として独立していった。

　ポルトガル宣教師らによって編まれた『日葡辞書』は、中世末期頃の日本事情を知るうえで貴重な史料である。そこには、蹴鞠の習得を目的とする「鞠講」という集団の存在が記録されている。当時の日本には、現代のスポーツ教室ないしスポーツクラブに類するものがあったことを想起させる。だとすれば、そこで指導にあたっていた側が、もれなく無償で指導を引き受けていたとは考え難く、そこにスポーツビジネスが成立していた可能性も十分にあり得る。

図 1-2　鞠括と沓造
（『七十一番職人歌合』より）

3. 近世のスポーツビジネス

　近世の為政者は依然として武士だった。しかし、世の中が平和になると、武士は実質的には行政を請け負う公務員となり、殺法としての武術はルールに則って安全に技量を比べるスポーツ競技化の道を歩みはじめる。

　こうした時勢を捉えて、江戸の三十三間堂では弓の天下一を決める通し矢の競技会が開催されるようになった。三十三間堂といえば京都の蓮華王院本堂が有名だが、京都をモデルに江戸の浅草に三十三間堂が建立されたのは 1642（寛永 19）年のことである。

　参勤交代によって各藩の武士が江戸に集結していたことが、通し矢の発展の契機となった。最高記録者に「天下一」の称号が与えられるようになると、各藩の対抗意識に着火する。雄藩は優秀な射手の召し抱えに走り、「天下一」の名を我が藩のものにしようと躍起になる。こうして、通し矢は藩の威信をかけた一大スポーツイベントへと発展していった。

　時代の波を敏感に察知し、江戸の三十三間堂の建立を発案したのは一人の弓職人だった。通し矢が流行すれば、人びとは高性能の弓矢を買い求めるようになり、弓矢が飛ぶように売れる算段が成り立つ。三十三間堂建立の背景には、江戸の弓職人による巧みな経営戦略が潜んでいたのである。

　17 世紀末頃を境に都市の庶民が武士を上回る経済力を手に入れると、スポーツ文化の中心的な担い手は庶民へと移る。江戸では、庶民層の経済成長と世界有数の人口を背景に多くのスポーツビジネスが花開く。

　中世に誕生した勧進相撲は、近世にも引き継がれて三都（江戸、京都、大坂）を中心に興行が開催された。宝暦年間（1751 〜 64）の江戸では、相撲興行を運営するための「相撲会所」（現在の日本相撲協会）が生まれ、営利目的のプロスポーツとして安定した興行が行われるようになる。谷風、小野川、雷電などの人気力士も登場し、力士の姿を描いた錦絵も飛ぶように売れた。

　勧進相撲の人気は近世後期に至っても健在で、相撲小屋では客席で飲食物が販売されるなど、今日に近いスポーツ観戦の空間が整う。その盛況ぶりは、1832（天保 3）年刊行の『江戸繁昌記』の中で、歌舞伎、吉原遊郭と並ぶ「江戸三大娯楽」の一つに数えられたほどである。

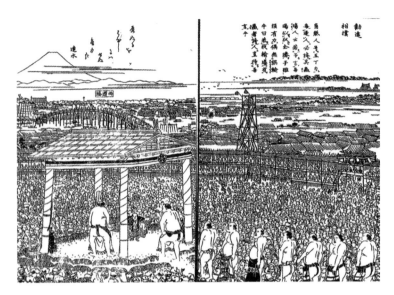

図 1-3　江戸両国の勧進相撲興行
（『東都歳事記』より）

　江戸庶民が自ら参加するスポーツにも産業化の波が押し寄せる。中でも、室内で小弓を用いて手軽に楽しめる楊弓は着実に人気を獲得した。江戸市中で楊弓が栄えたエリアは、名のある寺社の境内や繁華街である。矢場（楊弓の競技場）の営業は、盛り場の集客力を背景に成立していたといえよう。

　武術が兵法からスポーツ競技へと変質すると、剣術の腕前や商才に長けた剣士が多くの流派を形成し、弟子に剣術指南をするための道場を開くようになった。江戸市中では剣術を習う機会が広がり、一般庶民の中にも身近な手習い事として町の剣術道場に通う者が増加する。

　近世後期には、大衆芸能を演じる大道芸人たちが江戸の町に多数出現する。芸を商品化した彼らが繰り出す身体を駆使した曲芸は、見世物として江戸の大衆を魅了した。見物料を支払ってまで見たいと思わせる、高度な芸だけが生き残っていくシビアな世界である。

　18世紀中頃には、都市の貨幣経済が地方にも浸透し、都市型のスポーツビジネスを地方の人びとも共有できる前提条件が整った。

14

近世後期には、各地の寺社や名所旧跡を歩いて巡る長距離徒歩旅行が流行し、地方農民が江戸を訪れ、金銭と引き換えにスポーツ観戦を楽しんだ事例も記録に残るようになる。

　反対に、江戸を越境して都市型のスポーツを地方に届けるビジネスも発達した。その最たるものが、勧進相撲の地方巡業である。江戸の力士が地方農村に出向いて相撲を披露する巡業は、18世紀末頃から度々行われた。貨幣経済の浸透を追い風に、都市型のスポーツビジネスの波が地方まで及んだのである。

4. 近代のスポーツビジネス

　明治期に入り文明開化の時代を迎えると、日本人は在来のスポーツよりも欧米由来の近代スポーツに惹かれ、これを積極的に摂取する。

　1872（明治5）年の「学制」発布以降、近代スポーツ摂取の旗振り役となったのが学校である。そこでは、正課ないし課外体育の教材として欧米産のスポーツに期待が寄せられるようになった。

　20世紀が開幕すると、近代スポーツが国内に定着し、さらに拡大の傾向をみせる。この頃には、日本のスポーツ界も国際的な視野を持ちはじめ、1912（明治45）年のストックホルム五輪に日本選手団を初めて派遣した。大正期には、このニューウェーブに着目し、スポーツ用品の製造販売業にチャンスを見出す者が続々と登場する。本格的なスポーツ用品ビジネスの誕生である。

　日本初のスポーツ用品製造販売業者は、1882（明治15）年創業の美満津商店だといわれている。同社の大正初期のカタログ『美満津商店懐中用定價表』に掲載された商品を一覧にしたものが表1-1である。商品のラインナップからは、当時日本に入ってきていたスポーツ種目を知ることができるが、この時点で、今日の人気スポーツの多くが出揃っている。

　しかしながら、大正期にはスポーツ用品のすべてを国産品で賄うことができず、多くは外国産に頼らざるを得なかった。日本のスポーツ用品が国産化の時代を迎えたのは、昭和初期のことである。

　やがて、昭和10年代中頃には、スポーツ用品ビジネスは受難の時を迎

表 1-1　大正初期に流通していたスポーツ用品

戸外運動器械	室内運動技具	家庭内運動具	軟鉄教練用器具	体操場用器具		活力計器
				屋内の部	戸外の部	
野球用具	ローラースケート用具	エキスパンダー	体操用銃	胸部をはじめ各部運動器	梁木	体重計
テニス用具	卓球用具	拳球用具	軟鉄教練用付属品	室内ブランコ	梁木用付属運動具	身長計
バドミントン用具	ビリヤード用具	子供用ブランコ	撃剣用具	吊環	鉄棒	救急医療箱
テザーボール用具	室内諸遊技用具		銃槍用具	吊棒	棚	普遍活力計器
プッシュボール用具			柔道用具	運動棒	横木	
フットボール用具				平行棒	木馬運動円木	
バスケットボール用具				飛越台	回転塔	
クリケット用具				鞍馬	運動会用具	
ラクロス用具				球竿	体操器械の模型	
ホッケー用具				撥棒		
クロッケー用具				鉄亜鈴		
ポロ用具				鉄竿		
ゴルフ用具						
ボーリング用具						
水球用具						
水泳用具						
弓矢および付属品						
スキー用具						
トボガン用具						
スケート用具						

（『美満津商店懐中用定價表』より）

える。戦争の激化は物価の高騰と資材不足を招き、スポーツ用品の製造に不可欠な革製品やゴム製品も統制を受けたからである。戦時体制に組み込まれることで、日本のスポーツビジネス業界は大打撃を受けるが、その事情が解消されるのは戦争の終結を待たなければならなかった。

5. 現代のスポーツビジネス

　戦後の荒廃から立ち上がり、社会全体としての豊かさを手に入れた日本人は、余暇の消費手段としてスポーツに一層の関心を向けるようになった。とくにテレビがお茶の間に普及してからは、一般人のエンターテインメントとして大相撲、プロレス、プロ野球などのプロスポーツビジネスが発展する。大鵬、力道山、長嶋、王といった国民的スターが火付け役となり、スポーツ情報の商品化も進行した。大観衆を収容できる本格的なスポーツ施設も多種目に及んで登場する。

　ボールの製造加工技術の発展も目覚ましかった。1950 年代には国内のメーカーが正確な球体を作り出すボールを開発し、球技界に革命をもたらす。

図 1-4　タチカラ社のバスケットボールの広告

　1964（昭和 39）年の東京オリンピックは、日本の戦後復興や、日本が自由と平和を愛好する国家として生まれ変わったことを世界中にアピールした。五輪をきっかけに日本人のスポーツ人気が高騰すると、学校運動部活動をはじめ若年層のスポーツ熱もヒートアップしていった。スキーやゴルフが大衆化し、レジャーブームが到来したのもこの頃である。1970 年代になると、フィットネスブームを背景に会員制のスポーツクラブが乱立する。

　1980 年代、スポーツイベントビジネスが国際的に急成長をみせる。ミュンヘン五輪（1972）で勃発したイスラエル選手団襲撃事件、モントリオール五輪（1976）の大赤字、モスクワ五輪（1980）での西側諸国の相次ぐボイコットなど、度重なる問題からオリンピックは存亡の危機に瀕していた。

　そこで、1980（昭和 55）年に IOC 会長の座に就いたサマランチは、

加を容認し、世界最高峰の大会をプロデュースしていった。完全民営化が図られた 1984（昭和 59）年のロサンゼルス五輪は、結果として莫大な黒字計上に成功する。ビジネス路線の採用は賛否を呼んだが、これがオリンピックを蘇生し、価値あるコンテンツへと押し上げたことは事実である。

　やがて、2020（令和 2）年の東京オリンピック・パラリンピックの招致成功をきっかけに、国は経済活性化の糸口をスポーツビジネスに見出すようになる。しかし、五輪開催を控え、上り調子の日本のスポーツ界を震撼させたのが、世界中を混乱の渦に巻き込んだ新型コロナウィルスという見えない敵だった。東京オリンピック・パラリンピックは 1 年延期となり、プロスポーツは軒並み興行中止や開催延期に追い込まれる。スポーツは不滅のコンテンツではなく、世の中の平穏を前提に成り立っているという事実を改めて突き付けられた。

　新たな生活スタイルが提示される中で、人びとの健康意識にも変化の兆しが見られた。幾度にも及ぶ緊急事態宣言を経て、人びとは自身の健康状態に敏感になり、日常的な運動への意識も高まったといわれる。

　人びとの価値観が多きく変わりつつあるいま、日本のスポーツビジネス業界は大きな曲がり角に立たされているといえよう。　　　　（谷釜尋徳）

【参考資料】
1) 東京教育大学体育史研究室編『図説世界体育史』新思想社、1964
2) 岸野雄三、小田切毅一『レクリエーションの文化史』不昧堂出版、1972
3) 守屋毅『近世芸能興行史の研究』弘文堂、1985
4) 寒川恒夫編『図説スポーツ史』朝倉書店、1991
5) 増川宏一『合せもの』法政大学出版局、2000
6) 土屋喜敬『相撲』法政大学出版局、2017
7) 谷釜尋徳『江戸のスポーツ歴史事典』柏書房、2020
8) 谷釜尋徳『ボールと日本人』晃洋書房、2021
9) 谷釜尋徳『江戸のスポーツ産業に関する研究. スポーツ産業学研究』31（3）、361-374.2021
10) 谷釜尋徳『スポーツの日本史』吉川弘文館、2023

第 2 章　スポーツ施設産業とスポーツ用品市場

1. スポーツ市場とスポーツ施設・用品産業

(1) スポーツ産業の動向

　昨今でこそ巷でよく耳にするスポーツ産業であるが、そのきっかけとしては「スポーツ産業研究会」の存在が大きい。本研究会は 1989（平成元）年に通商産業省（現経済産業省）が文部省（現文部科学省）の協力を得て発足させた。「スポーツ産業研究会」は翌 1990（平成 2）年に「スポーツビジョン 21」を刊行し、その中で 1989 年当時のスポーツ市場規模を 6 兆 3,184 億円とした。また、本書の刊行と合わせ、社団法人スポーツ産業団体連合会（現公益社団法人スポーツ健康産業団体連合会）の支援のもと、日本スポーツ産業学会を発足させた。まさに産官学の連携の賜物といえよう。1995（平成 7）年にはスポーツ産業論の入門書的な著書も刊行され、版を重ねている。

　以降、表中にもあるように、スポーツ市場規模は早稲田大学スポーツビジネス研究所が 2002 年当時の国内スポーツ総生産として発表した試算である約 7 兆円が示される。その後直近のものとして、株式会社日本政策投資銀行が 2012 年時点の試算である約 5.5 兆円が提示され、この試算の推移から、我が国のスポーツ産業は縮小傾向にある（スポーツ庁・経済産業省，2016）、と捉えられている。

　2011 年の「スポーツ基本法」、同法に基づく「スポーツ基本計画（2012

表 2-1　わが国のスポーツ市場規模の推移と拡大〈試算〉　　　　　　　　　　（兆円）

2002年	2012年	市場の構成要素	スポーツ産業の活性化の主な施策		2020年	2025年
約7兆円	約5.5兆円		主な政策分野	主な増加の要因	10.9兆円	15.2兆円
約3.3	**約2.1**	**スポーツ施設業**	①**スタジアム・アリーナ** ➡スタジアムを核とした街づくり		**3.0**	**3.8**
—	—	—	②アマチュアスポーツ　➡大学スポーツ等		0.1	0.3
約1.8	約1.7	興行・放送等	③プロスポーツ　➡興行収益拡大（観戦者数増加等）		0.7	1.1
			④周辺産業　➡スポーツツーリズム等		3.7	4.9
—	—	—	⑤IoT活用　➡施設、サービスのIT化進展とIoT導入		0.5	1.1
約1.9	**約1.7**	**小売**	⑥**スポーツ用品**　➡スポーツ実施率向上、健康経営促進等		**2.9**	**3.9**

2002年：早稲田大学スポーツビジネス研究所の試算（スポーツ白書 2006 に掲載）
2012年：㈱日本政策投資銀行「2020 年を契機としたスポーツ産業の発展可能性および企業によるスポーツ支援」に基づく値
スポーツ庁・経済産業省（2016）スポーツ未来開拓会議中間報告～スポーツ産業ビジョンの策定に向けて～、と上記試算・値より作成

年)」、スポーツ庁と経済産業省が共同で設置した「スポーツ未来開拓会議 (2016)」、政府の「日本再興戦略 2016」（以降ステップアップしていく）、2017 年からの第 2 期「スポーツ基本計画」、2022 年からの第 3 期「スポーツ基本計画」といった一連の方向性により、「スポーツの成長産業化」が取り上げられることとなる。

　2012 年時点の約 5.5 兆円を現状とした場合、スポーツ庁・経済産業省 (2016) は、2020 年で 10.9 兆円（現状の約 2 倍）、2025 年では 15.2 兆円（現状の約 3 倍）のスポーツ市場規模への拡大を目指すとされている。そのためには、具体的な政策をすすめる必要があり、それらが表中の中央部分に示される。これまでのスポーツ市場の構成要素は、大きく「スポーツ施設業」「興行・放送等」「小売」の 3 区分で示されてきたが、②アマチュアスポーツ、⑤ IoT 活用、といった新たな分野も加わった。前述したように減少傾向にあるわが国のスポーツ産業を拡大していくためには、新分野の開拓も含め、既存の分野（①スタジアム・アリーナ、③プロスポーツ、④周辺産業、⑥スポーツ用品）の着実な底上げが必要となってくる。

　本稿の以降では、①スタジアム・アリーナ、と関連するスポーツ施設関係、⑥スポーツ用品、の現状等を取り上げる。

2. スポーツ施設の捉え方とマネジメント

(1) スポーツ施設の分類と施設整備の歩み

　わが国の体育・スポーツ施設の設置数や施設の開放状況は、文部科学省による経年的な「体育・スポーツ施設現況調査」により把握されてきた。それらによると、設置数で一番多いのが学校体育・スポーツ施設であり、最新の 2021（令和 3）年の調査時には 12 万 1,901 カ所で全体の 57.7%を占めている。ここに大学・高専体育施設を加えると全体の 61.4%を占めることになり、国内のスポーツ施設の 6 割強は学校関係の施設であるとも言える。次いで多いのが公共スポーツ施設であり、5 万 1,740 カ所 (24.5%)、さらに民間スポーツ施設の 2 万 9,821 カ所（14.1%）と続く。ただ、いずれの施設もピーク時の設置数からは減少しており、その減少数は学校体育・スポーツ施設で 3 万 4,647 カ所、公共スポーツ施設で 1 万

3,788 カ所、民間スポーツ施設では 1 万 4,068 カ所となっている。このように多くの区分の施設がピーク時からは設置数を多く減らしてはいるものの、唯一民間スポーツ施設だけは微減微増を繰り返していることは特筆されよう。

　公共スポーツ施設の整備のあり方を検討した組織として（旧）保健体育審議会をあげることができる。1972（昭和 47）年の答申に続き、1989（平成元）年には「21 世紀に向けたスポーツの振興方策について」を答申し、そこでは各都道府県、各市区町村や各地域において一般的に整備することが望ましいスポーツ施設の機能、種類や標準的な規格・規模といった整備指針（一部は表 2-2 の左側を参照）を提示している。

　初回答申との比較では、日常生活圏をゾーニングし、地域住民の日常的なスポーツ活動のための身近な施設として地域施設という施設の区分を新たに設けたことが特筆される。地域施設を広範囲にした市区町村域施設、さらに市区町村域施設よりも広い範囲である都道府県域施設という 3 つの施設区分で構成される。また、運動局面のみならず運動のプロセス（往路→更衣→運動（局面）→更衣→談話→帰路といった流れを指す）をも合わせて施設整備を捉えるとの考えに基づき、整備指針中に具備すべき主な付帯施設・設備も具体的に明示されている。

　このようなスポーツ施設の整備指針に基づき各地域で万遍なく施設整備がなされることが求められるが、実態としては地域格差が生じているのが現状である。特定の県を対象とした公共スポーツ施設の整備状況を整備指針と照らし合わせ分析した結果（永田、2009）、特に市区部に比べると町村部において未整備状態が多いといった格差がみられた。また整備指針に準じたスポーツ施設を保有する市区町村はかなり少なく、制度と現実との間にはずれが生じていることも指摘されている。

(2) 施設マネジメントの新潮流

　公共スポーツ施設の整備における制度と現実とのずれに対しては、行政側の正確な現状認識とそれを踏まえた改善方策が必要となる。

　2011（平成 23）年に国によりスポーツ基本法が制定され、翌年にはそ

の法律に基づき、スポーツに関する施策の総合的かつ計画的な推進を図る為にスポーツ基本計画が定められた。この流れと同じくして地方公共団体においては地方スポーツ推進計画の策定が進められてきている。この地方スポーツ推進計画は都道府県レベルではほぼ策定されているが、市町村レベルで策定されているところ（これも地域格差がある）は決して多いとは言えない。本来であればこの地方スポーツ推進計画中に施設整備の現状や今後の整備のあり方について記述すべきであろうが、計画策定自体が現時点では進んでいないことから他の方法も考えてしかるべきである。

　例えば、地方スポーツ推進計画がない代わりにすべての市町村に存在するのが総合計画であり、第○次総合計画という記載がなされることが多い。また、これもほとんどの市町村で確認できるが、「まち・ひと・しごと創生法」に基づく「市町村まち・ひと・しごと創生総合戦略」が定められ実行されている。地方スポーツ推進計画が策定されていない自治体においては、これらの計画や戦略中にスポーツ施設の整備に関する各種方策が盛り込まれていると望ましい。

　一方で公共スポーツ施設の新設や付帯施設・付属設備の整備が難しい場合、不足施設の代替としてこれまで学校体育施設の開放が活用されてきた。ただ、施設の種類や学校段階によっては開放率が高くないこと、また施設開放の頻度や時間帯にも熟考を要するなど学校体育施設の開放事業は容易ではない。しかしながら、地域によってはこの施設開放事業を特定の総合型地域スポーツクラブに運営委託する事例もあり、クラブが地域社会で存続していくための貴重な事業となっている。

①指定管理者制度

　1947（昭和22）年施行の地方自治法において、公の施設（主なものとして、スポーツ施設、図書館、市民会館、福祉施設、保育所、児童館、老人養護施設等）の運営委託は地方自治体が出資した法人、公共団体や公共的団体（農協・生協・自治会等）に限られる「管理委託制度」であった。この制度のもとでは、施設の利用料金の決定と収受は自治体であり、管理運営のみ法人等が担うということである。

　この地方自治法は2003（平成15）年に一部改正・施行され、そこで「指

定管理者制度」が導入された。本制度において、公の施設の管理は従来のように特定の法人等に限ることなく、民間事業者にまで拡大することができるようになったことが大きな違いである。制度導入の目的は、公の施設の管理主体を民間事業者等へ開放することにより、住民サービスの向上と行政コストの削減を目指し、それを地域振興へとつなげることである。新制度のもとでは、指定管理者が施設の使用許可等の事務も行うことができること、また条例の範囲で料金を自由に設定でき、使用料は指定管理者の収入となることにより、これまで参入できなかった民間事業者にとってビジネスチャンスともなっている。近年の傾向としては、複数の団体が共同事業体を構成し応募するという手法も多く見られる。

制度発足から約20年が経ち数回の選定委員会が実施されてきているが、その中で事業が破綻し指定が取り消しとなった事例も報告されている。このような指定者と被指定者の両者にとって良くない現象を無くすためにも、指定管理者側としては、対象となる物件の立地等、対象自治体の姿勢、顧客（施設利用者）の実態、審査体制、自社の能力や経営体力等をしっかりと見極めることが重要である。自治体側としては、最適な事業者の選定

表 2-2　スポーツ施設の整備の指針と施設規模別にみた期待される運営者や機能との相関

施設の機能	主な施設の種類	施設の区分
地域住民の日常的なスポーツ活動のための身近な施設	多目的運動広場	地域施設
	多目的コート	
	地域体育館	
	柔剣道場	
	プール	
市区町村全域に機能する施設	総合運動場	市区町村域施設
	総合体育館	
	柔剣道場	
	プール	
都道府県全域にわたる事業を実施するための施設	総合的な競技施設	都道府県域施設
	総合的なトレーニング施設	
	研究・研修施設	
	情報センター	

施設の規模	期待される運営者	必要な機能
コミュニティレベル施設	総合型地域スポーツクラブ（NPO取得）	継続的スクール
		クラブ会員サービス
		施設運営
	住民組織	施設メンテナンス
	施設管理会社	地域交流
中規模自治体中核施設	フィットネスクラブ	施設運営
	施設管理会社	教室・プログラム
	地元大学	施設メンテナンス
	NPO等住民組織	地域交流
大規模施設（観戦型施設等）	プロスポーツチーム	ホームゲーム開催
	都道府県体育協会	大会誘致・計画
	施設管理会社	教室・プログラム
	イベント企画会社	施設運営
		競技団体調整

出所：保健体育審議会（1989）を簡略化　　出所：大竹（2015）を簡略化

方法・手順や評価基準・項目、モニタリング等の施設経営評価の方法、修繕計画に基づく施設改修コスト、収支差の帰属問題等の利益処分といった課題を改善していく必要性がある。

　表2-2は、保体審答申でのスポーツ施設の整備の指針の一部（表の左側）と、施設の規模ごとに期待される運営者（指定管理者）と必要な機能とを重ね合わせたものである。大竹（2015）が指摘するように、コミュニティレベル施設では、総合型地域スポーツクラブが運営者として関わる事例も散見され、脆弱な組織経営からの脱皮と住民参加型の仕組みを構築するもの、と今後に期待を寄せる。

②ネーミングライツ

　ネーミングライツ（命名権）とは公共のスポーツ施設の名称にスポンサー企業の社名やブランド・商品名を付与する新しい広告概念であり、スポーツ施設の建設及び運用資金調達のために用いられる手法である。1980年代から米国で使用され、そこでの契約期間は20～30年と長期間であるのに対し、その後普及した日本では3～5年の短期間契約であることが多いのが特徴となっている。実際日本では1期数年で契約を終えることもあり短期契約の長所も活かされるが、一方で契約更新を繰り返し10年以上に亘りスポンサーとなっている企業もみられる。

　千葉市の千葉マリンスタジアムは2011（平成23）年からQVCジャパンがスポンサー企業となり「QVCマリンフィールド」という名称となった。日本では珍しく約10年という長期の契約であったが、6年目での中途契約解除となった。企業認知度の向上等、会社としての一定の成果が挙げられたことが契約解除申し入れの理由である。想定外のことで、千葉市、千葉ロッテマリーンズそしてスポンサーであるQVCジャパンの3者で協議が必要となったという稀な事例もある。

　他にも命名の権利を買った企業の業績不振や破産による撤退、不祥事による契約解除の事例もある中、そのような様々なリスクを想定して変動式の金額設定で契約を結ぶケースも実存する。「フクダ電子アリーナ」では、ジェフ千葉の成績や契約企業の実績、蘇我地区の再開発の進行状況に応じ

て、契約金額が最大で8,000万円変動する可能性を詳細に規定し、最悪の場合契約解除もできるとした。

　ネーミングライツの効果については、定量・定性的分析により測定できると望ましく、地域内のどの物的資源においてネーミングライツを活用していくかというビジネスマインドが必要である。スポーツ施設以外でも公園や、近年では歩道橋にまでこの仕組みが普及している。

3. スポーツ用品市場
(1) 全体の動向

　スポーツ用品の国内出荷市場規模の推移について、2018年と2021年の上位10位を抽出し表2-3に示した。2021年の合計は1兆5,658億9千万円であり、3年前の合計値1兆5,308億5千万と比べると、2.3%の増加となった（表中では、2018年の値に対しての2021年の数値を示してあり、この場合102.3と表記してある）。先のスポーツ庁・経済産業省(2016)「スポーツ未来開拓会議」においては、2020年のスポーツ用品（小売）の目標値を2.9兆円としており、その達成にはほど遠い（データの試算方法が全く同じではないので、単純な比較はできないが）。ちなみに、2022年の見込みは1兆6,529億4千万円、2023年は1兆7,347億3千万と予測しており、微増傾向を示す。

　全体としては、若干増加と判断するが、スポーツ用品を構成する個々のカテゴリーを見ると、その増減傾向が明らかとなる。大幅に増加させているのは、「釣り」と「アウトドア」で28.7～23%の増加を達成している。全体平均を超える部門は「サイクルスポーツ」と「ゴルフ」が該当する。一方、「スキー・スノーボード」は22.2%、「テニス」と「サッカー・フットサル」は約20%の減少と、カテゴリーにより明暗がわかれている。
①減少傾向のカテゴリー

　「スキー・スノーボード」用品の不振は、活動場面では積雪が欠かせないものの昨今の温暖化や降雪の遅れ等により十分な営業日数を保てないスキー場が増加（廃業するスキー場も存在する）していることとも比例関係にあるといえよう。2割強減の「テニス」「サッカー・フットサル」は競

技スポーツ志向者も多く、少子化、スポーツ少年団・運動部活動の種目の制限や運動部活動離れ・離脱等の影響を受けているものと推察できる。そのような中で、「ラグビー」のワールドカップが2019年に日本で開催され、日本代表の活躍もあり、多くの国民の関心を高めたこと、また2023年には「男子バスケットボール」「男子バレーボール」「男子ハンドボール」等の競技種目において数十年振りに自力で翌2024年のパリ五輪の出場権を獲得できたことも記憶に新しい。このような大会を契機とした、その後の綿密な仕掛けが継続して行われると、スポーツ用品・用具はもとより、他の周辺産業（例えばスポーツツーリズムへ盛り込む等）にも好影響を及ぼすものと考える。

②増加傾向のカテゴリー

　表2-3の2021年上位5位までの構成比を足すと80.3%となり、スポーツ用品界では優良なカテゴリーであることがわかる。増加を示す「サイクルスポーツ」も含めて考えると、2019年から世界中で猛威を振るう「COVID-19（新型コロナウィルス感染症）」のさなかにあっても、比較的三密を避けやすい運動群等ではないかともいえる。

表2-3　スポーツ用品（2018/2021年上位10位）国内出荷市場規模の推移

	2014年	2018年	2021/2018	2021年	構成比(%)
スポーツシューズ	224,780	322,400①	98.5	317,530①	20.3
ゴルフ	251,030	262,640②	**105.2**	276,330③	17.6
アウトドア	179,660	238,080③	**123.0**	**292,880②**	18.7
アスレチックウエア	177,760	204,460④	94.2	192,550④	12.3
釣り	123,850	139,180⑤	**128.7**	179,070⑤	11.4
野球・ソフトボール	73,650	68,770⑥	86.2	59,310⑥	3.8
サッカー・フットサル	66,640	60,390⑦	79.7	48,120⑦	3.1
テニス	54,230	52,140⑧	79.5	41,440⑨	2.6
サイクルスポーツ	37,180	41,900⑨	**114.4**	**47,950⑧**	3.1
スキー・スノーボード	52,010	40,080⑩	77.8	31,200⑩	2.0
合計	1,351,150	1,530,850	**102.3**	1,565,890	

㈱矢野経済研究所：「2017年版スポーツ産業白書 (2017)」「プレスリリース (2020)」「2023年度スポーツ産業白書：調査結果サマリー (2023)」より作成

「スポーツシューズ」はさらに、①ランニングシューズ、②ウォーキングシューズ、③多目的シューズ、④キッズシューズ、⑤スポーツサンダル、「アウトドア」はさらに、①登山需要、②ライトアウトドア需要、③ライフスタイル需要、「アスレチックウエア」はさらに、①トレーニングウエア、②ライフスタイルウエア、③陸上競技・ランニングウエア、へとそれぞれ区分けされるので、今後も各区分の需給関係を掴む必要があろう。

　株式会社矢野経済研究所（2017）は、健康経営を「企業や自治体が従業員や市民の健康維持・増進によって医療費の負担の高騰に歯止めを掛け、同時に事業の生産性を高める組織運営のこと」と定義し、ビジネスチャンスと捉えている。スポーツには様々な志向があってよいが、多くの国民が自分の事としてスポーツに関わるには、気軽に取り組める機会が保証されていくといいのだろう。　　　　　　　　　　　　　　　　　（永田秀隆）

【参考文献】
1) 日本政策投資銀行地域企画部『2020 年を契機とした国内スポーツ産業の発展可能性および企業によるスポーツ支援〜スポーツを通じた国内経済・地域活性化〜』2015
2) 矢野経済研究所『2017 年版スポーツ産業白書』2017
3) 矢野経済研究所プレスリリース：https://www.yano.co.jp/press-release/show/press_id/2424（2020 年 9 月 22 日参照）
4) 矢野経済研究所『2023 年度スポーツ産業白書』調査結果サマリー：https://www.yano.co.jp/press-release/show/press_id/3251（2023 年 10 月 25 日参照）
5) 間野義之『公共スポーツ施設のマネジメント』体育施設出版、2007
6) 文部科学省『わが国の体育・スポーツ施設』2010
7) 永田秀隆『公共スポーツ施設の設置・整備状況に関する地域比較―保健体育審議会答申の整備指針に基づく M 県下の市区町村域施設の分析―』体育経営管理論集、1、13-18、2009
8) 永田秀隆（2017）A 県市町村の地域特性とスポーツ関係方策との関係性についての検討. 日本体育学会第 68 回大会発表原稿
9) 日本政策投資銀行地域企画部・日本経済研究所・早稲田大学スポーツビジネス研究所『スマート・ベニューハンドブック：スタジアム・アリーナ構想を実現するプロセスとポイント』ダイヤモンド社、2020
10) 大竹弘和『スポーツ施設産業（スポーツ産業論第 6 版 pp.29-40）』杏林書院、2015
11) 笹川スポーツ財団『スポーツ白書 2020 〜 2030 年のスポーツのすがた〜』2020
12) スポーツ庁・経済産業省『スポーツ未来開拓会議中間報告〜スポーツ産業ビジョンの策定に向けて〜』2016
13) 柳沢和雄、清水紀宏、中西純司編著『よくわかるスポーツマネジメント』ミネルヴァ書房、2017

第 3 章　プロスポーツのマーケティング

1. プロのスポーツマーケティングとは

　スポーツマーケティングを取り上げる前にマーケティングについて説明する必要があるだろう。マーケティングは「企業および他の組織がグローバルな視野に立ち、顧客との相互理解を得ながら、公正な競争を通じて行う市場創造のための総合的活動（日本マーケティング協会, 1990）」と定義されている。つまり、「商品やサービスが売れる仕組みを構築するための活動」と言い換えることができるだろう。古くから様々な業界でマーケティングは活用されてきており、スポーツも例外ではなく、スポーツマーケティングとしてスポーツ場面で用いられてきた。

　藤本（2022）は、「スポーツマーケティングは、「するスポーツ」と「みるスポーツ」で生起するスポーツ消費者のニーズと欲求を満たすために行われるすべての活動であり、「スポーツそのものの価値またはスポーツ用品・サービスの価値を高めるマーケティング（marketing of sport）」と「スポーツを利用して，製品やサービスの価値を高めるまたは社会課題の解決に取り組むマーケティング（marketing through sport）」を含む」と定義している。つまり、スポーツに関連する組織が「何を」「誰に」「どうやって」届けるのか（藤本、2022）ということである。前述したように、スポーツマーケティングは、主に「するスポーツ（学校での体育活動、フィットネス活動など）」「みるスポーツ（スタジアム観戦、テレビ視聴など）」を対象としてきた。

　今日、特にスポーツマーケティングを活用している現場はプロスポーツである。プロスポーツの組織が観客や視聴者を増やすことで、収入を増やし、さらにその状態を維持していく活動こそがプロのスポーツマーケティングである。観客や視聴者を増やすために行う活動に付随するグッズ販売、宣伝・広告活動、SNS による発信などもプロのスポーツマーケティングのひとつと言えるだろう。したがって、前述したスポーツマーケティングの定義のうち、プロのスポーツマーケティングは、「みるスポーツ」で生起する「スポーツそのものの価値またはスポーツ用品・サービスの価値を高めるマーケティング」にあたる。

2. 我が国におけるプロスポーツマーケティングの隆盛

　スポーツマーケティングが世界的に急速に発展したきっかけは1984年に開催されたロサンゼルスオリンピックである。それ以前は開催都市の公的資金で賄われていたが、放映権やスポンサー権などを売り出し、オリンピックというビッグスポーツイベントをマーケティングした。

　我が国においては、1993年に開幕したJリーグがスポーツマーケティングの起源といわれている。当時、日本にはプロスポーツが「大相撲」「野球」しかなく、プロ野球もほとんどが赤字球団だった中、Jリーグが開幕した。Jリーグはチーム名に意図的に企業名を入れず、地域密着を意識した運営を行った結果、ホームタウンのファンを獲得し、経済的に自立することが可能となった。その後、野球、サッカーを中心に各チームが独自にマーケティングを進めてきた。

　プロ野球では、「球団とスタジアムの一体運営」をしているチームが増加してきている（中村、2017）。東北楽天ゴールデンイーグルスの本拠地である「楽天生命パーク宮城」には、観覧車やメリーゴーランドといった小さな遊園地が併設されており、家族で野球・スタジアムを楽しむことができる仕組みとなっている。また、2022年のオフシーズンには、日本のプロ野球界では、初めてスタジアムでゴルフを楽しむことができるイベントが開催された。オフシーズンの使われていないスタジアムを有効活用することができ、ゴルフを趣味としている人をファンとして取り込むことができる仕組みになっている。このようなイベントを開催することができたのも、「球団とスタジアムの一体運営」をしているからこそである。2023年シーズンより、北海道日本ハムファイターズの本拠地となる「エスコンフィールド北海道」にもファンを獲得、楽しませる工夫がなされている。キャッチコピーを「世界がまだ見ぬボールパーク」とし、その名の通り、世界初となるスタジアム内にサウナ施設やホテルを備え、キッズエリアやグランピング施設、農業学習施設なども併設されている。照明、音響、映像を連動させるシステムもあり、様々な視点からファンを楽しませるマーケティングをしている。以上のような、「球団とスタジアムの一体運営」をすることで、ファンがお金を使いたくなる仕組みやスポンサー企業が参

入しやすい環境を構築している。

　Ｊリーグでは、開幕時に地域密着チームを目指した結果、10チームでスタートしたチーム数がJ3まで含めて60チームまで拡大し（2023年シーズン開幕時）、Ｊリーグ全体でマーケティングを進めてきた影響であると考えられる。横浜Ｆ・マリノスは、ファン満足度を向上するためのプログラムとして、「横浜Ｆ・マリノス沸騰プロジェクト」を実施した。沸騰プロジェクトは、マリノスの盛り上がり（沸騰）を周囲に伝え合うファン同士のコミュニケーションプロジェクトである。プロジェクトに登録したファンのみが投稿ならびに閲覧でき、一般的なSNSと比較してハードルが低く、参加しやすいものとなっている。沸騰プロジェクトに登録しているコアファンにイベントや企画などのアイデアを出してもらい、ファンとともにチームを作り上げており、盛り上がりを見せている。

　近年、プロスポーツマーケティングで注力されているのがデジタル戦略である。若い世代を中心にテレビ離れが進み、スマートフォン（以下、スマホ）全盛期となっており、デジタル戦略が効果を発揮している。

　プロ野球界では、横浜DeNAベイスターズがオンラインで試合を楽しむことができる「オンラインハマスタ」を開催している。球団独自の映像、OBなどのスペシャルゲストの解説を聞きながら、自宅で試合を楽しむことができるイベントとなっている。スペシャルゲストに質問したり、スタジアムのビジョンに投影したりと「オンラインハマスタ」でしか楽しむことができない内容になっている。また、限定ユニフォーム付き参加券も販売しているなど、販売促進も同時に行っている。ファンを獲得した戦略である広島東洋カープの「カープ女子」、福岡ソフトバンクホークスの「タカガール」などは、SNSで拡散され、ファンが急増した。このようにデジタル化が進んだ影響により、SNSの拡散力が増大した。したがって、各チームは「SNS映え」を狙ったマーケティングを実施することで、ファンにSNSへの投稿を促し、新たなファン獲得に繋ぐことができる。

　Ｊリーグでは、Ｊリーグ公式アプリ「Club J.LEAGUE」が好評となっている。このアプリは、試合速報やニュース、チケット購入ができるアプリとなっており、中でも試合会場でチェックインすることでアプリ会員に

メダルが付与され、3枚集めると無料観戦チケットが当選するキャンペーンに応募できる機能がファン増加の一助となっている。初めてJリーグの試合を観戦する人のほとんどが「誰かに誘われたから」という理由で足を運んでいる。したがって、メダルを集めるために友人や家族を誘って何度も観戦に来てもらうというのがメダルを付与する機能の狙いである。

　これまでデジタル化が進む以前よりマーケティングを行い、人気を集めてきたプロ野球とJリーグであったが、デジタル戦略を駆使して2015年に発足したのが、日本のプロバスケットボールリーグ、通称Bリーグである。Bリーグは観客のターゲットを若者や女性に絞り、より楽しんでもらえるように、応援する活動をスマホで完結できる仕組みを構築した。プロスポーツの4大収入であるチケット、放送、スポンサー、グッズがスマホで完結している。チケットの販売はWEBチケット、放送はインターネット配信、スポンサーはWEB広告、グッズはインターネット販売というようになっている。チケット購入の手軽さ、インターネット配信で仕事や学校帰りに視聴することができる仕組みによって、観客数が増加している。また、SNSの機能を活用したマーケティングを行っている。例えば、SNSのハッシュタグ機能を利用し、オールスター戦の選手投票を行う、あるいはチームや選手のSNSアカウントで積極的にファンと交流するなどして、ファンとチームとの距離を縮めている。

　以上のような、デジタル戦略はファンにとって利便性だけでなく、親近感を生み出している。SNSの発達により、ファンの声が直接チームや選手に届きやすくなり、反対にチームや選手がSNSに投稿することで普段見ることができない姿を見ることができ、親近感を持つようになっている。これまでは、試合結果、練習の様子、選手のインタビュー、イベントやキャンペーンの情報などチームや選手が知らせたい内容は、テレビや新聞などを介するしかファンに届ける方法がなかった。しかし、インターネットやスマホの普及した今日では、ほとんどのチームや選手がSNSを活用しており、自分たちの伝えたいことを自分たちの好きな言葉、好きなタイミングで伝えることができるようになった。さらに、これらのサービスのほとんどを無料で楽しむことができ、ファンの満足度向上に繋がっている。

現在のプロスポーツマーケティングにおいて、どのプロスポーツチームもデジタル戦略を活用することは必要不可欠であるといえよう。

　我が国のスポーツ界において必要不可欠であるデジタル戦略をさらに加速せざるを得なかったできごとが2020年頃より流行した新型コロナウイルスである。

3. コロナ禍におけるプロスポーツマーケティング

　初めに感染が拡大した時、我が国では緊急事態宣言が発令(2020年4月)され、日本国内のプロスポーツの試合が中止・延期されるなど姿を消した。緊急事態宣言解除後、無観客で試合（リモートマッチ）が再開した。また、新型コロナウイルスは、飛沫や接触によって感染が広がると考えられており、感染防止対策としてソーシャルディスタンスが必要とされた（厚生労働省、n.d.）。したがって、ソーシャルディスタンスを保つために、スタジアムに集まる人数を最低限に制限する必要があった。そのため、スタジアムに足を運んで、声援送るといった直接応援する「みるスポーツ」をすることが難しくなった（表3-1）。

表3-1　主なプロリーグの平均観客動員数（人）

	2019	2020	2021	2022
プロ野球	30,929	7,798	9,578	24,558
Jリーグ(J1)	20,751	5,796	6,661	14,328
Bリーグ(B1)	3,260	1,554	1,983	3,466

　しかし、プロスポーツチームとファンの関係を強くすることで、プロスポーツチームの経営が安定すると報告されている（Funk and James, 2001; Heere et al., 2011）ことから、直接応援することが難しい状況においても、ファンに満足してもらう活動、ならびに新規ファンを獲得する活動は続ける必要があることは言うまでもない。そこで、必要とされたのが映像などでスポーツを楽しむデジタル戦略や新しい手法のマーケティングである。

まずどのチームも力を入れたのが、リモートで楽しく応援できるシステムである。チーム公式の配信サイトを充実させ、試合だけでなく、練習風景やベンチの映像などテレビ中継では放送されない映像を配信し、時間や場所を選ばずに応援することができるシステムを構築した。福岡ソフトバンクホークスのサブスクリプションサービスである「ホークスTV」は、月額900円でパ・リーグ主催試合が見放題となっている。球場に足を運ばないと観戦することができない2〜4軍の試合も視聴することができたり、過去の名シーンやオリジナル映像が見ることができたりと、コアファンにとって満足度の高いサービスとなっている。

　また、Jリーグでは、クラブが映像配信ツールを使って、試合前後に選手によるコンテンツの配信、「投げ銭サービス」の導入を実施した。「投げ銭サービス」は、素晴らしいパフォーマンスやクオリティを称賛したときに少額の寄付をするようなサービスである。投げ銭の額は試合内容に比例し、内容が良くない日はあまり入らず、得点が生まれた際に、ご祝儀的な意味合いの投げ銭がされる。

　リモートで応援できるシステムと同時に、オンラインで楽しむことができるコンテンツも開始された。公式のYouTubeチャンネルにおいて、オリジナル動画を投稿するチームが増加した。試合のハイライト動画、試合前の声出しの動画、マスコットキャラクターがインタビューする動画などチームによって特色が違うYouTubeチャンネルの運営を行っている。YouTubeチャンネルの企画のひとつである選手による試合や練習の解説動画も人気を集めている。通常はOB選手などが解説をするが、現役の選手目線による解説をすることで、ファンはもちろんアマチュア選手の参考になるコンテンツとなっている。YouTubeは基本無料であり、気軽にファンが視聴することができるためコロナ禍になって力を入れたチームが増加した。

　また、コロナ禍前のオフシーズンなどは地域の子どもたちを中心に、選手たちがスポーツ教室を行っていたが、その代替策としてオンラインでのスポーツ教室が行われた。対面でのスポーツ教室と比較して臨場感を体験することはできないものの、参加のハードルが低くなったり、移動がない

ため受講しやすかったりとメリットが生まれ、コロナ禍においてもファンの満足度が向上した。

　さらに、普段見ることができない体験をしてもらうためにVR（バーチャルリアリティー＝仮想現実）観戦を導入したチームもある。自宅で観戦しているにもかかわらず、試合会場にいるかのような体験ができる。また、野球であればマウンドからの映像、バスケットボールであればゴール目線といったスタジアムに行っても見ることができない視点から見ることもできる。そのような技術を駆使して、スタジアムに行くことができない場合でも、スタジアムで観戦したかのような満足感を得られるのである。しかし、VRでの観戦は情報量が多いため、スポーツ未経験者の場合、処理しきれず満足度が低いというデータもある（木原・萩原、2021）。したがって、今後プロスポーツチームはVR映像を配信するだけでなく、見やすさ、わかりやすさといった点に注意して配信する必要があるだろう。

　デジタル戦略以外にも、コロナ禍だからこそ生まれたマーケティング戦略もある。福岡ソフトバンクホークスは球場内で食べることができるグルメをデリバリーできる仕組みを作った。なぜなら、スタジアムに足を運ぶことが難しく、食べることができないスタジアムグルメを自宅で食べることで、野球のことを少しでも思い出してもらう、あるいはファンの人に喜んでもらうためにこのようなサービスを実施した。

　以上のようにコロナ禍において、デジタル戦略を中心にスポーツマーケティングが進歩した。しかし、スポーツマーケティングの目的はコロナ禍の前と変わらず、チームとファンの接点を作り続けるということである。すなわち、ファンの目にスポーツを触れる機会、スポーツのことを考える回数や時間を増やすためのマーケティングである。コロナ禍において、スポーツのことを考える機会が減少したため、デジタル戦略といった新しいツールを活用したが、根本的な考えは変わらない。

4. コロナ禍で変わる点・変わらぬ点
　コロナ禍において、前述したようにスポーツマーケティングに様々な変化があったが、その中で変わる点・変わらぬ点がある。

まず変わる点について提示する。今日、我が国における試合中継は有料の配信サイト（DAZN など）への移行が進んでいる。コロナ禍の前では、スタジアムに足を運んでもらい、興味を持った人に対して配信サイトに登録してもらうというプロセスであった。しかし、コロナ禍においてスタジアム観戦のハードルが上がったため、まず SNS などの無料コンテンツで興味を持ってもらい、配信サイトの無料トライアルに登録してもらったのちに、観戦してもらうといったプロセスに変化した。したがって、無料コンテンツで興味を持たせるようなマーケティングが必要になっている。また、このような配信の仕組みが充実し、アウェイチームにも収益が入るようになった。Jリーグではチケット収益などホームチームにしか収益が入らない仕組みであったため、アウェイチームが自チームのコンテンツを配信することで、収益を得ることができるようになった。したがって、これまでは入場者数によるチケット収入であったが、コロナ禍においては、入場者数に加えて、視聴者数が主な収入源になる点が変化した。

　次に、コロナ禍においても変わらぬ点を挙げる。前述したように、プロスポーツチームの主な収入源はファンに来てもらうこと、見てもらうことである。その点はコロナ禍においても変わらないため、デジタル戦略が進み、どこにいても応援することが可能にはなったが、地域密着を続ける必要がある点は変わらない。

　2021 年に実施された調査では、スタジアム観戦した人が全体の 8.3％と減少したことを明らかにしていたが（三菱 UFJ リサーチ＆コンサルティング、2021）、2022 年同調査では、13.4％と復調の兆しが確認されている（三菱 UFJ リサーチ＆コンサルティング、2022）。新型コロナウイルスの流行前のように、大勢のファンがスタジアムに駆けつけて応援するといったこれまでの「みるスポーツ」のスタイルが再び日常に戻る時期の予想は難しいとされていたが（KPMG、2020）、2023 年シーズンでは、どのプロスポーツも人数制限なし、声出し応援解禁での試合を再開させている。新型コロナウイルス流行前の思い出を取り戻すかのように観客数や売り上げが回復してきている。したがって、スタジアム観戦のハードルは高まったものの、スタジアム観戦はファンが一番楽しむことができる応援

スタイルという点は変わらないだろう。

　コロナ禍において、変わる点・変わらぬ点があるが、スポーツが人々の心を豊かにするということは変わらない。実際、2021 年に開催された東京オリンピック・パラリンピック、2022 年に開催された FIFA ワールドカップ、2023 年に開催されたワールドベースボールクラシック（WBC）など、日本中の人々に感動を与えた。今後、コロナ禍で進歩したスポーツマーケティングで、感動を与えるためのアプローチがさらに変化していくであろう。

（八尋風太）

【参考資料】

1）日本マーケティング協会 . (1990). マーケティング定義委員会：https://www.jma2-jp.org/images/pdf/marketingdefinitioncommittee_1.pdf（2023 年 3 月 29 日参照）

2）藤本淳也 . (2022). スポーツマーケティングとは何か―特異性の考察―. マーケティングジャーナル , 42(2), 6-16.

3）中村聡宏 . (2017).【特集】スポーツビジネス新時代へ ―B.LEAGUE 開幕、2020TOKYO、そしてその先へ―. CUC view & vision, 43, 38-44.

4）厚生労働省 . (n.d.). 新型コロナウイルスについて：https://www.mhlw.go.jp/stf/seisakunitsuite/bunya/0000164708_00001.html (2023 年 4 月 10 日参照)

5）Funk, D.C. and James, J.D. (2001). The Psychological Continuum Model: A conceptual framework for understanding an individual's psychological connection to sport. Sport Management Review, 4(2), 119-150.

6）Heere, B., James, J.D., Yoshida, M., and Scremin, G. (2011). The effect of associated group identities on team identity. Journal of Sport Management, 25(6), 606-621

7）三菱 UFJ リサーチ＆コンサルティング . (2021).【速報】2021 年スポーツマーケティング基礎調査：https://www.murc.jp/wp-content/uploads/2021/10/news_release_211025_02.pdf (2023 年 4 月 10 日参照)

8）三菱 UFJ リサーチ＆コンサルティング . (2022).【速報】2021 年スポーツマーケティング基礎調査：https://www.murc.jp/wp-content/uploads/2022/11/news_release_221027_01.pdf (2023 年 4 月 10 日参照)

9）KPMG. (2020). Stadia in a post viral era：https://www.footballbenchmark.com/library/stadia_in_a_post_viral_era (2023 年 4 月 10 日参照)

10）木原沙織・萩原悟一 . (2021). スポーツ観戦における VR 視聴時の客観的満足度に関する研究：競技経験の違いに着目して . 運動とスポーツの科学 ,27(1), 55-61.

第4章　サービス業としてのスポーツビジネス

本章では、スポーツビジネスを「サービス」という視点から捉え、その基礎的知識やサービスの視点から見たスポーツビジネスの特徴を理解・習得することを目指す。

1. 業種横断的なスポーツビジネス

　もし読者の皆さんが「スポーツビジネスは、業種分類でいうと何という業種に属しますか?」と問われたら、どう答えるだろうか。例えば、ユニフォームやスパイクといったスポーツ用品を連想して、「製造業」と答える人もいる人もいるかもしれないし、あるいはフィットネスクラブやスポーツジムを連想して「サービス業」という人もいるかもしれない。さらには、スポーツ飲料やサプリメントなどを連想して「食料品製造業」という人もいるかもしれない。実は、どれも"正解"ではあるが、"正確"ではない。スポーツビジネスは実にさまざまな業種に関わるビジネスなのである。

　表4-1は、「業種」という際にもっとも一般的な分類である証券取引所(証券コード協議会)が定めた業種分類(中分類)である。10の大分類の下に、さらに表4-1に示す33の業種が定められている。一国の経済は、「1次産業」といわれる農林水産業や鉱業(表4-1の1~2番)、「2次産業」といわれる建設業や製造業(表4-1の3~19番)、「3次産業」といわれるサービス業など(表4-1の20~33番)で成り立っている。

　先の例からもわかるように、スポーツビジネスは、これらの33業種に業種横断的にさまざまな関わりをもっている。例えば、プロスポーツチームであれば33番の「サービス業」に属するビジネスであるし、スポーツアパレルメーカーであれば5番の「繊維製品製造業」であり、スタジアムやアリーナといった競技場をつくる事業者であれば4番の「建設業」である。

　なぜ、このように多くの業種に横断的に関わっているのだろうか。その主な理由は、①スポーツビジネスが多くのステイクホルダー(利害関係者)に関わるビジネスであることと、②スポーツ自体がプロダクト(製品)としての業種横断的な特徴を有しているためである。本章では、特に後者について掘り下げる。次に、そのことについて見ていく。

表 4-1　証券取引所の業種分類（中分類：33 業種）とサービス業

業　種　名	社会における主な役割
1　水産・農林業	自然界から、食品・住宅・衣類などの材料を採取する
2　鉱業	地中から、工業の原料や燃料（エネルギー）を掘り出す
3　建設業	人間の居場所（住宅）、仕事の場所（工場・事務所）、道路を作る
4　製造業……食料品製造業	食品材料を加工・調理して、いろいろな加工食品をつくる
5　……繊維製品製造業	天然繊維や合成繊維を原料として衣類を作る
6　……パルプ・紙製造業	木材や故紙を原料に、新聞紙、印刷紙、段ボール、ティッシュペーパーなどを作る
7　……化学工業	石油をはじめ、さまざまな原料から、プラスチック、合成繊維、ペンキ、化粧品などを作る
8　……医薬品製造業	さまざまな原料から、化学技術などを用いて、病気治療・健康維持のための薬を作る
9　……石油・石炭製品製造業	石油を製油所で分解し、ガソリン、灯油、軽油、重油など用途の違う油を作る
10　……ゴム製品製造業	天然ゴム、合成ゴムから自動車タイヤ、産業資材、衛生材料などを作る
11　……ガラス・土石製品製造業	鉱物を原料として、ガラス、陶磁器、セメントなどを作る
12　……鉄鋼製造業	鉄鉱石、スクラップ、石炭、石灰石を原料および燃料として鉄を作る
13　……非鉄金属	鉄以外の金属、すなわちアルミ、銅、亜鉛、チタン、およびそれらの加工品を作る
14　……金属製品製造業	各種金属を加工して金属製品を作る
15　……機械製造業	電機、輸送機、精密機械以外の一般的な機械を作る（例：生産用機械）
16　……電気機器製造業	電気で作動する機械を作る（例：家電）
17　……輸送用機器製造業	自動車などの輸送用の機械を作る
18　……精密機器製造業	特に精巧な構造の機械を作る（例：パソコン）
19　……その他 製品製造業	他に分類されない工業製品をつくる
20　電気・ガス業	社会の日常活動を支えるエネルギーを広範囲に供給する
21　陸運業	鉄道、バス、トラック、タクシーなどにより陸上輸送を行う
22　海運業	船舶により、海上輸送を行う
23　空運業	航空機により、旅客と貨物の輸送を行う
24　倉庫・運輸関連業	各種輸送（陸運・海運・空運）の「つなぎ目」を円滑にする業務を行う
25　情報・通信業	知識や情報を「伝達」する仕事と、知識や情報を「創造」する仕事
26　卸売業	物を一括して大量に、製造業者や小売業者に販売する仕事
27　小売業	物を小分けにして、消費者に販売する
28　銀行・信用金庫	社会から資金を「預金として」集め、貸付や投資（資産運用）を行う仕事
29　証券業	有価証券の発行と流通を取り扱う仕事
30　保険業	生命保険・損害保険・年金保険などを取り扱う
31　その他金融業	金融機関等から調達した資金で、主に小口貸出を行う
32　不動産業	不動産の売買、仲介、賃貸を業とする
33　サービス業	主として「人による貢献」を提供する専門的サービス

（出所）筆者作成

2．スポーツというプロダクトの有形性と無形性

　スポーツに限らず、一般的に製品（プロダクト）は、「顧客のニーズや欲求を満たすために市場に投入されるもの（コトラー、2001）」であり、製品には物理的に見たり・触ったりすることのできる有形のプロダクトと、見たり・触ったりすることのできない無形のプロダクトがある。例えば、

スポーツメーカーが製造・販売するユニフォームやスパイクは購入前に製品の形やデザイン、品質を見たり・触ったりすることのできる有形のプロダクトであるのに対し、プロスポーツチームが販売する試合（チケット）という商品は、購入前に具体的なその中身（商品の内容や質）を知ることはできない無形のプロダクトといえる。後者のような無形のプロダクトは、「サービスプロダクト」と呼ばれる。そして、スポーツビジネスが提供する「スポーツ」というプロダクトは、サービス（すなわち、無形）の側面が大きいプロダクトである。

　ショスタック（Shostack,G.L.）は、このようなプロダクトの特徴を明確にするために「スポーツプロダクト連続体」という概念を提唱し、スポーツプロダクトがもつ有形性と無形性、あるいはその両方を併せ持つという特徴を整理している（図4-1を参照）。

　そこで次に、上述したスポーツプロダクトがもつ、サービス（すなわち無形のプロダクト）という側面に着目して、スポーツビジネスの特徴について考えてみよう。特に、スポーツビジネスの中でも、とりわけ大きな影

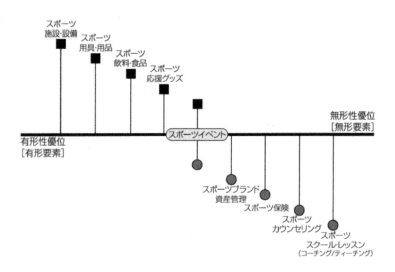

図4-1　スポーツプロダクト連続体
（出所）Shostack,G.L.(1977) と Smith,A.T.C（2008）を基に中西（2017）が作成

響力をもつ「プロスポーツ」を例にとって、サービスとしてのスポーツビジネスの特徴を論ずることにする。

3．スポーツビジネスの特徴

（1）サービスプロダクトとしてのスポーツ

　スポーツビジネスの特徴を解明する際の切り口として着目すべきなのは、諸活動を通じて生産されるプロダクトがどのようなものであるかという点である（Chelladurai、1994; Mullin and Sutton、2007）。これらは、スポーツマネジメントという研究領域の中でも、とりわけ「スポーツマーケティング（詳しくは、前章を参照）」と呼ばれる分野の研究者や商学・経営学を親学問とする研究者によって主張されてきたものである。

　スポーツビジネスは実に多様な商品形態をとる。例えば、試合（大会や興行などのイベント主催者が販売するチケット）、スポーツ中継（テレビ・ラジオ・インターネット）、報道（新聞・雑誌など）、評論（本・雑誌）、ネットコンテンツ、応援グッズやキャラクターグッズ、競技場の内外における広告や宣伝などが挙げられる。これらの多様な商品形態の中でも、これらの素となる一次的なプロダクトは「試合（ゲームや大会）」であり、試合を主催し運営すること、つまり試合の興行がスポーツビジネスの商品である（広瀬、2009）。

　このようなスポーツの試合というプロダクトは、Cowell（1980）やMullin et al.（2007）、松岡（2010）らが主張するように、サービスプロダクトとしての基本的な4つの特徴（特異性）をもっている。すなわち、

①無形性（Intangibility、不可視性とも呼ばれる）

②変動性（Heterogeneity、異質性や非均一性とも呼ばれる）

③同時性（Inseparability、不可分性や同期性とも呼ばれる）

④消滅性（Perishability、非貯蔵性とも呼ばれる）

の4つである。

　まずは、①の「無形性（不可視性）」であるが、これはスポーツが他のサービス業と同様にプロダクトに物理的な形が無く、プロダクトに触れたり、手に取ることができないという特徴のことである。したがって、消費

者であるスポーツ参加者や観戦者が、事前にサービスの内容や質を正確に知覚・認識・予測することは困難である。

　次に、②の「変動性（異質性・非均一性）」であるが、これはプロダクトの中核である試合の内容や結果を常に一定（均一）のものにできないという特徴のことである。同じ金額のチケットを購入しても、購入者にとって満足できる内容の試合もあれば、不満足の場合もあり得る。だからこそ、試合展開のドラマ性やエンターテインメント性といった特殊なベネフィット（便益）をもつことが指摘されている（Shunk、2009）。その一方で、変動性という特徴をもつがゆえに、経営者が提供されるコアプロダクトの質に対して直接的に介入してマネジメントすることができないという負の特徴も指摘されている。

　次に、③の「同時性（不可分性・同期性）」であるが、これはプロダクト（ここでいう「試合」）の生産と消費が同時に行われるという特徴のことである。試合というプロダクトは、選手らによって生産されるの同時に、観戦者によって消費されている。ここで重要なことは、生産者である選手と消費者である観戦者が同じ空間に存在し、関わり合うことによってプロダクトが構成されているという点である。例えば、試合における「盛り上がり」や「非日常空間」という商品価値は、生産者だけでなく、消費者である観戦者によっても作り出されているのである。これは、有形のプロダクトには見られない特徴である。

　したがって、プロダクトそのものを貯蔵・保管することができず、④に示されるようなプロダクトの「消滅性（非貯蔵性）」という特徴をもつ。

（２）プロダクトの共同生産性

　さらに、スポーツビジネスにおける特徴として挙げられるのが、試合の「共同生産性」という特徴である（小林、1979; 広瀬、2009・2014；橘川・奈良、2009）。スポーツの試合は、競技場内では勝敗をめぐって競い合っている 2 者の「共同生産」によって商品である試合の価値が決定し、顧客に提供される。換言すれば「試合の上は敵であるが、ビジネスの上では味方」といえるのである。ここで重要なことは、2 者の実力が均衡する（接

戦の展開となる）ことによって、プロダクトである試合自体の価値も高まるという点である。反対に、格差の拡大はプロダクト自体の価値の低下をもたらす。例えば、試合開始直後から圧倒的な実力差のある試合よりも接戦の方が面白いことや、終盤まで優勝争いが拮抗したシーズン方が面白いという事実を考えれば、このことは明白であろう。試合というプロダクトの価値を生産する2者の間に格差が生じることは、敗者（格差の下位者）はもちろん、たとえ勝者（格差の上位者）となった場合においてもビジネスの上では不利益を被る。つまり、スポーツの試合に勝とうが負けようが、格差によってプロダクトの価値が下がれば、ビジネスとしては両者ともに敗者なのである。

したがって、両者の戦力差の背後にある経済格差や収入格差を是正する必要性が生じる。ドラフト制度による新人選手獲得機会の平等性の担保や、アメリカ4大スポーツを中心に日本のJリーグなどでも行われている「収入分配制度（revenue sharing）」は、このようなチーム（クラブ）間の格差を是正するための具体的なリーグ施策であるといえる。これは、他の産業にはほとんど見られないスポーツビジネスの特徴であり、スポーツ組織の間に「競争」と「協調」の両面の性質をもつリーグ構造が必要であることが指摘されている（Chalip、2006; Wakefield、2007; Smith & Stewart、2010）。

4．サービスによって拡がるスポーツビジネス

上述のように、スポーツビジネスは多くのステイクホルダーと関わりをもつビジネスであると同時に、他産業や他業種とも親和性の高いビジネスである。

図4-2は、みるスポーツ産業（主にプロスポーツ）の拡がりによって他の産業との間に新たなビジネスが拡大していることを示したものである。例えば、みるスポーツ産業と不動産業・建設業の間では，スタジアムを中心とした「スマートベニュー事業」[1]などのスタジアムを中心とした都市開発事業などが進展している。

同様に、スポーツの国際化にともなう選手移籍の流動化や選手の肖像権

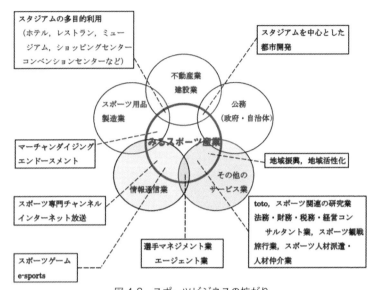

図 4-2　スポーツビジネスの拡がり
（出所）江戸川大学スポーツビジネス研究所（2008）30 頁に一部加筆

を利用したスポンサービジネスの拡大などの影響から「選手マネジメント業」や「エージェント業」などサービスも展開されている。

　このように、スポーツビジネスは、他産業・他業種のビジネスを結びつけるプラットフォームとしての磁力や親和性をもつ（原田、2016）。これは、従来より体育学などの研究分野において「スポーツの力（power of sports）」という概念として提唱されてきたものでもある。

5．ニューノーマル時代のスポーツビジネス

　最後に「ニューノーマル時代」と呼ばれる現在のスポーツビジネス（スポーツサービス）の動向について触れ、本章を締めることにしたい。

　言うまでもなく、新型コロナウイルス感染症（COVID-19、以下「コロナ」と呼称する）によるパンデミックは、世界に大きな影響をもたらした。WHO（世界保健機関）による緊急事態宣言は約 3 年 3 か月（2020 年 1

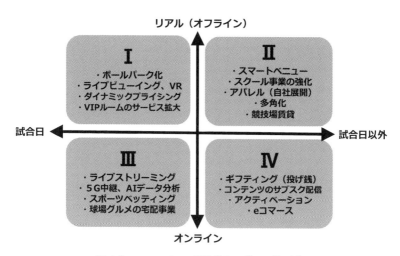

図4-3　ニューノーマル時代のスポーツサービス
(出所) 筆者作成

月〜2023年5月) にも及び、このことはスポーツ界にも大きな影響をもたらした。例えば、大会や試合の中止や延期、無観客開催などである。しかし、このような負の側面ばかりではない。コロナの影響によって、我々の社会は急速にデジタル化が進展した。デジタル化の進展は、スポーツビジネスにも大きな進化をもたらしている。図4-3は、プロスポーツを例に、現在進展している新たなスポーツサービスを分類・一覧したものである。

　従来からのⅠの象限(リアル×試合日)やⅡの象限(リアル×試合日以外)におけるスポーツサービスだけでなく、コロナの影響によるデジタル化の急速な進展は、Ⅲの象限 (オンライン×試合日) にある「ライブストリーミング」やスポーツ中継での「AI分析」、スタジアムグルメの宅配事業などの新事業などを創出した。また、Ⅳの象限 (オンライン×試合日以外)にある「ギフティング (投げ銭)」や映像コンテンツ等の「サブスクリプション配信」、スポーツスポンサーシップのアクティベーション (活性化)をもたらしており、今後も発展が期待されている。

(奈良堂史)

注
1）スマートベニュー事業とは、日本政策投資銀行、他（2020）によると「周辺のエリアマネジメントを含む、複合的な機能を組み合わせたサステナブルな交流施設」のことを指す（30頁）。

【参考文献】

1）Chalip, L.（2006）Toward a distinctive sports management discipline. Journal of Sport Management, 20: pp.1-21.

2）Chelladurai, P.（1994）Sports Management: Defining the Field. European Journal of Sports Management, 1: pp.7-21.

3）Cowell, D.W.（1980）The Marketing of Service. Managerial Finance, 5(3): pp.223-231.

4）Shank, T.（2009）Sports Marketing: A Strategic Perspective（4th ed.）. Prentice Hall: Upper saddle River, NJ, USA.

5）Shostack, G.L.(1977)Breaking Free from Product Marketing, Journal of Marketing, 41(2):pp.73-80.

6）Smith, C. T., & Stewart, B.（2010）The special features of sport. Sports Management Review, 13: pp.1-13.

7）Mullin, B.J., Hardy, S., & Sutton, W,A.（2007）Sports Marketing（3rd ed.）. Human Kinetics, Champaign, IL, USA.

8）Wakefield, K.L.（2007）Team sports marketing. Butterworth-Heinemann: Boston, MA, USA.

9）橘川武郎・奈良堂史『ファンから観たプロ野球の歴史』日本経済評論社、2009

10）コトラー，P.『コトラーのマーケティング・マネジメント―プレミアム版』ピアソン・エデュケーション、2001

11）小林好宏「プロ野球の経済分析」『経済セミナー』292号（1979年5月号）46-54頁、1979

12）中西純司、有形プロダクトと無形プロダクト、(仲澤眞、吉田政幸編著『よくわかるスポーツマーケティング』pp46-47)、ミネルヴァ書房、2017

13）奈良堂史、第4章スポーツビジネスの特異性――経営学（サービスマネジメント）の視点から、（大野貴司編著『現代スポーツのマネジメント論―経営学としてのスポーツマネジメント序説―』75-91頁）、三恵社、2020

14）日本政策投資銀行地域企画部・日本経済研究所・早稲田大学スポーツビジネス研究所『スマート・ベニューハンドブック』ダイヤモンド社、2020

15）原田宗彦『スポーツ都市戦略』学芸出版社、2016

16）広瀬一郎編著『スポーツ・マネジメント 理論と実際』東洋経済新報社、2009

17）広瀬一郎『スポーツ・マネジメント入門（第2版）』東洋経済新報社、2014

18）松岡宏高「スポーツマネジメント概念の再検討」、『スポーツマネジメント研究』第2巻第1号、33-45頁、2010

コラム

「雰囲気のあるよう」

　スポーツ新聞社に入社して四半世紀をとうに超えた。世の中は大きく変わったとはいえ、スポーツに携わる仕事として「メディアで働く」のは文系の人にとって選択肢の1つだろう。

　長年スポーツ紙記者として活動してきたが周辺には元高校球児は当然、春や夏の甲子園に出場経験のある人たちもいる。そうかと思えば、体育会経験はないけれどマスコミ企業の一環として入社している者も。

　数年前から連日、プロ野球・阪神タイガースに密着するコラムを書いているこちらは後者の部類だが、日々、スポーツに接しながら仕事をするのは悪くない。

　最近はその間口も広くなっている気がしている。スポーツ紙を含むマスコミはテレビ局に代表されるように、かつては狭き門、受かれば幸運という感じもあったかもしれない。その状況は最近は変わりつつある。

　理由はいろいろだろう。マスコミの最大の特徴として、公私の区別がつきにくい面がある。35年前の入社当時は「次はいつ休めるのか」と思いながら仕事をしていたような状況。月に4、5日も休めれば上等だった。さすがに最近はそんなことはなく、年間休日数も大幅にアップしたし、事前に「この日は休ませてください」と〝是非休〟を若い記者が上司に普通に宣言するようにもなっている。

　それでも、やはり一刻を争う仕事の性質上、休日に電話がかかってくるのは普通だ。いざとなれば急きょ出勤ということもある。一般企業でも状況によってはあり得るだろうが、緊急出動の頻度というかレベルが低いのでは…という現状はあるかもしれない。

　現代の若者が重要視するのはプライベートだろう。それもあって志望者がかつてほどではないと感じる。反対に見れば「それでもやりたい」とマスコミを目指す人にとってはいい状況ではなどと肌感覚で思う。

　ネットメディアの躍進もある。新聞社を辞め、そちらに移る若者も多い。いろいろな事情があるのだろうが、行った先で頑張ってほしいとは思う。

　ここで書きたい本題はそのネット・メディアで首をかしげるような昨今の状況だ。最近は新聞を広げて記事を読む人は減っており多くはスマホでネットニュース…という感じだ。

　こんな文章を読んでいる方なら先刻ご承知だと思いつつ書かせてもらうと、世の中に「ネットニュース」というものはそれほど多くないということだ。特に出来事を伝える「ニュース」に限れば、ほとんどが新聞社、あるいはテレビ局、週刊誌が自社のサイトに書いたものが大手のプラットホームに転載され、それが読まれている形だ。

　ネット単独メディアでもその状況は同じだと思うのだが、ここで謎だと思うのは聞いたこともない、そこに所属する人、記者も見たことがないというサイトが実際に存在し、日々のニュースをそれなりに掲載していることである。

　一体、誰がどこで取材しているのか。想像をたくましくすれば、どこかの媒体の記者が匿名で書いているのかも…という気もする。それならまだいい…というのもおかしいが理解できるのだが、どうも新聞を中心に他メディアの記事を焼き直して（業界ではリライトという）掲載しているのでは…と思うこともある。

　そう書けば「新聞社発のこたつ記事」はどうなのかという意見も出るかもしれない。テレビ番組で著名人がこんな発言をした、などとネットの記事にしているあれ。賛否のあるものだ。

　個人的にはやり過ぎはどうか、という気もしている。それでも少しだけ擁護させてもらえれば、あの種の記事はテレビ局の名前も番組名も出しているし、ある意味で昔からある番組宣伝の意味合いもあるという見方もできるかもしれない。

　だが〝正体不明〟のサイトが通常のニュースをどこかから仕入れ、それを加工して掲載しているのは、やはり謎としか言いようがない。

　スポーツ、特にプロ野球の場合は見る人も多い上に、掲載しているメディアの数も多い。正直、何がなんだか判別できないという実情もあるのでは。〝謎のメディア〟にとってはおいしい分野かと思ったりするのだが、これも新時代の副産物なのだろうか。

日刊スポーツ新聞社編集委員　高原寿夫

第二部　近年のスポーツビジネス

第5章　学校部活動の現在と未来

- 学校部活動から地域スポーツ活動への展望 -

1. 学校部活動の現在（いま）

　現在、学校部活動が大きな変革期を迎えていることはご存知だろうか。

　学校部活動は、日本の学校教育において子供たちの体力向上やスポーツに親しむ環境づくりにおいて大きな役割を担うものとして活動が行われており、現行の学習指導要領総則では、部活動は学校教育の一環として位置付けられ、以下のように示されている。（文部科学省　中学校学習指導要領（総則 p27）、2017）

> ウ　教育課程外の学校教育活動と教育課程の関連が図られるように留意するものとする。特に、生徒の自主的、自発的な参加により行われる部活動については、スポーツや文化、科学等に親しませ、学習意欲の向上や責任感、連帯感の涵養等、学校教育が目指す資質・能力の育成に資するものであり、学校教育の一環として、教育課程との関連が図られるよう留意すること。その際、学校や地域の実態に応じ、地域の人々の協力、社会教育施設や社会教育関係団体等の各種団体との連携などの運営上の工夫を行い、持続可能な運営体制が整えられるようにするものとする。

　教育課程外の学校教育活動として、学校教員が学校部活動の顧問を担当し、日々の練習の指導や大会引率等を担っている。その学校部活動が今、新しい活動の在り方に向けて変革の動きを進めている。

(1) 学校部活動の実態

　学校部活動は前述のとおり、生徒が自主的・自発的に参加し、顧問の指導のもと学校教育の一環として行われてきた。生徒の体力や技能の向上を図る目的だけではなく、人間関係の構築や学習意欲の向上・自己肯定感・そして問題行動の抑制や責任感及び連帯感の涵養等に資するものであり、生徒にとって多様な学びの場となっている。

　しかし、全国的に進む少子化・人口減少の加速化を受け、学校数の減少、少子化により生徒数や学校規模が縮小していく中、学校部活動の継続が困難な状況に直面している。実際に、運動部活動への加入率が年々減少傾向にあり、競技人口上位にあった団体種目の野球やサッカーなどは 2013 年と比較して、運動部活動へ加入する生徒数が 2022 年には約 30％以上減少している。一方で、中学校における合同部活動での実施チームの推移は

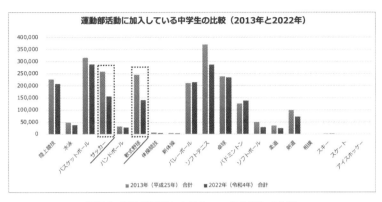

図 5-1　運動部活動に加入している中学生の比較
(出典：（公財）日本中学校体育連盟 加盟校・加盟生徒数調査集計表より著者作成)

増加の傾向があり、学校単位から複数校で実施する合同チーム型が増えて
きている現状にある。

　学校部活動の顧問を担う教員の実態はどうだろうか。そもそも学校部活
動は教育課程外のものであり、部活動指導を担うための教員採用試験はな
い。教員自身が学生時代に経験を積んできた種目に対して部活動指導（顧
問）も担当したいと希望する教員は一定数いるだろうが、このように志願
する教員が希望する部活動を担当していること、各部活動に配置されてい
ることは数少ないだろう。これまでの部活動顧問は競技経験や専門的知識
がなく、技術指導ができない教員、また顧問を希望しない（指導意志のな
い）教員が担っていることが多く、教育課程外の学校教育活動として教員
の献身的な活動で運営されており、生徒のスポーツ環境が守られてきた。
（２）学校部活動の変革
　生徒数の減少や顧問教員の実態を踏まえ、スポーツ庁は、生徒と教員の
双方にとって望ましい持続可能なスポーツ活動の環境・体制整備に向けて、
学校における部活動改革の必要性を打ち出した。学校部活動の意義・課題
を受け、将来にわたって生徒がスポーツ活動に継続して親しむ機会を確保
すること、学校部活動にある種目だけではなく、生徒のニーズに応じた多
様な体験機会の確保と活動を行うための地域資源の活用などを促してい

る。

　学校部活動は、学校や教育委員会だけでの体制整備は難しい。今後の学校部活動の在り方を見直し、子供たちの体験の機会を地域が一体となって整備し、改革を進めていくことが求められている。その指針として、国では改革の一歩となる新たなガイドラインを示した。次の章で詳しく紹介することとする。

２．運動部活動の地域移行

(1)　運動部活動の地域移行に関する検討会議　提言

　2021年10月、運動部活動の地域移行に関する検討会議（スポーツ庁）が設置された。「①中学校等の生徒の運動・スポーツ環境の改善」「②地域スポーツの振興」を運動部活動改革の大きな目的として、本会議では地域におけるスポーツ環境の整備や子供たちがそれぞれに適した環境でスポーツに親しめる社会を構築することを目指し、スポーツ指導者の質・量の確保方策や会費の在り方、保険の在り方等の項目について検討を行ってきた。筆者は本会議へ委員として参画し、民間の立場から学校部活動への支援、地域スポーツ環境の体制整備への参入、官民連携による可能性等を示唆したところである。

　2022年6月には「運動部活動の地域移行に関する検討会議提言」が取りまとめられ、2023年度から2025年度末の3年間、まずは休日の学校部活動から段階的に地域移行していく基本方針を提示した。提言では、地域の持続可能で多様なスポーツ環境を一体的に整備し、子供たちの多様な体験機会を確保することを目指す姿として、改革の方向性を示している。

（2）学校部活動及び新たな地域クラブ活動の在り方等に関する総合的なガイドライン

　2022年12月、スポーツ庁と文化庁では、地域移行に関する検討会議の提言を踏まえ、平成30年に策定した「運動部活動の在り方に関する総合的なガイドライン」及び「文化部活動の在り方に関する総合的なガイドライン」を統合した上で全面的に改定し、新たに「学校部活動及び新たな

地域クラブ活動の在り方等に関する総合的なガイドライン」を策定した。本ガイドラインでは、学校部活動の適正な運営の他、新たな地域クラブ活動を整備するために必要な対応について、国の考え方を示している。

3. 学校部活動の地域移行がもたらす地域スポーツ活性化

(1) 地域クラブ活動の体制構築

　地域クラブ活動の整備には、大きく3つの要素について考えていく必要がある。1つは、地域クラブ活動の運営・管理に必要な制度設計。2つめは、地域クラブ活動に参加する生徒への安心安全で適切な指導のできる人材の確保。3つめは、地域クラブ活動の持続的な運営に必要な財源の確保である。これらの要素を一体的に整備するためには学校や自治体だけではなく、地域に関わる事業者との連携が必要不可欠だ。ここからは3つの要素をスポーツビジネスの観点から考えてみる。

①制度設計

　まず、これまで学校が担ってきた学校部活動を地域におけるスポーツ活動として持続可能な環境整備をするためには、現在の学校部活動の実態や地域のスポーツ環境の実情を把握するところからはじまる。新たな環境を

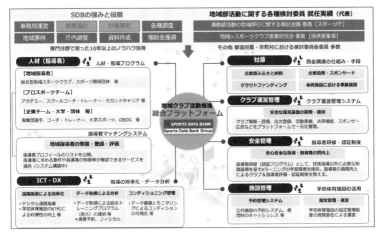

図5-2　地域移行に必要な役割と機能

（スポーツデータバンク社　2022年）

整備するためには、目指す姿（地域クラブ活動の在り方）に向けて、現在の環境に補う必要があるものや、新たに整備する必要があるものを整理し、これらに必要とされる制度設計や環境整備・構築を進めていく必要がある。

　前提として、学校部活動の地域移行は、これまでの部活動の仕組みをそのまま地域へスライドするものではない。子供たちのスポーツ活動の環境を学校から地域へ広げ、スポーツ環境の拡充とともに持続可能で多様な体験機会を確保するものである。そのため、学校を含めた地域が一体となり、今後の子供たちのスポーツ活動の場所を新たに整備していくものである。これまでの学校部活動で当たり前にあった資源や仕組みを地域クラブ活動ではどのように運営・管理していくのか、仕組みづくりの設計にスポーツビジネスの力が必要になってくるだろう。

②人材の確保

　運動部活動に数多くある種目の指導者を一元的に登録している団体は、一部の地方自治体を除いて、現在、ほぼないと言っていいだろう。しかし今後の地域クラブ活動の実施にあたっては、人材を束ねていく機能が必要となることから、地域クラブ活動の指導を担う指導者の情報を一元化（人材バンク等）する仕組みづくりや機能が求められてくるだろう。その属性としては、地域に根付く総合型地域スポーツクラブやスポーツ団体の他、ホームタウンとしているプロスポーツチームや企業で保有する実業団選手、大学との連携、また会社員等の中にも競技経験を有し指導が行える人材が考えられ、それらを発掘する必要がある。「人材」の確保は複数事業者が連携する形を取ることで、1種目＝1団体ではなく、1団体＝複数種目での連携可能性が拡がるであろう。また、プロスポーツチームや企業等とは、地域クラブ活動のスポンサー獲得や連携協定などによるサービスの提供等、他の側面での波及効果も期待されるところだ。

　これらの人材が指導者として現場で指導にあたるには、指導者のセーフティーネットの構築や技術指導以外に求められる指導者の資質を担保する研修制度の確立も必要になってくる。子供たちや指導者、また子供を預ける保護者にとっても安心安全なスポーツ活動を保障する仕組みや制度構築は急務である。

③財源の確保

　学校部活動の地域移行化が求められる一方で、地域クラブ活動の設置や運営資金においては、行政の予算活用だけでは長期的な歳出は難しいと予想され、持続可能な活動を目指すためには多様な予算確保が必要であると考える。例えば、外部からの資金確保として、企業協賛による資金確保や市内及び市外企業からの支援として、①地域クラブ活動応援基金の設置、②企業版ふるさと納税の活用、③企業・団体からの協賛・アクティベーションなどが挙げられる。

　地域クラブ活動の体制整備には大前提に制度設計や仕組みづくりが必要だが、同時にこれらを維持するための継続的な資金確保がなければ成立が困難である。国費（国等の補助や助成金）を活用しながら体制構築した後には、地域が自走化して運営できる資金循環も必要不可欠である。スポーツの価値や意義の理解を深化させ、地域が一体となって取り組む一つの大きな課題であることは間違いない。

（２）学校体育施設の有効活用

　スポーツ庁では、学校体育施設を地域のスポーツの場として有効活用するため、2020 年３月に「学校体育施設の有効活用に関する手引き」を策定し、2020 年度には実証事業として「スポーツスペース・ボーダーレスプロジェクト (学校体育施設の有効活用推進事業)」、2022 年度からは「地域において誰もが気軽にスポーツに親しめる場づくり総合推進事業」を推進している。我が国では、スポーツ施設の老朽化や財政難、人口減少などにより従来のスポーツ環境が維持できなくなる自治体も出てきているが、地域住民のスポーツ環境整備は運動の機会をなくさない為に、持続的に確保される環境づくりが必要とされている。その中で国内のスポーツ施設の約６割を占める学校体育施設を地域のスポーツの場として有効活用することでその環境になり得ると考えられており、地域クラブ活動においても継続して学校体育施設を主に活用していくことになるだろう。

　一方で、学校体育施設を地域クラブ活動も含めた地域スポーツの場として活用していくためには、学校体育施設の管理（鍵の管理やセキュリティ

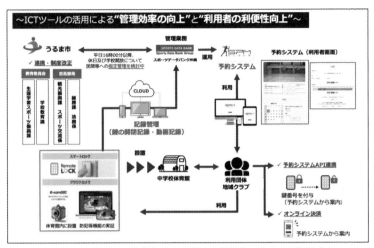

図 5-3 ICT を活用した学校体育施設の管理効率の向上と利便性向上
(スポーツデータバンク社　2022 年)

等)の課題が挙げられる。これまでの学校部活動では教員が指導の現場にいたことから、教員による鍵の開錠・施錠が行われていたが、地域クラブ活動では、学校関係者が現場にいない状況での活動となることから、外部人材による鍵の開錠・施錠が必要である。既存にある鍵のスペアキーを作成し、地域クラブ活動の責任者が保有するといった手法もあるが、鍵の紛失や破損、又貸しの危険性、複数の地域クラブ活動が行われる場合の鍵の管理など複数の課題が挙がるとともに、それらの解決策が求められている。

　これらを解決する手法として、スマートロックやセキュリティカメラ等の ICT を活用することによる学校体育施設の管理が期待できる。スマートロックがあれば地域クラブ活動ごとに鍵を作成する必要がなくなり、鍵の紛失や破損、又貸し等の危険性もクリアすることができる。また、クラウドカメラを設置することで、施設が適切に使用されているか等のセキュリティ強化にも繋げることができる。

　学校体育施設は子供たちにとっても身近なスポーツ活動施設の一つである。学校教育課程内での使用に留まらず、地域クラブ活動をはじめとした

地域住民の体を動かす場所としても認知を広げられる可能性を秘めている。これまでの既成概念を超えて、学校体育施設を地域のスポーツ施設として徐々に変革が求められている時期にきているだろう。

4. 地域クラブ活動体制整備に向けたビジネスの可能性

　地域クラブ活動の体制整備には、大きく3つの要素があることを述べてきたが、細分化すると多くの検討事項や課題解消を進める必要がある項目は多岐に渡る。

　現在、新たな地域クラブ活動の在り方に向けて、各自治体が取り組んでいる地域移行だが、これは「地域スポーツ環境の体制整備」の新たな取り組みである。よく「スポーツには力がある」と聞くが、まさにスポーツには人を豊かにする力があり、ひいては地域が活性化する鍵でもある。

　スポーツには「する・みる・支える・知る」と多方面での関わり方があり、誰もが身近に触れることのできるコンテンツである。どの視点からもスポーツを通じたまちづくりが実現できるビジネスも多く眠っているのではないだろうか。スポーツ産業だけではなく、"スポーツ×○○"といっ

表 5-4　地域クラブ活動とスポーツビジネスの可能性

（スポーツデータバンク社　2022年）

たスポーツと他の産業や要素を組み合わせることで、双方の新しいサービスが生まれるだろう。一見、スポーツとは縁の遠いと感じるものであっても、全国的に進んでいく地域スポーツの環境整備やスポーツを力にした地域活性化に必要とされる新しいサービスになり得るに違いない。

（石塚大輔）

【参考資料】
1) 文部科学省「中学校学習指導要領（総則）」2017
2) 公益財団法人日本中学校体育連盟「加盟校・加盟生徒数調査集計表」2013 年、2022 年
3) スポーツ庁「学校部活動及び新たな地域クラブ活動の在り方等に関する総合的なガイドライン」2022 年 12 月
4) スポーツ庁「学校体育施設の有効活用に関する手引き」2020 年 3 月

第6章　企業とスポーツビジネス

1. 企業スポーツの歴史

　企業におけるスポーツ活動は、企業に所属する従業員自身がスポーツを楽しむことを目的として誕生し（荻野、2007）、1920年ごろになると、企業内外で勝敗を競う各種大会が開催されるようになった。それに伴い、娯楽や余暇活動が乏しい時期にあって、日頃同じ職場で働く仲間の活躍に声援を送り、自社のチームの勝利に歓喜することが娯楽であると同時に、社員の士気や職場の一体感を高めるなど、労務施策としての効果が期待され始めた。こうした中で、企業スポーツはより勝利を求められるようになり、高校や大学の運動部で活躍した選手を積極的に採用し、社業と競技の両立を求めず、現役期間中は競技を優先させたり、専念させたりすることが多くなった。これにより、多くの優れたアスリートが企業スポーツのなかで活躍し、成長の場を確保でき、わが国の競技力向上の基盤として大きく寄与したのである。

　1964年に開催された東京オリンピックの以降、日本のスポーツに対する関心が国内でより一層高まった。中でも、企業のスポーツチームに所属する社員が選手として多くオリンピックに出場することで、企業スポーツを中心としてアマチュアスポーツ団体が発展していった。男性では野球、女性ではバレーボールチームを編成した日坊（現ユニチカ）などである。企業は、経済の高度成長期に乗じて社内外における自社のスポーツ活動促進が社員への福利厚生の一環と捉え拡大させるとともに、自社アスリートがオリンピックなどの社外の各種大会で活躍することによって、企業のメディアへの露出が増え、社内外への認知度や知名度を高めてきた。すなわち、これまでは、社内の一体感や労務施策の一環として実施されてきたが、対外的には強豪チームを有することで「企業のイメージアップ」を図るなど企業の広告宣伝効果も期待されるようになった。これらは、工場を有する企業において顕著であり、地域住民へのイメージアップや求心力となる存在としても重要な役割を果たしていた。

　しかし、1990年代になると企業スポーツは大きな転換期を迎え、企業が保有するスポーツチームの廃部、休部が相次いだ。全国レベルの強豪チームを保有、維持するためには選手として優秀な人材獲得ばかりでなく、監

督・コーチ・トレーナー・マネージャー等のチーム運営に欠かせない人材（チームスタッフ）の獲得も不可欠である。加えて、彼らが日々強化トレーニングを行う施設・設備などの環境整備も必要であり、企業としては多額の費用投下を担う必要があったからである。また、企業スポーツは、経済状況と密接に関係しながら発展しているため、1990年代では、工場現場や事務作業のコンピュータ化、省力化、マニュアル化および、バブル経済の崩壊による企業の業績悪化や従業員のリストラに伴い、企業においてコストセンターとなっていたスポーツチームの経費削減が起こったのである。さらに、所属する選手が競技のみに集中し、従業員仲間ではなくなることによって、企業としての一体感が薄れ、企業スポーツとして当初期待されていた労務施策としての効果が低下してしまった。また、Jリーグなどのプロリーグが発足したことにより、企業に所属する選手が出場する各種競技大会のメディアへの露出が低下し広告宣伝効果が減少した。それに伴い、境ブレイザーズ（高橋・浦上、2004）やH.C.栃木日光アイスバックス（日置、2016）のように、企業チームからクラブチームへと変容したチームがでてきたり、低コストで広告効果が得られるように企業チームを休廃部し、スポーツイベントやスポーツチームをスポンサードする選択肢をとったりする企業が増加し、ますます企業スポーツは衰退していった（株式会社日本政策投資銀行地域企画部、2015）。企業スポーツの休廃部に経済的および社会的要因の影響を検討した研究（中村、2019）では、企業スポーツの経済性の損失に加え、企業スポーツになじみのない外国人投資家の影響や、大規模なダウンサイジング、規範的同型化圧力（他社の規範が自社に影響し、自社が他社の意思決定に追随すること）という社会的要因によって休廃部が生じていることが明らかになっているなど、多様な要因によって企業スポーツの在り方が変容していることがわかる。

2. プロスポーツ・アマチュアスポーツのボーダーレス化

　企業スポーツを始めとするアマチュアスポーツでは、プロ野球と違ってドラフト制度がないため、企業チーム間で優秀な学生選手に対しての採用競争が起こっている。それにより、かつては"文武両道"と言われた学生

選手は、スポーツ技能のみの評価にも関わらず、入学金免除や特待生扱いなどで学校に入学している。その後さらに、学業よりもスポーツ技能や成績を評価されて、企業のチームからスカウトされ入社するケースが常態化している。"アマチュアイズム"が叫ばれていた当時は、企業に社員選手としてスカウトされ入社した学生は、企業チームで数年活動した後に選手を引退、社業に戻るケースがほとんどであった。企業スポーツ活動のために入社し社員の代表として、また企業の広告塔として仕事の大半をスポーツに費やす社員選手たちにとって、現役中は社員として給料をもらいながら企業から与えられた環境の中で好きなスポーツに没頭し、引退後は一社員として仕事に復帰できるというセカンドキャリアを保障されることが、本人のライフワークの中で大きなメリットでもあった。それは、個人年金で転職しながらキャリアアップするという欧米のサラリーマンに対し、企業年金や終身雇用制度が確立していた日本では、企業で働く人々の福祉の主たる担い手が政府（国）より企業であったのと同様に、アマチュアスポーツ界の担い手が企業（実業団）であり、そこに誕生したのが"企業スポーツ・社員選手"であるという歴史的・社会的背景があったのである。

　企業スポーツチームの社員選手は、アマチュアイズムを持ちつつ企業の中でスポーツに専念・専業できる環境や特権を与えられ、時には日本代表チームの一員として招聘され、ワールドカップ（W杯）やオリンピックなどの国際大会でも活躍していた。しかしながら、アマチュアの祭典と称されていたオリンピックも1984年ロサンゼルス大会以降から商業化路線が拡大し、プロ選手の参入となるが、そのきっかけを作ったのがサッカーと言われている。

　世界で最も早くプロ化した競技と言われるサッカー界においては、すでに世界大会としてブランドが確立していたW杯とプロの人気選手を取り込み興行収益につなげたいオリンピック側との駆け引きがあり、結果U－23（23歳以下）選手に限るという形でオリンピックでのプロ選手の参加を容認した経緯がある。

　日本では、サッカーのプロ化が他のアマチュアスポーツ界に大きな影響を与えたと言える。サッカーは1968年メキシコ五輪以降の低迷を機に、

隣国の韓国のプロ化に追随してプロ化を決意したといわれ、当時日本サッカー協会は、企業チームを単にプロチームに進化させることではなく欧米のような「地域に根差した"地域プロ球団"」を実現することによって、現存の人気スポーツである"企業プロ型"のプロ野球との差別化を図り、「プロ＝地域」をJリーグのコンセプトとして開幕した。数シーズンの低迷はあったもののプロチームが地域とともに発展するスポーツマネジメントが成功をおさめ、現在に至っている。

　オリンピックや日本のサッカーだけでなく、世界中の競技種目やスポーツイベントのプロ化が進行していく中、チームだけでなく選手にとってもスポーツのエンターテインメントとしての地位の確立がポイントになっている。TV放映・視聴率・スポンサー等によるスポーツイベントを考えていくと選手はもうアマチュアではいられない。

　現在、国際大会やオリンピックなど海外で活躍している日本の選手たちの中には、企業からのスポンサー収入で活動している選手や、企業と嘱託選手契約をしている選手もいる。いずれも競技大会への出場や上位入賞によってメディアや宣伝効果が上がり、その活躍によって企業の宣伝、イメージアップの一役を担っている選手である。水泳・卓球・柔道など個人種目ではこうした形をとっている選手が存在しているが、彼らはすでにプロ選手であり、アマチュア選手ではないだろう。一方、団体スポーツにおいては、すでにプロ化をしている団体を除き、選手自身がプロ宣言をして企業チーム（一般的にアマチュアチーム）と個別契約を結ぶケースがあり、社員選手とプロ選手とが混在しているチームもある。また、企業と嘱託契約社員として活動する選手もいる。彼らは準社員の身分で一部の従業員福利厚生（健康保険、厚生年金保険、雇用保険、労災保険等の社会保険に加入）の適用や、通勤手当支給、社宅利用など社員に準じた身分や処遇を受け、スポーツ活動のみで給料をもらっているのである。

　このように日本のスポーツ界は、完全にプロ化した団体を除き、それ以外のスポーツ団体及び団体に所属するチーム及び選手がアマチュアとして活動していても、団体の主催する大会に賞金がついていたり、またそのチームに登録している選手はプロもアマチュアも混在していたり、どこまでを

プロというのか、何を基準にアマチュアというのか、そのボーダーは崩壊してきているといえる。

3. 企業スポーツのマネジメント

　ここで、改めて企業がスポーツを所有する目的について整理すると、以下の3つがある（武藤、2016）。

①ブランディング：企業や製品・サービスの広告効果を目的とする。

②組織活性化：従業員や取引先の一体感の醸成を目的とする。

③地域貢献：コーポレート・シチズンシップの実現を目的とする。

　しかし、企業スポーツに新たな転換期が訪れている。経団連（2021）はTOKYO2020の開催決定の契機に企業スポーツの活動を強化し、選手の支援を行ったり、企業によるスポーツを通じた人材育成、地域・経済の活性化への取り組みを強化したりしている。さらに、第3期スポーツ基本計画においても、企業におけるスポーツ参画の取り組みを拡大することによって、スポーツの成長産業化を促し、民間事業者及びスポーツ団体等の収益がスポーツ環境の充実やスポーツ人口の拡大に再投資されるという好循環を目指している。実際にTOKYO2020において日本代表は史上最多のメダル獲得数を記録したが、特に柔道では「パーク24」や「旭化成」に所属する企業アスリートの活躍が目立った（会社四季報オンライン編集部、2021）。

　つまり、現代における企業スポーツは、企業の内部のスポーツ組織として、労務施策や広告効果を期待するのみならず、国際競技力の向上やスポーツ振興、さらには地域経済の活性化が期待されるようになっているのである。現代において企業にとってのスポーツの価値は、その経営資源としての活用にある（佐伯、2017）ため、これらの目的を達成するために、企業ではスポーツクラブおよびスポーツ選手のマネジメントが求められている。そこで企業は、スポーツに対して「意義づけ」を行う必要がある。企業がスポーツに対して「内向き価値志向」を持つのであれば、従来の企業スポーツで価値づけられていた労務施策や広告宣伝効果が期待されるであろう。その点では、企業がスポーツチームを保有し、チームを強化するこ

とが効果的であることは理解できる。例えば、オリンピック種目ではない剣道においては、大会参加者の多くは「警察官」であり、警察の職務と競技種目との関連が高いため、他の種目よりも盛んに実施されている。内向き価値志向であれば、企業イメージ（ブランディング）との関連があるもあるが、社員アスリートへの人件費を抑えられるというコストカットの観点から、多くの企業が柔道や陸上をはじめとした個人種目を選択している。このように、企業はコストと宣伝効果を最重要課題とし、スポーツ選手の雇用においても従来のような正社員契約から多様な雇用形態にシフトしている。さらに、正社員の所属場所は、体育館やグラウンド（野球場）が立地する工場・事業所に所属させることや、スキーなどであれば、積雪のある北海道、新潟、長野などの事業所に所属する場合が多いなど、企業の一社員としての本業とアスリートとしての活動の両方を考慮して、雇用形態や活動場所（勤務地）を選択している。

　対して、企業がスポーツを通じて社会的・公的支援を行うことで、企業がある自治体の市民理解を深めることによる社会貢献や、企業アスリートの活躍による国際競技力の向上などの効果を期待することなど、スポーツに対して、「外向き価値志向」を持つ企業も増えてきている。殊に柔道はオリンピック種目であり、前述のメダル獲得からも分かるようにスター選手が誕生するなど、「外向き価値志向」の側面が多くなりつつある。

　さらに、スポーツを支援する企業も増えている。親会社として保有する企業チームを支援、プロチームやスポーツイベントの支援（スポンサード・パートナーシップ契約）など支援の方法は様々あるが、企業が選手を所属させたりクラブチームを保有したりするよりも、少ないコストで宣伝効果を得られるからである。プロサッカークラブを運営する株式会社レノファ山口と化学メーカーの株式会社トクヤマが、スポーツのスポンサー活用において、日本国内での素晴らしい結果や功績、驚きを与えたアクティベーション事例を表彰する国内初の広告賞である「Japan Sports Activation Awards」において表彰された。地域の社会問題となっていた竹林に対して、レノファと地元の化学メーカーのトクヤマが協働し、「竹クラーベ」という応援グッズを作成したのである。これにより、レノファおよびトクヤマ

のブランディグができることはもちろん、地域課題の解決となる社会貢献にもなったのである。企業の社会的責任（CSR）を果たす上でも、企業がスポーツとの関係性を再構築する必要があるだろう。

　社会や経済が変化する中で、企業スポーツのあり方も変容し続けている。各企業がスポーツに対しての意義や価値をどのように見出し、スポーツとの関わり方を模索し続けることが今後の企業スポーツのさらなる発展につながるだろう。

（神力亮太）

【参考文献】

1) 荻野勝彦『企業スポーツと人事労務管理』日本労働研究雑誌、564、69-79、2007
2) 高橋豪仁、浦上雅代『企業チームからクラブチームへ：坂井ブレイザーズの地域を基盤とした事業展開』スポーツ産業学研究、14(2)、25-37、2004
3) 日置貴之『奇跡という最高の商品：日光アイスバックスの挑戦 (企業スポーツの現状と展望 pp.52-62)』(公財) 笹川スポーツ財団著、2016
4) 日本政策投資銀行地域企画部 .(2015).2020 年を契機とした国内スポーツ産業の発展可能性および企業によるスポーツ支援～スポーツを通じた国内経済・地域活性化～ : https://www.dbj.jp/upload/docs/book1505_01.pdf (2023 年 8 月 10 日参照)
5) 中村英仁『企業スポーツの脱制度化：休廃部に与える経済的および社会的要員の影響の分析』スポーツマネジメント研究、11(1)、21-35、2019
6) 武藤泰明『企業スポーツのグランドデザイン (企業スポーツの現状と展望 pp.171-187)』(公財) 笹川スポーツ財団著、2016
7) 一般社団法人日本経済団体連合会 . (2021). 経団連のスポーツ支援と第 3 期スポーツ基本 計 画 へ の 期 待 : https://www.mext.go.jp/sports/content/20210519-spt_sseisaku01-000015057_4.pdf (2023 年 9 月 29 日参照)
8) 会社四季報オンライン編集部 . (2021). 東京五輪メダリストの「所属企業別メダル獲得」ランキング : https://shikiho.toyokeizai.net/news/0/448214 (2023 年 9 月 20 日参照)
9) 佐伯年詩雄『企業スポーツの現在を考える：変化する経営課題と企業スポーツの展望（特集　スポーツと労働)』日本労働研究雑誌、59(11)、58-71、2017
10) JAPAN SPORTS ACTIVATION AWARDS : https://japan-sports-activation-awards.jp（2023 年 9 月 25 日参照）

第7章　スポーツとヘルスケア

1. スポーツ医学と健康医療

　スポーツ医学の発展をもってわが国の健康医療とスポーツビジネスが拡大したといっても過言ではない。本章では、スポーツ医学の発展についてみていくとともに、近年の健康づくりの政策に運動・スポーツが取り入れられた背景について述べる。

(1) スポーツ医学の発展

　古代ギリシャ時代に築かれたスポーツ医学は、「スポーツ、身体活動が人間の健康維持、疾病予防・治療に重要な役割を持つ」という基本的理念のもと、西欧の中で研究が進んだ。そして、1896 年の近代オリンピックの再興は、スポーツ医学研究を更なる発展へと導いた。競技スポーツにおいてパフォーマンスの維持・向上のためには、外傷・障害に対して医学的に関与することが求められ、オリンピックチームの中に医師・看護師を編成し、競技選手を医学的視点から管理した。

　わが国において、第 2 次世界大戦後、大学で体育が正規の授業科目となり、体育・スポーツに関する研究者が増えたこと、さらに 1964 年に開催された東京オリンピックを契機に、スポーツの医学的視点からの研究が進んだ。そして、近年の工業化や都市化のライフスタイルの変化によって、身体活動の減少、栄養の過剰摂取による肥満、糖尿病や高血圧症などの生活習慣病、精神的ストレスを持った人が増加した。それらの対策として、積極的にスポーツ・運動を取り入れることが重要視され、ますますスポーツ医学の果たす役割が大きくなった。

　スポーツ医学研究が進展する上で、スポーツは、運動・身体活動をも含めた広義の意味で使用されることが多く、スポーツ医学の研究対象は、競技選手だけでなく、アマチュアレベル、健康な人から疾病をもつ者、若年者から高齢者を含めた万人となり、研究領域もスポーツによる外傷や障害の治療・予防から健康の維持増進、疾病発症予防、重症化予防まで幅広い領域にわたっていった。

(2) 運動・スポーツを取り入れた健康づくり政策

　国民の体力作り、健康づくり対策は、1980 (昭和 53) 年の第 1 次国民健康づくり対策から始まった。そして、健康の維持増進に運動やスポー

ツが取り入れられたのは、1988（昭和63）年の第2次国民健康づくり対策（アクティブ80ヘルスプラン）からであった。その後、健康ブームが到来し、フィットネスクラブ数の増加、厚生労働省による健康運動指導士の養成や「運動型健康増進施設」の認定が開始された。2000（平成12）年の第3次国民健康づくり運動である「21世紀における国民健康づくり運動（健康日本21）」では、生活習慣病発症予防のための1次予防と健康寿命延伸に重点を置いた対策が推進された。また、2013（平成25）年に策定された「健康日本21（第2次）」では、子供から高齢者まで全国民がライフステージに応じて、健やかで心豊かに生活できる社会を実現することを目的として、生活習慣の改善、生活習慣病発症・重症化予防、自立した日常生活を営むための取組みが策定され、実施されている。

2013（平成25）年に閣議決定された「日本再興戦略」では、健康寿命が延伸する社会を実現すべく、健康増進・予防を担う市場・産業の創出・育成をより一層強化することを掲げた。特に、医療機関からの指示を受けて運動・食事指導を行うサービスを担う市場の拡大を目指すことが掲げられた。

これらを背景として、健康医療に着目したスポーツビジネス業界はより一層盛んになっている。次章では、健康医療とスポーツの連携の一例として、メディカルフィットネスを取り上げる。

2. メディカルフィットネスとは

(1) メディカルフィットネス施設設立の動き

2002（平成14）年に大幅な診療報酬の改定が行われた。その1つに、「生活習慣病指導管理料」の新設が挙げられる。「生活習慣病指導管理料」とは、生活習慣病を主病とする患者に対して、医療機関が治療計画を策定し、生活習慣に関わる総合的な指導（運動・栄養指導等）、および治療管理を行った場合に算定される。改定以前は、「運動療法指導管理料」という名目で医療保険が算定され、その対象者は、高血圧症を主病とする者のみであったのに対し、「生活習慣病指導管理料」の対象者は、糖尿病や高脂血症を主病とする者も付け加えられた。すなわち、生活習慣病を主病とする患

者に対して、運動を用いた指導・治療管理を行いやすい環境が整備されたと言える。

(2) メディカルフィットネス施設とは

　前述した「生活習慣病指導管理料」の新設や生活習慣病予防・改善対策としての運動療法の推進から、個人の健康状態やニーズに応じて、安全で効果的な運動指導を受けることができる運動施設が注目されている。近年では、医療機関が運営、または、医療機関と連携した運動施設が増加し、「メディカルフィットネス施設」として注目を浴びている。「メディカルフィットネス（Medical Fitness）」とは、「有疾患か健康を問わず、すべての人が健康華齢（Successful Aging）実現に向けて取り組む体力つくり」と定義されている（田中・太田・新庄、2014）。そのため、メディカルフィットネス施設の利用者は、生活習慣病予防、ロコモティブシンドロームや認知症等の介護予防、脳梗塞や心筋梗塞後のリハビリテーション、受傷した競技者のリハビリテーション、さらには競技者パフォーマンスの向上に至るまでと幅広い人を対象としている（田中・太田・新庄、2014；図7-1 参照）。

　日本メディカルフィットネス研究会では、メディカルフィットネスを「医療的要素を取り入れたフィットネス（広義）」、または、「医療機関が運営するフィットネス（狭義）」と定義しており（日本メディカルフィットネス研究会；行實, 2014）、上記のサービスを提供できる施設としては、「運動型健康増進施設」、「指定運動療法施設」、「医療法42条施設（疾病予防施設）」が挙げられる（田中・太田・新庄、2014）。

　表7-1 にまとめたように、「運動型健康増進施設」は、健康増進のため

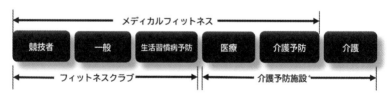

図7-1　メディカルフィットネス施設の対象者範囲
（日本メディカルフィットネス研究会のHPより作成）

表 7-1 メディカルフィットネス施設の概要

	目的	医療に関わる基準	指導スタッフ基準	設備・運営方法の基準	関係官庁
運動型健康増進施設 343施設 (2023年10月)	国民の健康づくりを推進するうえで一定の基準を満たした運動を安全かつ適切に提供する	医療機関との連携内容並びにこれに関わる業務に従事する医師が必要	健康運動指導士およびその他運動指導等の配置	体力測定、運動プログラム提供および応急処置のための設備継続的利用者に対する指導を適切に実施 生活指導を行うための設備を備えている	厚生労働省
指定運動療法施設 244施設 (2023年10月)	疾病のための運動療法を提供	医療機関と契約関係を有している 附置している場合それを示す書類が必要 附置していない場合日医健康スポーツ医等「運動療法」の知見を持つ医師が必要	健康運動指導士または健康運動実践指導者の配置	同上	厚生労働省
医療法42条施設 (疾病予防運動施設)	疾病予防のための有酸素運動を行わせる患者、予防の必要性に高い者に対して、保健指導、運動指導を行う	医療機関が附置されている	健康運動指導士その他これに準ずる能力を有する者	トレッドミル等有酸素運動を行わせる設備 筋力トレーニングその他の補強運動を行わせる設備 適切な健診、保健指導、運動指導を実施 継続的な施設利用者に対し健康記録カードを作成し、保存管理を行う 応急の手当てを行うための設備	厚生労働省

(日本医師会健康スポーツ医学委員会（2014）より一部抜粋、修正)

の運動を安全かつ適切に実施できる施設で、全国に 343 施設あり（2023年 10 月 13 日現在）、厚生労働省によって認定されている（公益財団法人日本健康スポーツ連盟）。さらに、「運動型健康増進施設」のうち、疾病のための運動療法を提供できる施設として「指定運動療法施設」がある。この施設は、全国に 244 施設あり（2023 年 10 月 13 日現在）、運動療法にかかる費用が、医療費控除対象となる。医療法によって定められる「医療法 42 条施設（疾病予防運動施設）」は、医療法人が附帯業務として疾病予防のために運動療法を実施する施設である。この施設は、医療法人が運営母体であり、200 床以下の病院・診療所であれば、生活習慣病を主病とする通院患者に対して、「生活習慣病指導管理料」が算定できる。

　メディカルフィットネス施設では、入会時にメディカルチェックを受け、その測定結果に基づいた運動プログラムが作成され、各人の身体状況に応じた段階的な運動療法と測定評価を繰り返し行うといった長期的な運動プログラムが提供される（田中・太田・新庄、2014）。図 7-2 では、メディカルフィットネス施設入会から運動プログラムに至るまでの一般的な流れを示した。

　また、メディカルフィットネス施設は、医療機関が運営、または連携し、

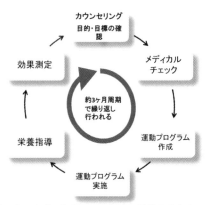

図7-2　メディカルフィットネス施設入会からの流れ
（日本メディカルフィットネス研究会の資料を基に作成）

医師や健康運動指導士などの専門性の高いスタッフの常駐が義務化されているため、施設利用者は、専門的な指導やアドバイスを受けることができる（田中・太田・新庄、2014）。

3. メディカルフィットネス施設の今後

　メディカルフィットネスは、「健康維持のための医療的アプローチを取り入れたフィットネス」と定義され、健康な人だけでなく、生活習慣病を持つ人や運動に際してリスクを抱える人にも適しており、専門的な指導やアドバイスを受けながら、安全かつ効果的な運動療法が実施できる施設であることからも、メディカルフィットネスに関心を持つ人は今後も増加していくと考えられる。

　健康寿命の向上や、健康への意識の高まりに伴い、近年では、生活習慣病の予防と改善の両方で、運動実施の効果が多くの研究によって明らかにされており、メディカルフィットネスへの需要が高まっている。特に、新型コロナウイルスの感染拡大に伴い、在宅勤務や外出自粛による運動不足を感じている人が増えている。そのため、人々の運動に対する関心は一層高まり、メディカルフィットネスの需要はさらに拡大していくと考えられる。

新型コロナウイルス感染症拡大の影響を受け、閉鎖や休業を迫られる施設や、退会・休会する施設利用者が増加する中、メディカルフィットネス施設の経営も厳しい状況が続いている。こうした状況の中、自宅などで運動を行うことができる新しい運動スタイル「オンラインフィットネス」が注目を集めている。「オンラインフィットネス」は、スマートフォンやPCを利用して、好きな場所で運動プログラムを受けられるサービスである。近年、メディカルフィットネス施設においても、「オンラインフィットネス」を取り入れた運動指導を行う施設が登場している。

　メディカルフィットネススタジオ梅田では、エアロビクスや筋力トレーニングのプログラムにおいて、健康運動指導士（健康運動実践指導者）が直接、運動指導を行う少人数参加型オンラインフィットネスを提供している。また、メディカルフィットネススタジオ「ムーヴ・ライク・フローイング」では、連携する医療機関の医院長でもあるスポーツ整形外科医が考案した「100歳まで歩ける体を意識したトレーニング」をライブ配信するレッスンと好きな時間に視聴・運動できる録画レッスンの両方を提供している。さらに、メディカルフィットネス施設「マンマリアツキジ」では、女性特有のがん経験者向けに乳腺専門医が監修した運動プログラムをライブ配信するレッスンを行っており、オンラインフィットネス参加者のみがその録画レッスン動画を見ることができる。このように、自宅などの場所で適切に運動することができる機会が増えたことにより、メディカルフィットネスもさらなる発展を遂げるであろう。

　ところで、健康寿命の延伸を目指し、国はPHR（Personal Health Record：個人健康記録）の活用を推進している。厚生労働省を中心として、2019年からは「国民の健康づくりに向けたPHRの推進に関する検討会」、2020年からは「健康・医療・介護情報利活用検討会」を設置し、健康・医療・介護分野におけるPHRのより効果的な利活用方法について検討している。PHR（Personal Health Record）とは、健康・医療・介護に関する個人情報をデジタルデータとして記録し、クラウドなどを通じて一元的に管理したもので、生涯型電子カルテとも呼ばれる。PHRは、病院や診療所などの医療機関から取得した診察・検査結果だけでなく、腕や衣服に装着し

て健康データを確認・管理できる機能を持つウェアラブルデバイスから取得した血圧、脈拍、体温などのバイタルデータや体重、食事、運動、服薬データも含まれる。これらのデータは、個人が自由に閲覧・管理することができ、利用機関（医療機関や健康増進サービス提供事業者等）に個人の同意のもと利活用されることで、個別化されたより適切な介入ができると期待が高まっている。加えて、健康意識の向上や、生活習慣による疾患予防、日常生活での健康管理にも役立つこととなるだろう。PHRを利用する医療機関にとっても、別の医療機関で受診した検査結果や、アレルギーや心臓病疾患の有無などの情報をすばやく共有でき、適切な医療サービスの提供や業務の効率化となるため、メリットが大きい。

　PHRは、個人のバイタルデータ等の健康情報および、医療機関での診察・検査結果等が含まれるため、図7-3で示したように、メディカルフィットネス施設においても、個人の健康状態に合わせた運動プログラムを作成・実施することが可能となる。さらに、PHRを利用することで、各人の運動継続、運動意欲を促進するような指導や声掛けができることに加え、日常生活においても健康改善のためのより適切なアドバイスを提供することができるようになると考えられる。しかしながら、PHRは、個人の健康

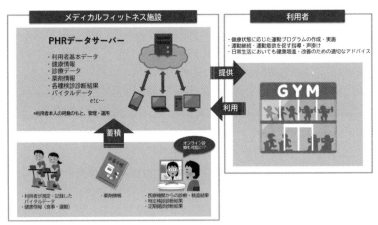

図7-3 メディカルフィットネス施設におけるPHRの利活用の仕組み
（厚生労働省の「国民の健康づくりに向けたPHRの推進に関する検討会」の資料を基に作成）

に関する詳細な個人情報のため、個人情報の適切な取り扱い、セキュリティの確保など課題も多く残されている。

　メディカルフィットネス施設での「オンラインフィットネス」を利用した運動プログラムの提供、および利用者の運動支援を促進する PHR の活用は、健康寿命延伸に向けた新たな方策として注目され、メディカルフィットネス施設の発展において、重要な役割を果たすだろう。

（萩原裕子）

【参考文献】
1) 井本忠行、舟越忠『診療報酬の何がどう変わったか―スポーツ医学、スポーツ医療の観点から、診療報酬改定とスポーツ医療の今後』スポーツメディスン、14(4)、6-9、2002
2) 医療チームとトレーナーが連携してサポートするメディカル＆フィットネスクラブ「スポーツ整形外科医監修オンラインレッスン」：https://hashima-medicalfitness.com/online_training.html（2023 年 9 月 28 日参照）
3) インテリジェントヘルスケア株式会社メディカルフィットネススタジオ梅田「オンラインフィットネス」：https://fitness.nursing-hc.co.jp/news/online_fitness.html（2023 年 9 月 28 日参照）
4) 黒田善雄『スポーツ医学の歴史と展望』順天堂医学、30(3)、295-300、1984
5) 公益財団法人健康・体力づくり事業財団：健康日本 21 とは（概要）：http://www.kenkounippon21.gr.jp/kenkounippon21/about/intro/index_menu1.html（2023 年 9 月 28 日参照）
6) 公益財団法人健康・体力づくり事業財団：健康日本 21（第 2 次）の進進に関する参考資料：https://www.mhlw.go.jp/bunya/kenkou/dl/kenkounippon21_02.pdf（2023 年 9 月 28 日参照）
7) 公益財団法人健康・体力づくり事業財団：健康日本 21（第 3 次）（2024 年～）：https://www.mhlw.go.jp/content/001102474.pdf　（2023 年 9 月 2 8 日参照）
8) 公益財団法人日本健康スポーツ連盟：厚生労働大臣認定健康増進施設一覧：http://www.kenspo.or.jp/search/（2023 年 9 月 28 日参照）
9) 厚生労働省 . 国民の健康づくりに向けたＰＨＲの推進に関する検討会 (第 2 回) について：https://www.mhlw.go.jp/content/10904750/000593133.pdf（2023 年 9 月 28 日参照）
10) 斎藤博之『42 条施設はどうなるか―「生活習慣病指導管理料」との関係で』「診療報酬改定とスポーツ医療の今後」スポーツメディスン、14(4)、10-12、2002
11) 田中喜代次、太田玉紀 , 新庄信英監修『メディカルフィットネス Q&A 』社会保険研究所、2014
12) 中嶋寛之『スポーツ医学とリハビリテーション』リハビリテーション医学、31(6)、420-423、1994
13) 日本医師会健康スポーツ医学委員会 . 健康スポーツ医学委員会答申 , 認定健康スポーツ医の活躍の場を確保するための具体的方策 . 2014
14) 日本メディカルフィットネス研究会「メディカルフィットネスについて」：https://www.medical-fitness-jp.com/medical-fitness/（2023 年 9 月 28 日参照）
17) 日本体力医学会（日本医学会第 39 分科会）編著『医師・コメディカルのためのメディカルフィットネス』株式会社社会保険研究所、2019
18) 乳がん経験者のためのメディカルフィットネス「オンラインフィットネスの紹介」：https://mammaria.jp/medical_fitness/online/（2023 年 9 月 28 日参照）

第8章　スポーツビジネスにかかわる法

スポーツに関する法といえば、2011年制定の「スポーツ基本法」がある。スポーツの意義や効果、スポーツ施策の推進、地域スポーツや競技スポーツ、プロスポーツや障害者スポーツ、スポーツの紛争解決、ドーピング防止、国際大会の招致や開催の支援など様々な事項が定められている。

　しかし、スポーツビジネスのために制定された法は存在せず、スポーツビジネスに関する法律は、むしろすでに制度として存在する様々な法律を、スポーツビジネスの現場で適用させているのが現状である。本章ではスポーツビジネスにかかわる様々な法律を簡単に紹介し、スポーツに関する紛争解決手段であるスポーツ仲裁についても取り上げる。

1. スポーツ用品ビジネスと法律

　シューズやウエアなどのスポーツ関連用品の製造、販売においては、製造、輸出入、卸売、小売などの様々な業種がある。スポーツ関連用品の欠陥によって事故が発生した場合、「製造物責任(PL)法」に基づき、製造、加工、輸入、販売等にかかわる製造業者が、生じた損害を賠償する責めを負う。また「消費生活用製品安全法」の制定により、消費生活用製品の安全性の確保や一般消費者の利益の保護が図られ、この法に基づき「一般財団法人製品安全協会」が設立され、スポーツ用品、レジャー用品、フィットネス用品を含む日用品には、協会が定めた基準適合品に対してSGマークが表示されている。SGマークには安全性の保証に加え消費者保護の観点から、SGマーク付き製品の欠陥により人身事故が発生したときは、円滑な賠償措置が講じられる。

　これら以外にも商品の売買等の契約では「民法」「消費者契約法」「特定商取引法」「独占禁止法」等で不公正な取引の禁止や消費者の権利を保障する法律、経済活動や企業について規定した「商法」「会社法」などの法律が密接にかかわりあっている。

　スポーツ用品の製造にあたっては技術やデザインなど知的創作物に関する権利や営業上の標識に関する権利である知的財産権があり、このような知的財産を保護する法律として「特許法」「実用新案法」「意匠法」「商標法」「著作権法」などの法律がある。またこれらの法を補完する機能を有する「不

正競争防止法」があり、その他不正競争行為を規制する法律には「独占禁止法」や「民法」の不法行為等も該当する。

オリンピックなどのスポーツシーンを映像化したもの、写真の使用などが「著作権法」に関係してくる。オリンピック憲章第1章7項には競技大会、シンボル、旗、マーク等のオリンピックの資産に関する権利は国際オリンピック委員会 (IOC) に帰属することが明記され、日本オリンピック委員会 (JOC) のマーク、エンブレムやロゴ、日本代表選手団の映像なども知的財産として保護されている。またプロ野球の球団やJリーグのクラブなどもライセンス (商品化権) ビジネスを展開するためチーム名や関連名称などをそれぞれ商標登録しており、「商標法」により保護されている。

2. スポーツサービス・情報ビジネスと法律

スポーツサービス産業は、フィットネスクラブ、テニスクラブ、スイミングスクール、サッカースクールなど、各種スポーツレッスン・スクール等のクラブ事業や、スポーツイベント関連事業等の幅広い分野が対象となり、近年の健康ブームにより拡大、多様化してきている。

スポーツクラブやスクールで施設・用具の利用やプログラムの提供、インストラクター等の人的サービスの提供を受ける中でのトラブルも多い。入会契約上の問題や施設・用具の問題、指導上の問題等を対象に、事業者側に問題が認められれば、「民法」による債務不履行や不法行為、安全配慮義務違反等に基づく責任を負わなければならない。「消費者契約法」は、クラブへの入会や施設・用具の利用、人的サービス等の提供に関する契約において消費者を保護する法律である。またゴルフ場の会員権にかかわる問題が多発したことを受け、ゴルフ場等にかかわる会員契約を公正にし、会員の利益を保護することを目的とする「ゴルフ場等に係る会員契約の適正化に関する法律」がある。

スポーツ情報産業は、新聞や雑誌等の活字メディア、テレビやラジオ等の放送メディア関連が対象となるが、情報網が整備されたことで衛星放送、ケーブルテレビ、地上デジタル放送、インターネットが普及し、放送形態も多様化するとともに巨大産業に発展している。オリンピックやワールド

カップ、世界選手権といった大規模な国際大会だけでなく、多くのスポーツイベントでは、興行権、スポンサー権やテレビの放映権、ラジオの放送権、独占使用権などの権利ビジネスが誕生し、現在では巨大な市場に発展している。

　日本のスポーツ放送では放送電波の通信を行う無線局、放送局、放送免許などを定める「電波法」、放送事業者、放送番組、放送基準などを定めた「放送法」(「有線テレビジョン放送法」「有線ラジオ放送法」「電気通信役務利用放送法」を吸収統合)や「有線電気通信法」、「電気通信事業法」など放送事業者や通信の送信について定めた法律がある。またオリンピックの放送権はオリンピック憲章でIOCに帰属することやプロ野球、Jリーグなどのスポーツ団体側にも独自の規約で放送権について定めている。

3.　スポーツ施設・空間ビジネスと法律

　スポーツ施設や空間ビジネスは、プール、体育館、競技場や自然資源を生かしたスキー場、ゴルフ場、キャンプ場などのスポーツ施設や空間を提供し、管理・運営するビジネスである。近年のスポーツ施設は、オリンピックやワールドカップ、世界選手権のような世界的な国際大会の誘致を契機に大規模なスタジアムが建設され、また健康ブームや医療・福祉・教育としてスポーツの価値が認められ、多目的な施設やより専門的な施設が建設されるようになってきた。

　1961年制定の「スポーツ振興法」(2011年スポーツ基本法に改正)により、スポーツ施設・設備が整備され、「都市公園法」により野球場や陸上競技場、サッカー場、テニスコート、体育館やプール等の運動施設も公園施設に該当すると定められ、利用に関して様々な規制を受けることになった。スキー場やキャンプ場等も「自然公園法」により規制を受ける。スポーツ施設の建設に関しては公共施設及び民間施設を問わず「建築基準法」に基づき建設され、さらに「消防法」により安全基準が定められている。また「総合保養地域整備法(リゾート法)」によりスキー場、ゴルフ場、マリンスポーツ施設などのリゾート開発が行われるようになったが、森林伐採や生態系の破壊などの環境問題や農業、林業、漁業との調整等で開発

業者と地域住民との間に訴訟問題が多く生じるようになり、リゾート法の見直しが求められている。

　近年、スポーツ施設の名称に企業の社名や商品のブランド名をつける施設命名権 (ネーミングライツ) がビジネスとして確立し、急速に広がりをみせている。そのほか「民間資金等の活用に公共施設等の整備等の促進に関する法律 (PFI 法)」が制定され、公共施設等の建設、維持管理、運営等に民間の資金とノウハウを活用し、民間主導で行うことが可能となった。また「地方自治法」の改正によってスポーツ施設の管理方法も自治体の外郭団体に限定されていた管理委託制度から指定管理者制度に移行し、民間の企業や NPO 法人などにも施設の管理運営が代行できるようになった。

4. スポーツエンターテイメントビジネスと法律

　スポーツエンターテイメントビジネスとは、プロスポーツを中心とする興行ビジネスで、スポーツ用品ビジネス、スポーツサービス・情報ビジネス、スポーツ施設・空間ビジネスの 3 領域にまたがるビジネスである。日本のプロスポーツの代表といえるプロ野球やサッカー J リーグ、2016 年発足のバスケットボール B リーグなどがあり、他競技もプロ化が進んでいる。リーグ、球団、クラブの運営、組織に関わる法的な問題や、リーグ・球団・クラブと選手間の契約に関わる法的な問題には、プロ野球では「野球協約」や「統一契約書」、J リーグでは「J リーグ規約」や「プロ選手契約書」、B リーグでは「B リーグ規約」や「選手統一契約書」などの団体固有の法や、「労働法」、「契約法」、「独占禁止法」などが関係している。プロ野球ではドラフト制度や FA 制度、ポスティング制度、トレード、代理人交渉、年俸調停制度 (稼動報酬調停制度) などについても多くの問題が指摘されている。一方 J リーグではプロ野球に比べ選手の権利も幾分改善されているが、契約や移籍制度、移籍金等で問題も起こっている。

　他方、スポーツ選手の氏名や肖像権を商業的に利用する際のパブリシティ権 (肖像権) や前述したスポーツイベント開催に関する契約やスポンサー契約、広告宣伝等の契約やテレビ放映権の契約などにも法律が関係している。スポーツ選手のパブリシティ権に関しては、日本プロ野球界では

すべて球団に帰属し、JリーグやBリーグもクラブやリーグが管理し、サッカー日本代表選手の肖像権は日本サッカー協会による管理となっている。オリンピック日本代表選手に関しては、日本オリンピック委員会 (JOC) が導入したマーケティングプログラムとして「がんばれ！ニッポン！」キャンペーンがある。これは選手が所属する各競技団体に肖像権を預け、日本オリンピック委員会が選手の肖像権を一括管理し、日本オリンピック委員会の公式スポンサー (オフィシャルパートナー) にその権利を与え、スポンサー企業から得た協賛金を各競技団体に選手強化費として還元する制度である。しかし有名選手が「プロ宣言」し、個人の肖像の自己管理を主張したため、現在 JOC では、肖像権は選手個人が持っているという前提で、特定の著名選手に「TEAM JAPAN シンボルアスリート」、将来有望な選手に「TEAM JAPAN ネクストシンボルアスリート」として JOC と契約を締結。当該選手が JOC に肖像権の管理を委託する形を取っている。

　日本の野球界もプロ野球とアマチュア野球統括団体 (全日本野球協会) が歩み寄り、日本野球協議会を発足させ、「野球日本代表マネジメント委員会 (JBMC)(現株式会社 NPB エンタープライズ)」を立ち上げ、プロ・アマチュア各世代および女子野球における「野球日本代表 (侍ジャパン)」の常設化をおこない、国際化に対応する代表強化、マーケティングなどを推進している。

5. スポーツの仲裁

　スポーツビジネスにかかわる様々な法律を紹介してきたが、スポーツの商業化、ビジネス化が進み拡大するにつれ、スポーツビジネスにかかわる様々な法的問題も多様化し、急増してきている。こういった法的な問題が存在する以上、紛争の発生は避けられない。一般社会において発生したさまざまな紛争は解決のための制度として裁判がある。ただしスポーツ紛争には一般の裁判制度に馴染まないケースが多々ある。例えば、ドーピング検査に基づく処分やオリンピック代表選考をめぐる競技者とその競技団体との争い等である。競技者の立場を考えると選手生命や大会開催時期の問題等があり、短期間に決着する必要がある。こういったスポーツ界の紛争

表 8-1　日本スポーツ仲裁機構における年度別仲裁判断件数

年度	2003	2004	2005	2006	2007	2008	2009	2010	2011	2012	2013	2014	2015	2016	2017	2018	2019	2020	2021	2022	2023
AP	3	2	1	1	0	1	2	3	3	3	8	4	6	4	2	9	6	8	7	12	1
DP	0	0	0	0	0	2	0	0	0	1	1	0	0	1	1	1	0	0	0	0	0
合計	3	2	1	1	0	3	2	3	3	4	9	4	6	5	3	10	6	8	7	12	1

＊ AP：スポーツ仲裁規則による仲裁
＊ DP：ドーピング紛争に関するスポーツ仲裁規則による仲裁

(日本スポーツ仲裁機構ウェブサイトより作成)

に特化した仕組みとして、スポーツ調停 (解決にむけた助言)、スポーツ仲裁 (判断を下す) がある。

　「スポーツ仲裁裁判所 (CAS)」は、1984 年国際オリンピック委員会が設立し、その後第三者機関 (スポーツ仲裁国際理事会) として 1994 年国際オリンピック委員会から独立した。仲裁人は世界各国のスポーツの専門家やスポーツの知識を持った法律の専門家などで構成されている。スポーツ仲裁裁判所では、ドーピングをめぐる裁定、国際競技大会への代表選考・出場資格の認定、契約問題等を仲裁する。スイスのローザンヌに本部があるが、オリンピックなどの主要な国際大会開催中は開催地に臨時仲裁裁判所が設置されている。

　「日本スポーツ仲裁機構 (JSAA)」は、スポーツ仲裁裁判所をモデルに、日本オリンピック委員会、日本体育協会 (現日本スポーツ協会)、日本障害者スポーツ協会 (現日本パラスポーツ協会) が中心となり、国内で発生した競技者と競技団体との紛争を解決するために設立された。主にドーピング紛争、代表選手選考等に関する紛争、競技大会の成績に関する紛争、懲戒処分等に関する紛争に利用されている。

以下に「スポーツ仲裁裁判所」「日本スポーツ仲裁機構」の実際の仲裁例を紹介する。

(1)〈スポーツ仲裁裁判所〉での仲裁判断例

　カミラ・ワリエワ（フィギュアスケート女子）

　2022年冬季北京五輪のフィギュアスケート女子シングルで優勝候補であったワリエワ選手が前年のロシア選手権ドーピング検査で採取された検体から禁止物質の陽性反応が出たことで、暫定的に資格停止となった。しかしロシア反ドーピング機関が暫定資格停止をすぐに解除し、引き続き大会出場を認めたため、IOC、世界反ドーピング機関（WADA）、国際スケート連盟（ISU）が処分を不服としてスポーツ仲裁裁判所に提訴した。スポーツ仲裁裁判所はワリエワ選手が16歳未満で世界反ドーピング機関（WADA）が定める「要保護者」であることを考慮し、大会出場を認めた。この裁定はあくまで出場可否のみで、ドーピング違反、成績の有効性は今後審理するとした。その後聴聞会を経て、ドーピング違反を認め、4年間の資格停止と出場した大会の失格処分を科した。

(2)〈日本スポーツ仲裁機構〉の仲裁判断例

　全日本空手道連盟強化委員長で大学空手道部師範

　空手日本代表強化責任者が、2021年空手女子組手で東京五輪に出場した選手に対し竹刀を使った指導で選手の目にけがをさせたなどとして、日本スポーツ協会から受けた厳重注意処分の取り消しを求め、日本スポーツ仲裁機構(JSAA)に申し立てた。竹刀を使った練習は間合いを測る点にあり竹刀で攻撃するわけでもなく傷害を負わせる危険はあるとはいえないと主張したが、JSAAは継続的に実施している経緯を踏まえると安全配慮を欠いた不適切な行為であり、一定の危険性が認められるとし、処分取り消しの申し立てを棄却した。　　　　　　　　　　　　　　　　（岡本悌二）

【参考文献】

1) 石井清司『スポーツと権利ビジネス』かんき出版 .1998
2) 石堂典秀 . 建石真公子『スポーツ法へのファーストステップ』法律文化社 .2018
3) 伊藤　堯他編『スポーツの法律相談』青林書院 .2000
4) 第二東京弁護士会知的財産権法研究会編『エンターテインメントと法律』商事法務 .2005
5) エンターテイメント・ロイヤーズ・ネットワーク編『スポーツ法務の最前線』民事法研究
　 会 .2015
6) 小笠原正『導入対話によるスポーツ法学』不磨書房 .2007
7) グレン M. ウォン . 川井圭司『スポーツビジネスの法と文化』成文堂 .2012
8) 辻口信良『平和学としてのスポーツ法入門』民事法研究会 .2018
9) 道垣内正人『スポーツ法への招待』ミネルヴァ書房 .2011
10) 日本スポーツ法学会編『詳解スポーツ基本法』成文堂 .2011
11) 日本スポーツ法学会監修『標準テキストスポーツ法学』エイデル研究所 .2016
12) 原田宗彦『スポーツ産業論入門』杏林書院 .2003
13) 渡辺　保『現代スポーツ産業論』同友館 .2004
14) 朝日デジタル：http://www.asahi.com/(2024 年 2 月 1 日参照)
15) 一般財団法人製品安全協会：hppt://www.sg-mark.org/(2023 年 8 月 23 日参照)
16) 一般財団法人日本スポーツ仲裁機構：hppt://www.jsaa.jp/(2024 年 2 月 1 日参照)
17) 消費生活用製品安全法 https://www.meti.go.jp/policy/consumer/seian/shouan/nr_
　　 history.html/(2023 年 8 月 28 日参照)
18) スポーツ仲裁裁判所：http://www.tas-cas.org/en/index.html/(2023 年 7 月 28 日参
　　 照)
19) 全日本野球協会 http://baseballjapan.org/jpn/(2023 年 8 月 30 日参照)
20) 日本オリンピック委員会：https://www.joc.or.jp/(2023 年 8 月 30 日参照)
21) 日本 PFI・PPP 協会：hppt://www.pfikyokai.or.jp/(2023 年 8 月 23 日参照)
22) 毎日新聞デジタル：https://mainichi.jp/(2024 年 2 月 1 日参照)
23) 野球日本代表侍ジャパンオフィシャルサイト：http://www.japan-baseball.jp/jp/
　　 summary/about/(2023 年 8 月 30 日参照)

コラム

「アフリカンパラゲームスのこれから」

■ 2023年9月、ガーナにて、新たな歴史を刻む第1回アフリカンパラゲームスが開催された。20を超える国から選手団が集まり、3競技(車いすテニス、車いすバスケットボール、アンプティフットボール)が競われた。今回の歴史的開催は、アフリカパラリンピック委員会会長のSamson DEEN氏が会長選で掲げた公約達成のためにイニシアチブを発揮したところが大きかった。

■ 私たちは、オリンピックやワールドカップ等に代表されるようなメガスポーツイベントを、その商業的成功から語られることも多い。しかし本コラムではアフリカンパラゲームスがアフリカの障害者、パラアスリート、社会に何をもたらしたのか、そして今後の課題は何かという観点で振り返りたい。

■ まず、大前提として本大会は商業的成功を追求するために開催されたわけではない。本大会が目指したものは、アフリカの全てのパラアスリートに質の高い国際大会機会を提供すること、パラリンピックへの出場機会をつくること、障害者に対するスティグマに挑戦することであった。これまでアフリカのパラアスリートがパラリンピック出場権を手にするには、アフリカ以外で開催される国際大会に参加しなければならないことが多かった。必然的に参加費を捻出するだけでも大きな不利を被っていた。その意味で、本大会は2024パリパラリンピックやその次の2028ロサンゼルスパラリンピック出場権獲得に向けてアフリカのパラアスリートたちが待ち望んでいたニーズに応えていた。

■ 欧米に比べて著しく不利という点では、パラスポーツ競技用具についても言える。アフリカの多くの国は、先進国のパラスポーツ関係団体からの寄付や、国際的にも名の知られた車いす寄付団体による中国製の安いスチール製のマルチスポーツ用車を使っている。アフリカでこうした大会を開くことで、先進国のパラスポーツ関係団体や支援団体から、それぞれの国で余剰となっているパラスポーツ用具をアフリカのパラアスリートに還元する(援助漬けという批判もあり得よう)機会にもなり得る。

■ 今大会のもう一つ特筆すべき点は、本来パラリンピックの正式競技ではないアンプティフットボールが大会競技として採用されたことである。同競技は比較的新しいパラスポーツではあるが、アフリカで最も盛なパラスポーツの一つでもある。パラリンピックに入っていないからアフリカパラゲームスに採用しないのではなく、むしろ他のパラスポーツ以上にアフリカの障害者が望んでいる一つとしてその活躍の場を生み出すことに成功した。今大会には国際パラリンピック委員会の会長もアンプティフットボールの試合を観戦しておりパラリンピック正式競技化への期待も大きい。

■ 他方で課題もある。「障害者に対するスティグマに挑戦する」という面では、そもそもガーナ国内の大会認知度はほとんどなかったと言っていい。事前の広報はもちろんであるが、障害児・者とその家族の大会への招待や、観客席の一般開放など、多くの人が実際にパラアスリートの活躍に接する機会を増やす必要がありそうだ。また、大会計画の面でも問題がなかったとは言えない。これだけの規模にもかかわらず、大会組織委員会の開設は2023年2月であった。わずか7ヶ月弱という準備期間により、当初実施が計画されていた7競技から最終的には3競技に減少した。またスポンサーが集まらず大会予算の多くを開催国のガーナ政府が拠出するなど、開催資金獲得には課題も多い。今後の開催に向けては主催国の開催能力の強化が求められそうだ。とはいえ、アフリカンパラゲームスは始まったばかり。アフリカンパラゲームスがアフリカの障害者だけでなくアフリカ社会に何をもたらすのか、さらなる発展が楽しみだ。

最後に、私の1通のメールから私をアフリカンパラゲームスのブランドアンバサダーとして迎えてくださったアフリカパラリンピック委員会会長のSamson DEEN氏に心から感謝の意を表したい。

左近浩太郎

第三部　スポーツビジネスの発展

第9章　レジャースポーツ産業

1. レジャーとスポーツ

「レジャー (leisure)」とは、一般的に人間の活動時間のうち労働や生理的活動、あるいは社会義務的な活動に費やされる場合を除いた、個人が自由に使うことのできる時間（余暇）のことを指す。また、フランスの社会学者である J. デュマズディエが「個人が職場や家庭、社会から課せられた義務から解放されたときに、休息のため、気晴らしのため、あるいは利得とは無関係な知識や能力の養成、自発的な社会的参加、自由な創造力の発揮のために、まったく随意に行う活動の総体」と定義づけているように、余暇を利用して楽しむ主体的な活動を表現する場合にも用いられる。

一方「スポーツ (sport)」は、ラテン語の "deportare" に語源があるとされており、16 世紀ごろには「労働や義務の拘束を離れて得る喜び」を意味する言葉として存在していた。それが 17 〜 18 世紀には「野外での自由な活動や狩猟的活動」を主に指すようになり、19 世紀になって、競技的性格を持った身体的運動を伴うゲームや娯楽の総称として用いられるようになった（阿部、2009）。その後、20 世紀に入り世界に広がった大衆化と教育化の動きは、メディアの普及と相まってスポーツを様々な分野へ急速に浸透させ、現代において "sports" は世界共通語として認知されている。現在、スポーツはそれを生業とする者を除き、多くの人々にとってレジャーのひとつとして機能している。

現在の私たちの生活の中で、レジャー産業は非常に広範におよび、各々がそれぞれの趣味に応じて気ままにレジャーを過ごしている。レジャースポーツについても例外ではなく、その産業分野は近年の「する」「みる」「ささえる」という言葉に象徴されるように多岐にわたる。

2. レジャースポーツ産業の分類

公益財団法人日本生産性本部の『レジャー白書 2022』では、レジャーの関連産業・市場を次の 4 つに大別している。
　　○　スポーツ部門　　　○　趣味・創作部門
　　○　娯楽部門　　　　　○　観光・行楽部門
このうち、スポーツ部門については①球技スポーツ用品、②山岳・海洋

性スポーツ用品、③その他のスポーツ用品、④スポーツ服等、⑤スポーツ施設・スクール、⑥スポーツ観戦料の6つに分類されている。それぞれの内訳は表9－1で示した通りである。

表9－1　レジャースポーツの関連産業・市場の分類

スポーツ部門	球技スポーツ用品	1) ゴルフ用品 2) テニス用品 3) 卓球・バドミントン用品 4) 野球・ソフトボール用品 5) 球技ボール用品
	山岳・海洋性スポーツ用品	1) スキー・スケート・スノーボード用品 2) 登山・キャンプ用品 3) 釣具 4) 海水中用品
	その他のスポーツ用品	1) スポーツ自転車 2) その他のスポーツ用品
	スポーツ服等	1) トレ競技ウエア 2) スポーツシューズ
	スポーツ施設・スクール	1) ゴルフ場 2) ゴルフ練習場 3) ボウリング場 4) テニスクラブ・スクール 5) スイミングプール 6) アイススケート場 7) フィットネスクラブ 8) スキー場（索道収入）
	スポーツ観戦料	
	公営競技	1) 中央競馬 2) 地方競馬 3) 競輪 4) ボートレース 5) オートレース

財団法人日本生産性本部編『レジャー白書2022』生産性出版、2022年、134-139頁より作成

　なお、観客の賭け金を主な財源として運営する公営競技（競馬、競輪、ボートレース、オートレース）もプロスポーツとして認知されて久しいが、『レジャー白書』ではパチンコやパチスロ、宝くじと同様に娯楽部門の「ギャンブル」に分類されている。ただ、賭博行為が観戦者と競技者をつなぐ中心的機能を果たしているとはいえ、観戦者が競技者のパフォーマンスや競走結果に一喜一憂し、ときに競技者への感情移入を果たす様子は観戦型スポーツそのものであり、本稿では公営競技もレジャースポーツ産業として分類し、表9－1に加えている。
　この分類から、レジャースポーツ産業は「モノ」や「空間」、「記録・結果」や「選手パフォーマンス」、あるいは「サービス」など、広い範囲に展開していることがわかる。

3. レジャースポーツ産業の市場動向

　『レジャー白書2022』によれば、2021年の我が国の余暇市場は55兆7,600億円となっており前年比で1.0%の増加となった。しかし、新型コロナウイルスの影響がなかった2019年と比較すると、その77.1%に過ぎず、市場規模の回復が今後の大きな課題である。公営競技を含まないスポーツ部門の市場規模は3兆8,940億円となり、余暇市場全体のおよそ7.0%を占めている。

　2001年以降のスポーツ部門の市場規模の推移は図9－1で示した。2001年に4兆7,880億円あった市場は、以降、概ね右肩下がりで推移し、2011年には3兆8,900億円まで落ち込んだ。その後は回復傾向に転じ、2019年には4兆1,860億円まで立て直したものの、コロナ禍で大きく縮小し、2020年は前年比約26.0%減の3兆5,190億円となった。2021年は前年比で10.7%増加させているものの、市場規模は3兆8,940億円にとどまっている。

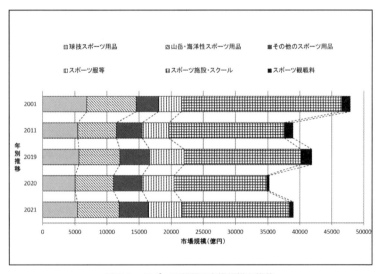

図9-1　スポーツ部門の市場規模の推移
財団法人日本生産性本部編『レジャー白書2022』生産性出版、2022年、134-135頁より作成

それぞれの分野の傾向をみていくと、まず「球技スポーツ用品」については前年比で8.0%伸ばしているが、コロナ禍以前には及ばない。ただ、項目別にみると「ゴルフ用品」だけは2019年よりも30億円増やしている。大自然の中で少人数が興じるゴルフは、"三密"を避けられるスポーツとしてコロナ禍からいち早く復活を遂げたスポーツといえるかもしれない。次に、「山岳・海洋性スポーツ用品」をみると、市場規模はコロナ禍以前を上回ったことが特徴である。「登山・キャンプ用品」「海水中用品」などが人気で、特に「釣具」は2021年が1,830億円で前年比10.9%増、2019年比でも7%程度伸ばしている。こうした傾向もゴルフと同様、一連の感染症対策が、人々のレジャーを自然界に向けさせることに作用したと考えられる。また「その他のスポーツ用品」の中では、「スポーツ自転車」が唯一、2021年の全項目の中で前年を下回っている。ただし、スポーツ自転車はコロナ禍に入った2020年に規模を拡大させていることもあり、その反動によるものとみることができる。「スポーツ服等」は、コロナ禍以前にはやや及ばないものの堅調である。

　一方、苦戦しているのが「スポーツ施設・スクール」である。「ゴルフ練習場」など、コロナ禍以前を上回るか、同程度までに規模を戻している項目があるものの、全体としては2019年比で8%以上減らしている。特に「フィットネスクラブ」は顕著で、2021年は前年比で29.1%増加しているが、2019年比では約17%減となっている。同じスポーツ活動でも、屋内で実施するものは敬遠されたことがわかる。

　そして、もっともコロナ禍の影響を受けたのが「スポーツ観戦料」である。近年のプロスポーツは、地域密着を推し進め、本拠地を中心としてファンに支持されるチーム作りが重視されるようになった。実際、2011年以降の観戦料は右肩上がりとなり、2019年は1,720億円で20年前から40%以上も増加させた。しかし、コロナ禍による"無観客試合"などの影響で2020年には380億円にまで落ち込み、2021年も570億円にとどまっている。レジャースポーツ産業の市場回復には、「スポーツ観戦料」の復活がいち早く求められる状況である。

　21世紀の日本のレジャースポーツ産業は、国民の健康意識の高まりで

運動・スポーツに対する関心が広がり、生涯スポーツの考え方の定着と相まって、サイクリングやランニング、フィットネスクラブなど手間とお金をさほどかけずに実践できるスポーツが人気を集めるようになった。また、プロスポーツチームの増加は、スポーツ観戦をより身近なものにし、市場の拡大に寄与してきた。これらは、日本のスポーツが「いつでも」「どこでも」「だれとでも」、「する」「みる」「ささえる」ことのできる現代のレジャーとして機能していることを示唆するものである。

　しかし、新型コロナウイルスの感染対策による影響はあまりにも大きい。2023年はこうした制約がほぼ取り払われたが、人々の"三密"を避ける意識はまだまだ根強く、コロナ禍以前の水準までの回復は見通せていない。ポストコロナにおいて、感染対策に配慮しつつ、レジャーとしてのスポーツのニーズに応える新たな取り組みの必要性に迫られている。

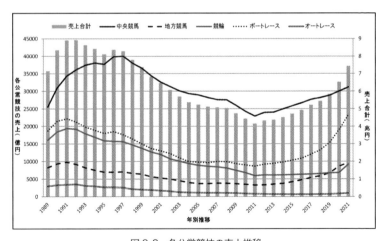

図9-2　各公営競技の売上推移

財団法人日本生産性本部編『レジャー白書2022』生産性出版、2022年、138-139頁より作成

　最後に公営競技についてみてみると、図9－2に示したように全体の売り上げは一時期に大きく減らしたものの、現在は回復基調にある。

1991 年以降、最も多くの売り上げを記録したのが 1992 年の 8 兆 9,320 億円であるが、その後はすべての競技で減少傾向となり、2011 年には 4 兆 1,560 億円にまで落ち込んだ。しかし、2021 年の売り上げは全体で 7 兆 4,340 億円となり、2001 年以降では最高を記録し、1992 年の 8 割以上の水準に回復した。内訳として中央競馬が 3 兆 1,170 億円で最も多く、次いでボートレースが 2 兆 3,300 億円、地方競馬が 9,650 億円、競輪が 9,200 億円、オートレースが 1,020 億円と続いている。中央競馬（JRA）の主催する競馬が多くの売上を記録する背景は様々だが、早期からの芸能人を活用したテレビ CM の展開とアニマルレースという特徴を生かしたイメージ戦略が功を奏していると考えられる。また、指定する 5 つのレースの勝ち馬を予想し、100 円で購入できる「5 重勝単式（通称：WIN5）」のインターネット投票券を発売し、キャリーオーバー制を採用して最高で 6 億円の払い戻しを可能にしている。こうした取り組みは、若年層や女性ファンなどの顧客の開拓・定着と、他の高額当選くじへの流出防止に一定の成果を上げていると言える。また、他のスポーツ部門の多くがコロナ禍に売り上げを減らしている中で各公営競技が軒並み市場規模を拡大させていることも特徴である。因果関係は明らかになっていないが、外出自粛による在宅時間の増加と、各家庭や個人のレジャー資金の余剰が増えたことがこうした傾向に寄与したと推測される。

4．公営競技の顧客獲得戦略
　　－香川県丸亀市の「ボートレースまるがめ」を事例として－

　前節で述べたように、公営競技は 1992 年以降 2011 年まではその売り上げを大きく減少させ、一時は最盛期の 50% 以下にまで落ち込んだ。2010 年代には地方競馬や競輪などでいつくかの施行者が経営状況の悪化を理由に開催場の廃止を決定する事態も生じていた。一方で、そのような状況の中でも顧客のニーズに合わせた経営努力により、状況を大きく好転させた施行者もいる。ここでは、香川県丸亀市の「ボートレースまるがめ」を例に、レジャースポーツ産業の市場を拡大させる手がかりを考えていきたい。

丸亀モーターボート競走場は1952（昭和27）年に全国24あるボートレース場の中で、6番目の早さで開催を実施したボートレース場である。1978（昭和53）年には瀬戸内地区で初めて1日の売り上げが10億円を突破し、これまでに1,440億円以上を丸亀市の一般会計へ繰り出すなど、地域行政の自主財源確保という重要な役割を果たしてきた。しかし、1990年代後半以降の売上は減少傾向となり、2000年代に入ると従来の営業形態から脱却し、その抜本的改革を迫られるようになった。

　転機は2009（平成21）年のナイターレース開催によって訪れる。約23億円の費用をかけ、全国で5番目のナイターレース場としてリニューアルオープンをすると、前年度の約352億円から2倍近くとなる約664億円の売り上げを記録した（図9－3）。

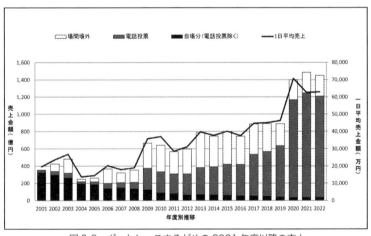

図9-3　ボートレースまるがめの2001年度以降の売上
丸亀市ボートレース事業局『令和4年度統計資料』、2023年より筆者作成

　ボートレースまるがめがナイターレースの導入に踏み切った背景には、まるがめに先駆けてナイター開催を導入していた4場（桐生、蒲郡、住之江、若松）の好調な売り上げがあった。昼間開催が主流だったボートレースにあって、ナイター営業は他のボートレース場との差別化に成功し、図9－

3にあるように本場以外で発売される場間場外発売額と電話投票（インターネット投票を含む）発売額を大きく増加させた。昼間の勤務時間帯の顧客確保が困難であるという状況から、顧客のレジャー（余暇）に合わせたレースの開催が売上の増加に有効であることを示したものであった。

　さらに、2012年には新スタンドをオープンさせた。新スタンドは、コンパクトで随所に外光の差し込む明るい雰囲気を醸し出し、「マリンシート」や「スカイシート」と呼ばれる二種類の有料指定席や女性専用の「レディースシート」、カップルや若者向けのカフェテリアを設置し、親子連れでも楽しめる「わんぱくランド」や子ども用遊具を備えた「ふれあい広場」を設けた。さらに2023年には、地域交流のコミュニティの拠点化を目指した施設「Grüün まるがめ」と親子のあそび場「Mooovi」を新設し、多世代交流の場を地域に提供するようになった。このように様々な世代の多様なニーズに対応したスタンドとしてリニューアルし、アップデートを繰り返すことで、ファンにとって快適な空間を作り出している。

　こうしてナイター営業の開始により売り上げを大きく伸ばしたボートレースまるがめは、新スタンドオープン以降も高水準の売り上げを記録し、2013年度には売り上げで日本一を達成した。その後の売り上げも概ね右肩上がりで、コロナ禍の外出自粛の影響があったとはいえ2021年度は過去最高の1,485億円を売り上げた。

　また、近年の販売方法は電話投票が主流となっており、特に2020年度以降、総売り上げの80％以上を占める割合で推移している。ボートレースまるがめでは、従来、電話投票会員向けポイントサービス「まるがめポイントクラブ」を展開してきたが、更なる電話投票優遇キャンペーンを実施し、ファンサービスの充実と顧客の囲い込みも図っている。利用者は、購入金額に応じてポイントを獲得し、そのポイントを現金やボートレースグッズ、旅行券、地元の名産品などに交換できるようになっている。

　このように、顧客のレジャー（余暇）に合った時間・空間サービスを提供し、主たる購入者である電話投票会員を優遇することが、ボートレースまるがめの売り上げの増加要因として考えることができる。

　スポーツは20世紀以降の世界的な普及に加え、経済の発展により産業

としても大きく成長してきた。一方で、日本国内に目を向けると、バブルの崩壊や資本主義社会の円熟化が、人々に興味・関心の多様化をもたらし、結果的に従来からあるレジャースポーツからの顧客流出という事態を招いた。こうした経験は、レジャースポーツ産業の在り方を問い直すきっかけとなり、あらためて顧客やファンの視点に立ち戻ることが求められるようになった。そうした中で、ここで取り上げたボートレースまるがめの復活は、単に公営競技にとどまるのではなく、すべてのレジャースポーツ産業の成功モデルとして認知されるべきであろう。そして、今後のレジャースポーツ産業のコロナ禍からの復活を考える際には、従来の「する」「みる」「ささえる」分野での幅広いニーズに加え、コロナ禍がもたらした社会と人々の変化を敏感に感じ取り、それを意識したサービスの提供が必要となってくるのである。

（近藤　剛）

【参考文献】
1）J. デュマズディエ、中島巌訳「余暇文明へ向かって」東京創元、1972
2）阿部生雄「近代スポーツマンシップの誕生と成長」筑波大学出版会、2009
3）渡辺保「現代スポーツ産業論」同友館、2004
4）大野貴司「スポーツ経営学入門－理論とケース－」三惠社、2010
5）広瀬一郎「「Ｊリーグ」のマネジメント」東洋経済新報社、2004
6）大坪正則「パリーグがプロ野球を変える－６球団に学ぶ経営戦略－」朝日新聞出版、2011
7）佐々木晃彦「公営競技の文化経済学」芙蓉書房出版、1999
8）三好円「バクチと自治体」集英社、2009
9）財団法人日本生産性本部編「レジャー白書2022」生産性出版、2022
10）丸亀市ボートレース事業局「令和４年度統計資料」2023
11）丸亀市ボートレース事業局「令和４年度～令和７年度第３次中期経営計画～ Start of the Next Stage ～」2022
12）丸亀市ボートレース事業局「令和５年度モーターボート競走事業概要」2023

第 10 章　スポーツと医療関連ビジネス

1. 健康増進を目的としたスポーツ・身体活動への期待

　世界でも例をみない速さで社会の少子高齢化が進むわが国において、国民医療費は年々上昇しており、平成25（2013）年度以降は年間40兆円を超えている。国民医療費は、人口の高齢化や医療技術の高度化等により更なる拡大が予測されているが、スポーツによる医療費抑制についての研究成果は数多く報告されており、スポーツによる健康増進に対する期待が年々高まっている[1]。新型コロナウイルス感染症の感染拡大は、私たちの自由な活動や行動、社会参加等に多大な影響を与えており、より良い健康の実現を目的としたスポーツ・身体活動への関心がなお一層高まっている。

　健康増進を目的としてスポーツや身体活動に取り組む動きは、国の施策にも反映されてきている。スポーツ庁により令和4（2022）年3月に策定された「第3期スポーツ基本計画」[1]をみると、令和4（2022）年度から令和8（2026）年度までの5年間に取り組むべき12の施策が示されている。この中の一つに「スポーツによる健康増進」がある。「スポーツ基本計画」は、スポーツ基本法の規定に基づき、文部科学大臣が定めるスポーツに関する施策の総合的かつ計画的な推進を図るための重要な指針である。「スポーツによる健康増進」の内容をみると、スポーツ庁と厚生労働省、経済産業省とのそれぞれの関連において、種々の機関、団体等との協働による実践的な施策等が公表されていることから、以下に紹介したい。はじめに、「スポーツによる健康増進」の「今後の施策目標」として、

(1)　スポーツと健康の関係やスポーツ実施促進の効果的な方法等についての科学的知見を蓄積し、蓄積された科学的知見の普及・活用を通じてスポーツを通した健康増進を図る。

(2)　1回30分以上の軽く汗をかく運動を週2回以上実施し、1年以上継続している運動習慣者の割合の増加を目指す。

が掲げられている。
　そして、施策目標を達成するための「具体的な施策」として、

（1）国は、（公社）日本医師会の協力を得て、医師が作成する運動処方の情報に基づき、地域の運動・スポーツ教室、スポーツクラブ等において適切なプログラムが提供され、安全かつ効果的に楽しく運動・スポーツを実践できる環境の整備を支援する。また、医師が安心して高齢者に運動・スポーツを推奨できるよう、運動・スポーツ施設の特徴等の見える化を促進する。

（2）国は、地方公共団体が行う介護とスポーツの連携を促進する事例の創出を支援するとともに、運動処方の情報から安全かつ効果的に楽しく運動・スポーツを実践するためのプログラム作成ができる指導者等の専門家の養成を支援する。

（3）民間事業者は、職域健診の結果に基づく事後措置や特定保健指導等において、医師、保健師等から従業員やその家族に対し、スポーツの実施を通じた健康保持増進について必要な指導を行う。国は、民間事業者や保険者等と連携し、従業員に自らの体力の現状を把握させ、スポーツ実施を通じた健康保持増進の必要性に関する気づきを与えられるよう、健康診断等の際に体力テストを併せて行う等の取組を検討する。

等が明記されている。

　これら以外にも、「第3期スポーツ計画」に関連した省庁間の施策・取組は多数みられ、地域や職場等を中心に医療や健康に関連する有機的な連携が図られている[1]（表10-1）。今後、「スポーツによる健康増進」を実現していくためには、研究開発によって得られた知識や技術等をいかにして社会実装していけるかが急務であり、ビジネスやマーケティングの知見が極めて重要になる。今後、スポーツと医療関連ビジネスの結びつきは益々深まっていくと予測される。

表 10-1 「第 3 期スポーツ基本計画」の関係施策・取組の内容と担当省庁

関係施策・取組	内容	担当
Sport in Life プロジェクト	一人でも多くの人がスポーツを楽しみ、スポーツを通じた健康増進やいきいきとした生活の実現に資するよう、生活の中にスポーツが取り込まれている「Sport in Life」の実現に向けた取組を、地方公共団体、スポーツ団体、経済団体等と連携して進める。	・スポーツ庁健康スポーツ課
運動・スポーツ習慣化促進事業	地方公共団体が地域の実情に応じて、住民が安心・安全かつ効果的な健康づくりのための楽しい運動・スポーツを習慣的に実施するための、スポーツを通じた健康増進に資する取組を支援する。	同上
国民のスポーツライフ全般	国民のスポーツ実施率を向上させ、日々の生活の中で一人一人がスポーツの価値を享受できる社会を構築する。	同上
女性のスポーツ参加	女性のスポーツ実施率が男性よりも低くなっていることを踏まえ、女性特有の健康課題も踏まえつつ、女性のスポーツ参加促進に向けた取組を進める。	同上
スポーツエールカンパニー	従業員の健康増進のためにスポーツの実施に向けた積極的な取組を行っている企業を「スポーツエールカンパニー」として認定し、社員がスポーツに親しめる環境づくりを進めることで、「働き盛り世代」をはじめとした国民全体のスポーツ実施率の向上につなげる。	同上
健康経営	企業において従業員等への健康投資を行うことは、従業員の活力向上や生産性の向上等の組織の活性化をもたらし、結果的に業績向上や株価向上につながると期待されることから、従業員等の健康管理を経営的な視点で考えて戦略的に実践する取組との連携を図る。	・スポーツ庁健康スポーツ課 ・経済産業省商務・サービスグループ ヘルスケア産業課
事業場における労働者の健康保持増進のための指針（THP指針）	労働者を取り巻く環境が急激に変化する中、労働者が心身の両面から健康を保持増進できるように、事業場において取り組む健康保持増進対策の具体的な方法や、取り組む必要性・メリット、取り組む際の留意点などを周知する。	・スポーツ庁健康スポーツ課 ・厚生労働省労働基準局安全衛生部労働衛生課

2. 主要先進国における医療の動向とアメリカにおける医療関連ビジネス

　医療関連ビジネスのあり方を考える上で、まず大切なことはビジネスである以上は収益が上がらないと持続的にサービスを提供していくことは難しい点があげられる。特に日本のような国民全員が公的な医療制度に加入する国民皆保険制度下においては、基本的なサービスが充実していることから、これまではビジネスとしての発想につながりにくかった。その一方で、国民皆保険制度を通じて世界最高レベルの平均寿命と保健医療水準を実現しており、今後とも現制度を堅持し、国民の安全・安心な暮らしを保障していくことは必要である。誰一人取り残さない堅実な医療制度の維持と、より多面的で持続可能なサービスの提供を可能とするビジネスとしての健康増進事業の実践をいかにして融和させ、Win-Win の関係に高められるかが求められている。

　以上の状況を踏まえた上で、次に主要先進国における医療制度を概観し、今後の医療関連ビジネスのあり方について論考を進めたい。

　主要先進国における医療制度をみてみると、大きく3つのタイプに分けられる。「国営システム」、「社会保険システム」、そして「民間保険システム」である。個別にその特徴 2) をみてみる。

　「国営システム」は、一言でいえば税方式である。税金による国営の保健サービスに加入するシステムになる。例えばイギリスは国民保健サービス（National Health Service, NHS）をすべての居住者に提供しており、医療費の自己負担は原則としてない。一般的に医療機関も公的医療機関が中心である。北欧諸国等もこれに含まれる。「社会保険システム」は、国民の多くが医療保険に加入し、その保険料を医療費の財源としている。医療機関は開業が自由で、国民による医療機関の選択も自由なのが一般的である。代表的な国は、日本、ドイツ、フランス等である。「民間保険システム」は、アメリカに代表される医療の仕組みになる。アメリカにおいては、65歳以上の高齢者と障害のある人を対象としたメディケア（Medicare）や、低所得者向けのメディケイド（Medicaid）という国の制度はあるが、それら以外の人々は対象外であり、病院でかかる医療費は原則として全額が自己負担となる。このため現役世代の多くは自分で民間の医療保険に契

約することになる。2014年以降は、医療制度改革法（主に低・中所得者層への支援）が成立したことで国民には何らかの医療保険に加入することが義務付けられた。会社員は企業の福利厚生によって、勤務先を通して民間の医療保険に団体加入し、保険料の一部を事業主が負担しているところも多い。

　2023年、医療制度改革法に基づく医療保険加入者（加入期間は2022年11月1日から2023年1月15日まで）は1600万人（新規加入者は約360万人）を超え、前年比で12％以上増加し過去最高を記録した[3]。バイデン大統領は声明で、加入者が過去最高だったことに触れ、保険加入者の拡大と医療費負担の削減において記録的な進歩を遂げた[3]と述べている。アメリカは、新型コロナウイルス感染症による感染者数、死者数とも世界最多であり、感染拡大が保険加入を促した一因かもしれない。

　このようにアメリカの医療制度も徐々に変わりつつあるが、同国においては自由競争下においてこそ、より効率的な医療の実現につながるとの考えは根強い。広く国民全体の健康を考えた場合、「国営システム」、「社会保険システム」は望ましい。一方で、効率性や経済性、即時性等の点では自由競争下における「民間保険システム」のほうがメリットは大きくなると推測される。医療システムにより一長一短はあるが、アメリカにおけるスポーツと医療関連ビジネスのかかわりの強さは、民間保険システムがその背景に存在していることは間違いないと思われる。

　ところで、こうした医療制度上の特徴を有するアメリカにおける過去5年間の医療関連ビジネスの動向をみてみると、いわゆるビッグ・テック（Big Tech。Amazon、Apple、Alphabet（Googleほか）、Facebook、Microsoft）のヘルスケア関連産業への参入が進んでいることがわかる。例えばAppleは2018年にApple Watch Series 4がアメリカで医療機器としてFDA（Food and Drug Administration：アメリカ食品医薬品局）の認可を受けたことでiPhoneを含めてスポーツ活動と連動させるサービスを伸ばしている。Apple Watch Series 8および同Ultraにおいては、皮膚温センサー機能が搭載され、より生体データの可視化が進んでいる。こうしたデジタルヘルスの発展は、新型コロナウイルス感染症の感染拡大

を契機にさらに進んだ。アメリカでは、人工知能（ＡＩ）やビッグデータなどを活用する技術の発展により、医療業界でデジタル技術の活用機会が拡大し、今後も長期的な成長が見込まれている[4]。

　ジェトロの樫葉氏の分析[4]によれば、デジタルヘルスを促進する技術革新の中でも、遠隔医療については医療関連ビジネスへの応用可能性が高い。特にコロナ禍において遠隔医療の利用は拡大した。アメリカでの遠隔医療サービスの導入率について、2019年は入院設備のある病院で33％、外来患者用施設で45％だったが、2020年には全米の病院で約75％に急伸した。大手医療機関のみならず、新興技術や新しいビジネスモデルに目をつけた企業とスタートアップの連携も増えており、デジタルヘルス産業により一層注目が集まっている。

　わが国においては、NEC、仙台白百合女子大学、宮城県が、メタボリックシンドローム（以下、メタボ）と関連性の強い生活習慣についてＡＩを使って分析した研究成果を2023年8月に公表した[5]。NECが設立した米dotDataのデータ分析ツール「dotData」を使用し、人手だけでは通常約2〜3カ月かかる分析が約1〜2週間に短縮できた。今後も益々ＡＩの活用は進むであろう。医療費の観点からも予防医療による新たなアプローチが必須であることは間違いなく、本研究の発展や応用が期待される。

3. メタボ対策とフレイル対策

　人口の高齢化が進行するわが国において、中高齢者の医療、健康、福祉に関連するビジネスへの期待は、年々高まっている。中でも、「メタボ対策」は40歳代から60歳代を中心に急務となっている。メタボとは、内臓脂肪型肥満を主な原因として高血圧、高血糖、脂質代謝異常、脂肪肝などの病気が起こることを指している。これら病気は動脈硬化を進行させて、心筋梗塞や脳卒中などの心臓血管疾患をもたらす[6,7]。いかにして動脈硬化や心臓血管疾患の発症を防ぐかが重要になる。

　一方、高齢者、中でも75歳以上の後期高齢者を中心とした「フレイル対策」は健やかな老い、健康長寿の視点から喫緊の課題となっている。フレイルとは、加齢と共に運動機能や認知機能などの心身機能が低下し、要

介護状態への進展が懸念される状態である。フレイルは、日本老年医学会が 2014 年に提唱した概念であり、「frailty（虚弱）」の日本語訳である。健康な状態と要介護状態の中間に位置し身体的機能や認知機能の低下が見られる状態のことを指すが、適切な治療や予防を行うことで要介護状態に進まずにすむ可能性がある。いち早くフレイルに気づき対策を講じることで、要介護化を防げることが知られている。栄養・運動・社会の 3 つの改善で予防可能とされており、対策の重要性が広まりつつある。

　メタボとフレイルへの各対策を考えた場合に、気をつけなくてはならないことがある。メタボ対策としては、肥満防止の観点から栄養面では過食や栄養の摂り過ぎに注意することが大切になるが、高齢者が同様の対応をとってしまうと、フレイルになってしまう例が少なくない。60 歳代はメタボ対策とフレイル対策の境界線と考えられているが、この時期にメタボを気にして肉等の動物性タンパク質の摂取を抑え減量するとからだの機能が低下してしまう場合がある。高齢者にとって、特に高齢女性は「痩せすぎ」は要介護化の原因の一つ[8]といわれており、注意が必要である。

　メタボ対策とフレイル対策の違い（表 10-2）については、十分に認識する必要がある。メタボとフレイルのそれぞれのリスクを的確に評価できるシステムの開発等はニーズが高く、今後、ビジネスとして発展する可能性は高いと考える。

表 10-2　メタボ対策とフレイル対策の違い

	メタボ	フレイル
目的	内臓脂肪型肥満の予防	要介護化や痩せの予防
栄養	過食、栄養の取り過ぎに注意	肉、魚、卵等をしっかりと摂る
運動	有酸素運動等	筋肉等を鍛える
社会	メンタルヘルス等への対応	人とのつながり、社会参加

4. 通いの場とスポーツ

　厚生労働省[9]は、平成 26（2014）年の介護保険法改正に伴い、地域づくりなどの本人を取り巻く環境へのアプローチも含めたバランスのとれた

取組が重要であるとの認識のもと、地域支援事業における介護予防事業（一次予防事業及び二次予防事業）を再編し、「通いの場」の取組を中心とした一般介護予防事業を創設した。

　「通いの場」とは、地域の住民同士が気軽に集い、一緒に活動内容を企画し、ふれあいを通して「生きがいづくり」「仲間づくり」の輪を広げる場所を意味する。地域の介護予防の拠点となる場所でもある。全国各地の通いの場では、体操や運動をはじめ、料理教室やゲートボールといった趣味活動、耕作放棄地を活用した農業体験、スマホ教室などの生涯学習、子ども食堂と連携した多世代交流など、地域の特色を生かした多様な取り組みが行われている 10)。

　地域の高齢者が毎日をいきいきと健康に過ごすための場所である「通いの場」は、今後益々利用者が増えていくと思われる。コンテンツとして、スポーツ活動が採用される例は多いと思われ、医療関連ビジネスとしての将来性の高さがうかがわれる。

5. まとめ

　新型コロナウイルス感染症の感染拡大は、人々の日常活動・行動等に多大な影響を与えているが、スポーツや身体活動が私たちの心身の機能を保持増進させる上で重要になることを再認識させる機会ともなった。国の動向をみても、スポーツ庁による「第3期スポーツ計画（令和4（2022）年度から令和8（2026）年度)」において「スポーツによる健康増進」が提起され、厚生労働省、経済産業省等との連携のもと、種々の施策等が公表されている。わが国においては、今後、より一層高齢化が進行することが予測されており、デジタルヘルスや医療業界におけるイノベーションの創出への期待は大きくなっている。国によって医療制度や医療関連ビジネスの現状は様々であるが、世界的にデジタル技術やＡＩが日々劇的に進化している中で、社会実装を踏まえた医療、健康、福祉へのビジネスやマーケティングの知見の導入は不可避といえる。誰一人取り残さず経済的にも持続可能なシステムを構築していくことが求められている。

　メタボとフレイルという健康長寿に深くかかわる健康課題について、ス

ポーツや身体活動が果たす役割は大きい。今後、10年、20年にわたり、メタボとフレイルへのアプローチは最重要課題になると思われる。人々のニーズも益々高まることが予測され、今後、ビジネスとして発展する可能性は高いと考える。私たちの健康に直接かかわる医療関連ビジネスの発展は今後より一層重要になると思われる。

（内田勇人）

【引用・参考文献】

1) スポーツ庁: https://www.mext.go.jp/sports/b_menu/sports/mcatetop01/list/1372413_00001.htm（2023年7月29日参照）
2) 厚生労働統計協会．（2016）．地域の医療と介護を知るために－わかりやすい医療と介護の制度・政策－第2回日本の医療制度はイギリスやアメリカと違う？．厚生の指標，63(7)，42-45.
3) ロイター: https://jp.reuters.com/article/usa-health-obamacare-idJPKBN2U5099（2023年7月29日）
4) 樫葉さくら: https://www.jetro.go.jp/biz/areareports/2022/60886751fce8949a.html（2023年8月16日参照）
5) NEC、仙台白百合女子大学、宮城県: https://active.nikkeibp.co.jp/atcl/r/19/RSP660623_10082023/（2023年8月25日参照）
6) 循環器病健康振興財団: http://www.jcvrf.jp/general/pdf_arekore/arekore_058.pdf（2023年8月16日参照）
7) 厚生労働省: https://www.e-healthnet.mhlw.go.jp/information/metabolic/m-01-001.html（2023年8月23日参照）
8) 日本生活習慣病予防協会: https://seikatsusyukanbyo.com/calendar/2022/010665.php
9) 厚生労働省: https://www.mhlw.go.jp/content/000940062.pdf（2023年8月23日）
10) 厚生労働省: http://kayoinoba.mhlw.go.jp/article/030/

第11章　アダプテッド・スポーツと
　　　　　スポーツビジネス

はじめに

　わが国は、これまで2000（平成12）年に策定されたスポーツ振興計画と、これを引き継ぐ2012（平成24）年からの第1期、そして2017（平成29）年からの第2期、2022（令和4）年からの第3期スポーツ基本計画に基づき、生涯を通してスポーツを楽しみながら体力づくり、生きがいづくりを進める生涯スポーツ社会の実現を目指し、スポーツ環境を整備してきている。その成果の一つとして、1年間に運動やスポーツを行った人の割合は20歳以上で77.5%（週1日以上は52.3%）という結果が得られている（スポーツ庁、2023）。ところが、障がいのある人のみを対象にした調査結果を見ると、過去1年間に運動・スポーツを行った人は42.8%（週1日以上は30.9%）となっており（スポーツ庁委託調査、2023）、障がいのある人の運動・スポーツ実施率はいまだに低い状況にあると言え、両者の隔たりは看過できない（図11-1）。

　わが国の障がいのある人の人口は、身体障がい、知的障がい、精神障がいの3区分を合わせると約1160.2万人であり、国民の約9.2%が何かしらの障がいを有していることになる（内閣府、2023）。また、私たちの多くが加齢に伴う足腰の衰えによって立位での移動（自力歩行）が難しくな

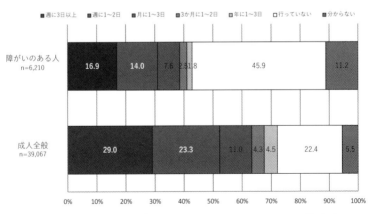

図11-1　1年間にスポーツ・レクリエーションを行った日数（%）
スポーツ庁委託調査（2020）、スポーツ庁（2023）をもとに作成

り、視覚や聴覚の機能低下から日常生活において補助器具が必要になることは否定できない。実際に65歳以上の人口が約3,624万人（総人口の29.0%）と過去最高に達し（内閣府、2023）、75歳以上の高齢者の23.4%（約4人に1人）が要介護の認定を受けている状態にあることから、世界的にも稀にみる超高齢社会を迎えているわが国において障がいを有する人が増加していくことは予想に難しくない。

1. アダプテッド・スポーツの概要

（1）アダプテッド・スポーツについて

　アダプテッド・スポーツ（Adapted Sports）とは、ルールや用具を障がいの種類や程度に適合（adapt）することによって、障がいのある人はもちろんのこと、幼児から高齢者、体力の低い人であっても参加することができるスポーツのことである。このアダプテッド・スポーツという概念は、障がいのある人がスポーツを楽しむためには、その人自身と、その人を取り巻く人々や環境を問題として取り上げ、両者を統合したシステムづくりこそが大切であるという考え方に基づくものである（矢部、2005）。

　その一例として、バスケットボールでは下肢に障がいがあり車いすを使用している人には「車いすバスケットボール」、さらに上肢にも障がいがある人の場合には「車いすツインバスケットボール」が考案されている。

　その他、バレーボールやサッカーはもちろん、テニス、ラグビー、セーリング、ダンス等も種目として存在する。視覚に障がいのある人は、「サウンドテーブルテニス（STT）」やガイドランナーと呼ばれる伴走者と一緒に陸上競技に参加することが可能である。また、重度の障がいがある人を参加対象としたパラリンピック正式競技種目の「ボッチャ」や障がいの軽重に関係なく6人が一つのチームとなり相手チームと対戦する「卓球バレー」は、近年ユニバーサルスポーツとしても急速に普及している種目である。

（2）パラリンピックの誕生

　東京2020パラリンピック競技大会における日本代表選手の活躍は記憶

に新しい。障がいのある人のスポーツの祭典であるパラリンピックの前身としては、イギリス郊外にあるストーク・マンデビル病院の医師グットマン博士が、第2次世界大戦による負傷兵にリハビリテーションの一環としてスポーツを採用、1948（昭和23）年7月29日、同病院内で車椅子利用者によるアーチェリー大会を開催している。1952（昭和27）年にはオランダからの参加を受け国際競技大会へと発展し、1960（昭和35）年のローマ（イタリア）オリンピック開催後、同地にて国際ストーク・マンデビル大会が開催（23カ国・400人が参加）された。これが第1回パラリンピックである（公益財団法人日本パラスポーツ協会、2023）。

（3）わが国におけるアダプテッド・スポーツの変遷

　わが国では、1960（昭和35）年に同病院へ留学していた中村裕博士（「太陽の家」創設者）が、翌年10月に第1回大分県身体障害者体育大会の開催を手掛けたほか、1962（昭和37）年に開催された第11回国際ストーク・マンデビル大会における日本人2人の初参加にも尽力している。そして、1964（昭和39）年に東京パラリンピックが開催された（この大会は、第1部を第13回国際ストーク・マンデビル大会、第2部を国内大会として実施）。

　この大会の成功を受け、翌年の1965（昭和40）年には、厚生省社会局長通知「身体障害者スポーツの振興について」によって、わが国の身体障害者のスポーツの振興を積極的に推進する具体方策として、全国身体障害者スポーツ大会（現、全国障害者スポーツ大会）の開催が決定、国民体育大会後に実施されるようになった。同年、パラリンピックの中心的運営を担った財団法人国際身体障害者スポーツ大会運営委員会は解散し、残余財産を引き継ぐ形で財団法人日本身体障害者スポーツ協会（現、公益財団法人日本パラスポーツ協会）が設立され、以降、わが国の障がいのある人のスポーツの振興について中心的役割を果たしている。

　わが国において障がいのある人のスポーツが広く認知され関心が高まったのは、1998（平成10）年に長野で開催された冬季パラリンピック競技大会における日本代表選手の活躍による影響が大きい。同大会を契機に障

がいのある人のスポーツ（＝アダプテッド・スポーツ）が各種メディアに取り上げられる機会や、以降のパラリンピックによる新聞記事数が急激に増加したことに加え、これらの記事がスポーツ面に掲載されるようになったことからも理解できる（藤田、2002）。

　現在では、公益財団法人日本パラスポーツ協会を中心に各都道府県の障がい者（パラ）スポーツ協会や関係機関・団体等による積極的な普及活動の成果もあり、徐々にではあるものの障がいのある人がスポーツとかかわる機会や環境は整いつつある。

2.「近代スポーツ」を相対化するアダプテッド・スポーツ

　現代のノーマライゼーションや QOL（生活の質）、共生などの思想の広がりにより福祉社会の創造・構築が期待される中にあって、特定の人々のための近代スポーツを超えて、社会的に弱い立場にある人々のスポーツを保障しようとする「アダプテッド・スポーツ」は、全ての人々が生涯に渡ってスポーツを楽しむことの権利を守ろうとする時、非常に重要な概念であるとも言える。

　藤田（1999）は、スポーツを行う各個人に合わせて創られた身体活動の重要性を指摘したアダプテッド・フィジカル・アクティビティ（adapted physical activity）の理念を用い、ここに行き詰まりを呈している近代スポーツを相対化し、新たな地平を切り開く視座を見出すことができると述べ、近代合理主義に対するアンチテーゼを提起し、この理念が障がいのある人のスポーツのみにとどまらない近代スポーツへの反省とオルタナティブの原理としての重要性を指摘している。

　また、アダプテッド・スポーツの概念が近代スポーツ理念を乗り越えることについて、松尾（2005）は、ピープル・ファースト（人間第一主義）の思想を示し、もともと「人に合わせるスポーツ」であったものが、いつのまにか「スポーツに人が合わせる」ようになってきたことの反省から構想されねばならないと指摘している。

　さらに山田（2008）は、障がいのある人の立場から社会の様々な事象を読み、捉え返す「障害学」の視点を援用し、近代スポーツの偏向性や歪

んだ普遍的ルールを浮き彫りにしてみせると同時に、アダプテッド・スポーツがすべての人を包含する（だれもが参加できる）スポーツとして真に成立していくためにおいても重要な視点であると述べ、その成立の先には、スポーツの本質を提示する可能性が秘められていると述べている。

　このように、スポーツの持つ競争性を一義的に評価してしまっていた近代スポーツは、アダプテッド・スポーツの概念が導入されることにより相対化され、多元的な社会を前提とした多様な価値を受け入れる扉を再び開放することで、スポーツが持つ本来的意味を取り戻すことの可能性を示しているとも言える。

3. アダプテッド・スポーツのプロモーション

（1）プロモーションとは

　「プロモーション」とは、製品やサービスの存在を消費者に気づかせ、関心や欲求を高め、購入に導くまでのプロセスを開発することであり、マーケティング戦略を展開する上で不可欠なマーケティングミックスの重要な要素の一つである（藤本、2008）。

　スポーツビジネスは、スポーツをエンタテイメントとして提供することで、競争性に基づく他者との卓越性や有意性を一義的に評価することに加担してきたとも言えるが、一方ではスポーツを「する」ものだけではなく、「みる」、「支える」そして「稼ぐ」スポーツとしての楽しみ方を提示し、スポーツとの関わり方、すなわちスポーツ価値の多様性に気づかせてくれたことも事実である。

　それでは、近代スポーツを相対化するものとしてのアダプテッド・スポーツはどのようにプロモーションされ得るだろうか。次に、障がいのある人が居住地域で気軽にスポーツを行える場の一つである総合型地域スポーツクラブ（以下、「総合型クラブ」とする）の実態を概観することにする。

（2）障がいのある人が所属（参加）する総合型クラブの実態

　総合型クラブは、全国の各市区町村に少なくとも一つは育成することが目標とされ、種目、世代や年齢、技術レベルそれぞれの多様性を包含する

ものであることが示された（文部科学省、2002）ことから、開放性の高いクラブを志向していることが理解できる。しかし、松尾ら（2009）が全国の総合型クラブを対象として実施した調査結果によれば、障がいのある人がクラブのメンバーとして所属している総合型クラブは全体の約2割であった。この4年後に笹川スポーツ財団（2013）が実施した同規模調査の結果において、障がいのある人が参加している（いた）総合型クラブは約4割と倍増したものの、10年後となる同2022年度調査でも約4割にとどまったことから、依然として高い数値とは言えない横ばい状態の継続が明らかになっている。

　松尾らの調査では、障がいのある人が所属する総合型クラブの約8割が地域活動を行っており、その具体的内容で実施率が高かったものは「地域の高齢者等を対象とした福祉活動」や「地域の清掃やゴミ拾いなど」であった。さらには「地域・福祉問題解決への取り組み内容」の実施状況においても、障がいのある人が所属している総合型クラブの方が、所属していないクラブより全体的に高い傾向を示し、「地域が活性化した」とする地域変化の実感にも反映されていた。

　このように、障がいのある人が所属している総合型クラブからは、地域・福祉問題解決への取り組みなど、地域に根ざした活動が積極的に行われている様子が窺え、それらの活動が地域の変化（活性化）へと繋がっていることを実感する傾向が示唆された。換言すると、総合型クラブにおける障がいのある人（＝アダプテッド・スポーツ）の存在は、地域コミュニティへのまなざしに対する気づきを与え、地域活動やコミュニティ形成を志向し、障がいのある人の新たなクラブ加入を促すといった相乗効果を生み出す可能性があるということである。

4. アダプテッド・スポーツがもたらすスポーツビジネスの可能性

　マーケティングのカリスマとも称されるフィリップ・コトラー（2022）は、マーケティングのあり方について、これまでを製品中心（1.0）から顧客（消費者）中心（2.0）へ、そして社会の期待に応える社会貢献への価値（3.0）へとその特徴の移行を示しつつ、これからは社会貢献への価

値（3.0）を補完する形で顧客の自己実現を支援したり、促進したりするようなサービス（商品）を開発することが大切（4.0）であるとした。そして、このデジタルを活用した人間中心（4.0）をさらに進化させるために、テクノロジーをパートナーとして（ビッグデータをよりパーソナライズして）活用することを目指す（5.0）を提唱している。

このことを先述した総合型クラブへのアダプテッド・スポーツ導入（プロモーション）効果、つまり、障がいのある人のクラブ加入が促されると同時にクラブメンバーに多様なメッセージを与え、クラブ内の問題を越えて地域社会での問題解決（＝社会貢献）活動に発展することを踏まえて考えると、これからのアダプテッド・スポーツ活動を含めた総合型クラブのマネジメントには、コトラーの指摘するこれからのマーケティング 5.0 の重要な視点と相俟って、スポーツにテクノロジーを用いることで一人ひとりにカスタマイズされた新しいスポーツビジネスのあり方が求められていくことになるであろう。

近年におけるわが国のスポーツに関連する取り組みの大きな動きとしては、2011（平成 23）年に「スポーツ基本法」が施行され、翌年 4 月これまで厚生労働省の管轄であった障がいのある人のスポーツが文部科学省（スポーツ・青少年局）へ移管し、2015（平成 27）年 10 月からはスポーツ行政を総合的に推進する「スポーツ庁」の発足によってスポーツ振興の一元化体制が整った。そして現在、スポーツ施策の具体的な方向性を示す第 3 期スポーツ基本計画が進行中（2026（令和 8）年度までの 5 年間）である。同計画では、第 2 期の計画の総括を受けて、『スポーツそのものが有する価値』と『スポーツが社会活性化等に寄与する価値』を更に高めるべく、東京オリンピック・パラリンピック大会のスポーツ・レガシーの継承・発展、スポーツ価値を高めるための新たな「3 つの視点（スポーツを「つくる／はぐくむ」、「あつまり、ともに、つなぐ」、「誰もがアクセスできる」）」の柱を基に 5 年間で 12 の施策を総合的かつ計画的に取り組むこととしている。

障がいのある人のスポーツ推進については、同計画第 2 部第 3 章（1）と（8）を中心に詳細が述べられている。具体的には、身近な場所でスポ

ーツが実施可能となる環境を総合型地域スポーツクラブとの連携を図りながら整備するとともに、一般社会に対する障がいのある人のスポーツに対する理解啓発に取り組むことにより、障がいのある人（成人）の週1回以上のスポーツ実施率が40％（若年層は50％程度）および年1回以上のスポーツ実施率が70％程度（若年層は80％程度）になることと、障がいのある人のスポーツを体験する一般成人の割合を現状の5.1％（スポーツ庁委託調査、2023）から20％程度になることを目指すことでスポーツを通じた共生社会の実現を達成する政策目標を立てている（図11-2）。

　2021（令和3）年に開催された東京2020パラリンピック競技大会を契機にスポンサー企業からの支援を受け、プロ選手として活動するパラアスリートが増えている。選手は収入が安定し、競技に専念するための時間と環境を確保できる。企業は社会貢献を果たすことができるだけでなく、自

スポーツをスポーツを通じた共生社会の実現

【政策目標】
　誰もが「する」「みる」「ささえる」スポーツの価値を享受し、様々な立場・状況の人と「ともに」スポーツを楽しめる環境の構築を通じ、スポーツを軸とした共生社会を実現する。

①障害者スポーツの推進
【現状】
・令和3年度の成人の障害者の週1回以上のスポーツ実施率は31.0％と、成人一般の56.4％と比べると依然として大きな隔たりがある。
・車いすが体育館の床材を傷つける等の理由で、障害者スポーツの施設利用が断られる事例がある。
・障害者スポーツ指導者を含む障害者スポーツに係るスタッフの確保が難しい状況が見られる。
・一般のスポーツ推進と障害者スポーツを異なる部局が担当している場合に、両者の連携が十分でないことがあるなど、障害者スポーツの推進体制は十分ではない。さらに障害者スポーツ団体は、事務局体制や運営資金等、活動の基盤が極めてぜい弱である。

　　［今後の施策目標］

○　障害者スポーツの実施環境を整備し、非実施層に対する関心を高めることや障害者スポーツの体験などによる一般社会に対する障害者スポーツの理解啓発に取り組むことにより、人々の意識が変わり、共生社会が実現されることを目指す。その結果、障害者のスポーツ実施率向上等を目指す。

［主な具体的施策］

障害者スポーツに係る情報発信の充実、ボランティア参加の促進等を通じ、一般社会における障害者スポーツの理解促進・障害者スポーツを体験する機会の創出を図る。

国は、障害のある人とない人が一緒にスポーツを行えるよう、パラ教育の事例の収集や一般のスポーツ施策と障害者スポーツ施策の連携を推進する。

一般のスポーツ推進と障害者スポーツの推進をあいまって行う観点から、一般のスポーツ推進体制との連携等による障害者スポーツの推進体制の整備等を図る。

図11-2　第3期スポーツ基本計画の検証・評価（スポーツ庁：2022）の一部

社ブランドのイメージ強化にもつながるメリットがある。選手と開発した商品の顧客が障がいのある人だけではなく、本章冒頭で述べた高齢者層にも波及すれば市場は大きくビジネスとして成立することになる。このように相互のメリットが高まれば障がいのある人のスポーツの競技力向上はもとより社会的な価値も高まる可能性が期待できる。

　わが国がスポーツ立国の実現を目指し、国家戦略としてスポーツを総合的かつ計画的に推進していこうとする中で、「アダプテッド・スポーツ（障がいのある人のスポーツ）」が共生社会の実現に貢献するだけではなく、多様なプロモーションを生み出し、それらがスポーツビジネス界の新たな可能性を広げることにもなるであろう。

（山田力也）

【参考引用文献】

1）スポーツ庁健康スポーツ課、令和4年度「スポーツの実施状況等に関する世論調査」調査結果の概要（p.13）、2023

2）リベルタス・コンサルティング『障害者スポーツ推進プロジェクト』（障がい児・者のスポーツライフに関する調査研究）報告書、（p.25、p.30）、2023

3）内閣府編『障害者白書令和5年版』（p.219）勝美印刷、2023

4）内閣府編『令和2年版高齢社会白書』（p.2、p.30）日経印刷、2020

5）矢部京之助、草野勝彦、中田英雄編著『アダプテッド・スポーツの科学〜障害者・高齢者のスポーツ実践のための理論〜』（矢部京之助、アダプテッド・スポーツとは何か pp.3-4）市村出版、2005

6）公益財団法人日本パラスポーツ協会編『パラスポーツの歴史と現状』（p.38、p.2）、2023　https://www.parasports.or.jp/about/pdf/jsad_ss_2023_web.pdf（2023年9月18日参照）

7）橋本純一編『現代メディアスポーツ論』（藤田紀昭、障害者スポーツとメディア pp.197-217）世界思想社、2002

8）井上俊、亀山佳明編『スポーツ文化を学ぶ人のために』（藤田紀昭、スポーツと福祉社会−障害者スポーツをめぐって pp.283-298）世界思想社、1999

9）岡田徹、高橋紘士編『コミュニティ福祉学入門地球的見地に立った人間福祉』（松尾哲矢、障害者スポーツとコミュニティ pp.169-181）有斐閣、2005

10）大谷善博監修『変わりゆく日本のスポーツ』（山田力也、障害学からみたアダプテッド・スポーツの可能性 pp.319-335）世界思想社、2008

11）原田宗彦編著『スポーツマーケティング』（藤本淳也、プロモーション pp.117-132）大修館書店、2008

12）文部科学省編「総合型地域スポーツクラブ」育成マニュアルクラブづくりの4つのドア（第1章クラブを立ち上げよう！ pp.1-7）アドスリー、2002

13）松尾哲矢、谷口勇一、山田力也『総合型地域スポーツクラブの活動状況に関する調査報告書』立教大学アミューズメント・リサーチセンター、2009

14）公益財団法人笹川スポーツ財団『文部科学省委託調査健常者と障害者のスポーツ・レクリエーション活動連携推進事業』（地域における障害者のスポーツ・レクリエーション活動に関する調査研究）報告書（総合型地域スポーツクラブの障害者スポーツ振興に関する調査 p.93）、2013

15）令和4年度総合型地域スポーツクラブに関する実態調査結果概要（p.40）、2023https://www.mext.go.jp/sports/content/20230324-spt_stiiki-300000800_1.pdf（2023年9月18日参照）

16）フィリップ・コトラーほか著、恩藏直人監訳『コトラーのマーケティング5.0 デジタル・テクノロジー時代の革新戦略』朝日新聞出版、2022

17）スポーツ庁、第3期スポーツ基本計画　https://www.mext.go.jp/sports/b_menu/sports/mcatetop01/list/1372413_00001.htm（2023年9月18日参照）

第 12 章　社会課題解決に向けたスポーツビジネス

1．社会課題とは

（1）古くて新しい「社会課題」

　社会課題とは古くて新しい概念である。このように言い表した訳は、これまでも多様な文脈において社会課題の解決が取り組まれてきたからである。ただ今日、意識的に「社会課題」という語がスポーツ界に位置づいていることを踏まえれば、これを新しいテーマとして慎重に検討することも必要だと思われる。例えば、第2期スポーツ基本計画（スポーツ庁2017）では、はじめて政策文書の中に社会課題の解決が明記された。それは、「社会の課題解決にスポーツを通じたアプローチが有効であることを踏まえ、スポーツを通じた共生社会等の実現、経済・地域の活性化、国際貢献に取り組む」という政策目標であった。そしてこれらは、目下取り組まれている第3期スポーツ基本計画（スポーツ庁2022）でも引き継がれている。

　ここに、トピックとして（つまり新しい課題として）社会課題の重要性を認識できるのだが、これを単なる流行ワードとして留めないことが重要だと思われる。そのためには、改めて、社会とは何かについての学術的整理が必要であろう。そうすることで、新しいとされる社会課題も普遍的な社会課題として見直され、流行に左右されることなく定位置に落ち着くことができる。そこで、社会学者富永健一の論に拠りながら、まずは「社会」の概念を整理することにする。

（2）「社会」とは[注1]

　社会とは、「複数の人々の集まり」である事以上に、さらに4つの条件によって規定されるものと考えられている。それは、①成員相互の相互行為が行われていること、②相互行為が持続的に行われることによって社会関係が形成されていること、③関係づいている複数個人がなんらかの度合いで組織化されていること、④成員と非成員を区別する境界が確定していること、である。これら4条件の充足具合で以下、3つの社会を構想することができる[注2]。

　一つ目は、上述の4条件を全てみたす「マクロ社会」である。マクロ社会は、社会について最も厳格に定義される意味において最も狭い概念で

ある。マクロ社会には、家族・学校・企業・官庁・村落・都市・国家・国民社会など、小集団から全体社会にまで及ぶとされる。

二つ目は、4条件の全部をみたさないが、それらの基準を緩めるときに現れる「マクロ準社会」である。マクロ準社会には、群集・市場・社会階層・民族・国際社会などを挙げることができる。

以上の二つは、総称して二重の意味でマクロ社会と呼ばれ、概念的には狭義であるが実際には相当広い。そこで富永は、これをさらにいくつかの類型に分類している。その結果を示したものが表12-1である。これらを概観すると、程度にこそ違いがありつつも目的をもった集まりとして（関係それ自体に目的が溶け込んでいるか、限定された機能達成を目的化しているか）、一定規模のある「基礎集団」「機能集団」と大規模な「国家」が想定される。また、目的的ではなく居住地域を共通することで生態学的な関係で捉えられる「村落」「都市」「国民社会」が想定される。さらに、相互理解や成員性等が必ずしも十分ではないが規模別に想定される「群集」「社会階層」等が挙がる。

最後に三つ目は、「広義の社会」である。これは人間にとって所与である自然に対して、人間がその意志的な活動を通じて創り出したものの総称である。例えば、経済、政治、法、宗教、教育、言語、道徳、そしてスポー

表12-1　マクロ社会（総称）の基本類型（富永、1995、2021 参照）

| | マクロ社会
【相互理解と成員性が整っている】 | | 3：マクロ準社会
【相互理解と成員性が必ずしも整っていない】 |
	1：社会集団 【目的的組織志向】	2：地域社会 【生態学的地縁志向】	
A：部分社会 【一定の規模】	基礎集団 （家族・親族） 機能集団 （企業・官公庁等）	村落 都市	群集
B：全体社会 【規模が大きい】	国家	国民社会	社会階層 市場 民族 国際社会

ツなどが、既に挙げた狭義の社会などとあわせて、広義の社会を構成する要素となる。

上述したように、今日の社会概念を３つに整理したのだが、本稿でいう社会課題を構想する際の社会とは、文脈に従って狭義・広義の社会概念を全て含むものと考えられる。まず、狭義の意味でのマクロ社会とマクロ準社会が採用される理由は、スポーツを通じた社会課題解決の際、その当事者が生活者（消費者）やサプライヤーとなるスポーツ経営体であるからに他ならない。要するに、生活者や経営体の還元的要素は人間（あるいはその集まり）であり、先の４条件でも成員の結びつきが要因になっていることを踏まえると、自ずと属人性に起因する「狭義の社会」は想定されてよい。次に広義の社会は、スポーツそのものを社会課題に見立てる場合(つまり、スポーツ社会を課題として捉える際)がしばしば起こることから、これも含んでおく事としたい。

このように、改めて社会概念を整理すると、今日の社会課題がどのように関連付くかについて整理・思考することができる。

２．社会システムとしてみるスポーツビジネス

前項では、社会概念を整理する中で、その準拠枠について理解を図った。さらに本項では、その事を念頭に入れながら、実際に社会課題の解決をリードするスポーツビジネスがどのように関連付いているかについて考えたい。

まず、スポーツビジネスとは、「スポーツ産業の個々の部分を指すもの」（渡辺、2004）とされ、スポーツ生活に必要なモノ・サービスの生産・提供を社会的分業として行う経営体或いはそこでの事業活動のことを指す。そこで図12-1は、社会的分業に注視しながらそれをセクター（領域）として捉えた全体像（社会システム）である。まず、私たちの暮らし（社会）の基底・土台には家族・地域といった生態学的な繋がりといってよいコミュニティセクターがある。さらにその上には、社会を円滑に運営するための供給サイド（経営体群）が３領域に区分される。一つ目は、住民の健康で文化的な生活を平等に保障する統治機関としての公的セクターである。

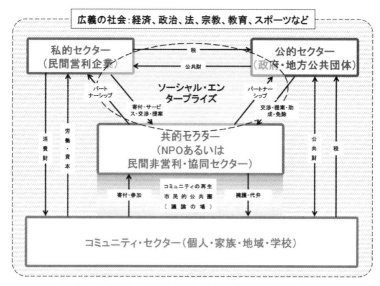

図12-1　社会システムの概観（佐藤、2002に加筆、修正）

ここでは、法権力が媒体となりながら贈与による社会関係が結ばれる領域である。二つ目は、自由競争の基で優れた商品・サービスの創造と利潤追求・雇用安定などの経済活動を促進する私的セクターである。ここでは、貨幣が媒体となりながら交換による社会関係が結ばれる領域である。そして三つ目が、住民一人一人の主体的参加・分権を基調に、自らの生活は自らで守り抜こうとする事業・運動体群としての共的セクターである。ここでは、対話が媒体となりながら互酬による社会関係が結ばれる領域である。

　このような社会システムを下敷きにした場合、それぞれのセクターには以下のようなスポーツビジネスが想定される。まず公的セクターでは、スポーツ行政（首長部局にあたるスポーツ振興課や教育委員会）、外郭団体（まちづくり公社など）、公共スポーツ施設等である。次に私的セクターでは、プロスポーツ（チーム・クラブ・リーグ・統括団体）、メガスポーツイベント興行、民間スポーツ施設、スポーツスポンサーシップ、メディア、スポーツメーカー等である。そして共的セクターでは、住民主導による地域スポー

ツクラブや各種スポーツ NPO 等である。また、明確にいずれのセクターに該当するかにこだわらず、マルチステークスホルダーによって事業化を図るケースが近年のスポーツビジネス現場では確認できる。例えば、今日注視されている運動部活動の地域移行では、学校単体では解決し得ない社会課題を地域総出で取り組む状況になっている。その担い手には、地域の実情に応じて、総合型地域スポーツクラブやスポーツ少年団、クラブチーム、プロスポーツチーム、民間事業者、フィットネスクラブ、大学等が想定されている。このように、セクターを超えたコラボレーションなど様々なスタイルからビジネスとして社会課題の解決に取り組む事業体のことをソーシャル・エンタープライズと総称する（谷本、2020）。図 12-1 の 3 セクターに交わる楕円はそれを示している。谷本によれば、ソーシャル・エンタープライズには「社会性」「事業性」「革新性」という 3 要件が必要であると指摘する。また、その組織形態は多様を極めており、「市場性の程度」と「事業が社会的課題に関わる程度」の 2 軸によって位置づけられると説いている。これらを基に、これからのスポーツに関するソーシャル・エンタープライズの展望や課題にまで言及することが求められる。

　さて、上述したスポーツビジネス（セクター）は、先の表 12-1 に置き換えると A1 セルに関する事項と重なる。そして表 12-1 の A2 セルや A3 セルは、図 12-1 中の背景（ストライプ）として示している。また、今日のスポーツビジネスは、自らが現象に直接的に関わるローカルレベルの面には留まらないだろう。そこから繋がるナショナルレベル、そしてグローバルレベルまでもが密接に関わりながら社会課題の解決は進行しているとみてよい（表 12-1 の B 行セル）。したがって今日の社会システムは、図 12-1 の平面が、垂直的に 3 層となって繋がっている構造として捉えることが重要だと思われる。なお、広義の社会については、マクロ社会を外枠として取り囲んでいるイメージ（点線枠）となる。

3．スポーツと持続可能な開発を考える
（1）持続可能な開発目標
　先にも述べた通り、今日の社会課題とその解決は、ローカルレベルから

グローバルレベルまでもが密接に関わりながら進行している。そこで今日、全世界的に取り組まれているのが「持続可能な開発目標（Sustainable Development Goals：SDGs）」である。SDGs とは、2015 年に開催された国際連合教育科学文化機関（United Nations Educational, Scientific and Cultural Organization：UNESCO）のサミットで採択された「我々の世界を変革する：持続可能な開発のための 2030 アジェンダ」に記載さ

表 12-2　SDGs へのスポーツからの貢献

3区分	5区分	SDGsの目標	内容解説
社会	人間	1 貧困	スポーツは、幸せや、経済への参加、生産性、レジリエンスへとつながりうる、移転可能な社会面、雇用面、生活面でのスキルを教えたり、実践したりする手段として用いることができます。
社会		2 飢餓	栄養と農業に関するスポーツ・プログラムは、飢餓に取り組む食料プログラムや、この問題に関する教育を補完するうえで、適切な要素となります。対象者には、持続可能な食料生産やバランスの取れた食生活に取り組むよう、指導を行うことができます。
社会		3 保健	運動とスポーツは、アクティブなライフスタイルや精神的な安寧の重要な要素です。非伝染性疾病などのリスク予防に貢献したり、性と生殖その他の健康問題に関する教育ツールとしての役割を果たしたりすることもできます。
社会		4 教育	体育とスポーツ活動は、就学年齢児童の正規教育システムにおける就学率や出席率、さらには成績を高めることができます。スポーツを中心とするプログラムは、初等・中等教育以後の学習機会や、職場や社会生活でも応用できるスキルの取得に向けた基盤にもなりえます。
社会		5 ジェンダー	スポーツを中心とする取り組みやプログラムが、女性と女児に社会進出を可能にする知識やスキルを身に着けさせる潜在的可能性を備えている場合、ジェンダーの平等と、その実現に向けた規範や意識の変革は、スポーツとの関連で進めることもできます。
環境		6 水・衛生	スポーツは、水衛生の要件や管理に関するメッセージを発信するための効果的な教育基盤となりえます。スポーツを中心とするプログラムの活動と意図される成果を、水の利用可能性と関連づけることによって、この問題の改善を図ることもできます。
社会	豊かさ	7 エネルギー	スポーツのプログラムと活動を、省エネの話し合いと推進の場として利用すれば、エネルギー供給システムと、これに対するアクセスの改善をねらいとする取り組みを支援できます。
経済		8 経済成長と雇用	スポーツ産業・事業の生産、労働市場、職業訓練は、女性や障害者などの社会的弱者集団を含め、雇用可能性の向上と雇用拡大の機会を提供します。この枠組みにおいて、スポーツはより幅広いコミュニティを動員し、スポーツ関連の経済活動を成長させる動機にもなります。
経済		9 インフラ・産業化・イノベーション	レジリエンスと工業化のニーズは、災害後のスポーツ・娯楽用施設の再建など、関連の開発目標の達成をねらいとするスポーツ中心の取り組みによって、一部充足できます。スポーツはこれまで、開発に向けたその他従来型のツールを補完し、開発と平和を推進するための革新的な手段として認識されており、実際にもそのような形で利用されてきました。
経済		10 不平等	開発途上国におけるスポーツの振興と、スポーツを通じた開発は、途上国間および先進国との格差を縮めることに貢献します。スポーツは、その人気と好感度の高さにより、手を差し伸べることが難しい地域や人々の不平等に取り組むのに適したツールといえます。
社会		11 持続可能な都市	スポーツにおける包摂と、スポーツを通じた包摂は、「開発と平和のためのスポーツ」の主なターゲットのひとつとなっています。気軽に利用できるスポーツ施設やサービスは、この目標の達成に資するだけでなく、他の方面での施策を包摂的かつレジリエントな手法を採用する際のグッドプラクティスの模範ともなりえます。
経済	地球	12 持続可能な生産と消費	スポーツ用品の生産と提供に持続可能な基準を取り入れれば、その他産業の消費と生産のパターンで、さらに幅広く持続可能なアプローチを採用することに役立ちます。この目的を有するメッセージやキャンペーンは、スポーツ用品やサービス、イベントを通じて広めることができます。
環境		13 気候変動	観光を伴う大型スポーツ・イベントをはじめとするスポーツ活動やプログラム、イベントでは、環境の持続可能性についての認識と知識を高めるとともに、エコロジカルな要素を組み入れるとともに、気候課題への積極的な対応を進めることができます。また、被災者の間に絆と一体感を生み出すことで、災害後の復興プロセスを促進することも可能です。
環境		14 海洋資源	水上競技など、スポーツ活動と海洋とのつながりを活用すれば、スポーツだけでなく、その他の分野でも、海洋資源の保全と持続可能な利用を提唱できます。
環境		15 陸上資源	スポーツは、陸上生態系の保全について教育し、これを提唱する基盤となりえます。屋外スポーツには、陸上生態系の持続可能で責任ある利用を推進するセーフガードや活動、ルールを取り入れられます。
社会	平和	16 平和	スポーツは復興後の社会再建や分裂したコミュニティの統合、戦争関連のトラウマからの立ち直りにも役立つことがあります。このようなプロセスでは、スポーツ関連のプログラムやイベントが、社会的に隔絶された集団に手を差し伸べ、交流のためのシナリオを提供することで、相互理解や和解、一体感、平和の文化を推進するためのコミュニケーション基盤の役割を果たすことができます。
—	パートナーシップ	17 パートナーシップ（実施手段）	スポーツは、ターゲットを絞った開発目標に現実味を与え、その実現に向けた具体的な前進を達成するための効果的手段としての役割を果たします。スポーツ界は、このような活動のプログラムやイベントが、草の根からプロのレベル、また、民間から公共セクターに至るまで、スポーツを持続可能な開発に活用するという共通の目的を持つ多種多様なパートナーやステークホルダーの強力なネットワークを提供できます。

（国際連合広報センターの情報を基に筆者作成）

れた 17 の目標のことである。これは、2030 年を達成期限とした先進国を含む国際社会全体の開発目標であり、「誰一人取り残さない」社会の実現をキーワードに、環境・社会・経済をめぐる広範な課題に統合的に取り組むこととしている。

　この取り組みにおいてはスポーツの重要性も注目されており、2030 アジェンダの前文にはスポーツの重要性を認識した一文が明記されている[注3]。つまり、スポーツを通じた SDGs への貢献は現実的なものであるとの認識があり、方々でそのような取り組みが図られている[注4]。例えば、国際連合広報センターは、スポーツによる SDGs への貢献の在り様を文言にして示している（表 12-2 参照）。また政府は、2016 年から全閣僚を構成員とする「SDGs 推進本部」を設置し、SDGs アクションプランに基づき諸事業を統括している。SDGs アクションプラン 2023 によれば、その中にあるスポーツ関連の記載（優先課題）として、「スポーツ外交推進事業」「ポストスポーツ・フォー・トゥモロー推進事業」「障害者スポーツ推進プロジェクト」「女性アスリートの育成・支援プロジェクト」「Sport in Life 推進プロジェクト」の 5 件が挙げられている。さらに、スポーツ民間企業等も自らの存在意義や事業目標を SDGs に準えて展開している事例があり、特に J クラブでは、社会貢献活動の発展形として様々な取り組みを確認することができる[注5]。

（2）「スポーツと開発」について

　スポーツによる社会課題解決に大きく貢献してきた機構として、国際協力機構（Japan International Cooperation Agency：JICA）がある。JICA は 1960 年代から青年海外協力隊事業を中心にスポーツの国際協力活動を先導しているが、近年では、SDGs と連動した取り組みを意識的に図っている。そこで JICA は、「スポーツと開発」について 2 通りの見方を説明している。一方は「スポーツを通じた開発（development through sport）」である。これは、スポーツがもたらす効果として、心身の健康維持など直接効果をもたらすものと、スポーツが持つ人を集める力などを利用し、ある分野・課題・活動の普及促進を行う間接効果をもたらすものとに分類している。他方は「スポーツの開発（development of sport）である。

これは、スポーツを通じた開発を行う前提として、スポーツそのものの環境整備（施設・用具、指導者・審判、競技団体・協会など）や、その基盤の上に立つ競技力向上策が該当する。このような整理の基でJICAは、スポーツと開発における３つの柱として「学校体育や課外活動支援を通じた健康増進および非認知能力の向上」「スポーツへの参加を通じた全ての人々の社会的包摂の促進ならびに平和の促進」「スポーツ競技力向上と環境整備を通じた国民の団結力強化および国際社会との連帯促進」を掲げている。

（３）スポーツが持続可能なものであるためには

　これまで、社会課題解決の実践についてスポーツビジネスとしてどのように取り組めるかの枠組みを概観してきた。これらを踏まえ、最後に提案するのが、SDGsの課題群としてある環境・経済・社会の調和に基づいたスポーツの持続可能性についてである。これら３つの関係性について谷口は、「環境的持続可能性を前提・基礎とし、経済的持続可能性を手段・方法として、社会的持続可能性を最終目的・目標とする関係性を持つとし、この３つの『持続可能性』の質的水準が向上した状態を『持続可能な発展』と捉える（筆者要約）」と説いている（矢口、2018）。このように考える際、スポーツ（種目・内容そのもの）は手段・方法としての「経済」的機能を有し、それによる最終目的は豊かなスポーツ生活となろう（社会的持続可能性）。そして、その前提・基盤となる環境に該当するのは、個人の身体やそれらを取り巻く生活様相にあると考えられる。このように考えたとき、今日、差別の対象になりやすいと指摘される、障害者・少数民族・性的少数者などのスポーツの在り方（日本学術会議、2023）については特に、上述した３観点の実相やそれらの関連について議論が急がれる。もし仮に、身体や生活様相（環境）の許容範囲とスポーツの施策・取り組み方（経済）、そして個人の生活等（社会）の関係に不和があるとすれば、それへの言及と改善策について、それこそ社会課題として取り組む必要がある。

（村田真一）

【注釈】

注 1）本項は、富永（1995；2021）の文献を参照しながら、本題に沿った内容として筆者がまとめたレビューとなる。

注 2）実際に富永は、4つの社会概念が成立するとして、その一つに「ミクロ社会」を挙げている。ミクロ社会とはマクロの対立概念であり、「社会を行為する個人の視点から、すなわち内側の眼で見ようとするもう一つのアプローチ」であり、例えば、「行為・相互行為・自我・意識などの研究」がこれに相当すると論じている。但し本稿のテーマである社会課題は、客観的実在として、個人を超える"外"の事象であることから、予めミクロ社会は省略し、マクロ社会を中心に論じている。

注 3）具体的には以下の通りである。「スポーツもまた、持続可能な開発における重要な鍵となるものである。我々は、スポーツが寛容性と尊厳を促進することによる、開発及び平和への寄与、また、健康、教育、社会包摂的目標への貢献と同様、女性や若者、個人やコミュニティのエンパワーメントに寄与することを認識する。」https://www.mofa.go.jp/mofaj/gaiko/oda/sdgs/pdf/000101402_2.pdf（2023 年 10 月 1 日参照）

注 4）文中の解説以外にも近々の好例として、山田（2022）によるガイドブックの公表・公開が参考となる。

注 5）例えば、清水エスパルスは J リーグクラブ初として、優先的に取り組む SDGs ならびにロゴ・キャッチフレーズを公表している。https://www.s-pulse.co.jp/csr/sdgs（令和 5 年 10 月 1 日参照）

【引用・参考文献】

1）スポーツ庁、『第 2 期スポーツ基本計画』、2017

2）スポーツ庁、『第 3 期スポーツ基本計画』、2022

3）富永健一、『社会学講義』中公新書、1995；2021

4）渡辺保、『現代スポーツ産業論』同友館、2005

5）佐藤慶幸、『NPO と市民社会』有斐閣、2002

6）谷本寛治、『企業と社会』中央経済社、2020

7）山田悦子、『SDGs 達成へ向けたスポーツの活用ガイドブック』独立行政法人日本スポーツ振興センター情報・国際部国際戦略課

8）国際連合広報センターホームページ：https://www.unic.or.jp/news_press/features_backgrounders/18389/（2023 年 10 月 1 日参照）

9）SDGs 推進本部、『SDGs アクションプラン 2023』、2023

10）独立行政法人国際協力機構、『「スポーツと開発」事業取り組み方針』、2018

11）矢口芳生、『持続可能な社会論』農林統計出版、2018

12）日本学術会議健康・生活科学委員会健康・スポーツ科学分科会、『報告社会参加につながるスポーツのあり方』、2023

コラム

「都市型の習い事ビジネス」

　日本国内の出生数が年々減少し、少子化が加速している。1996年から2015年の間、約20年かけて年間の出生数はおよそ20万人減少したが、ここ最近は2016年から2022年のたった6年間で、年間の出生数が20万人以上減少している（厚生労働省、2023）。

　一方、保育・幼児教育の市場における成長率は、少子化の影響を受け鈍化しつつも、市場規模の拡大を維持している（矢野経済研究所、2023）。これは、習い事へのニーズが年々高まるなかで、その内容も多様化し、一人あたりの習い事の数も増えていることが要因の一つであると考えられる。

　特に首都圏では、都市開発が進むなかで、子どもの習い事のスタイルも変容している。東京都で不動産賃貸業を展開するヒューリック株式会社は、学習塾や体操教室といった、子ども向けの習い事施設を収容するビル「こどもでぱーと」を2025年春頃に開業することを発表した（日本経済新聞、2023）。習い事の多様化・掛け持ちが浸透するなか、一か所に複数のコンテンツが集約されることは、保護者にとっても大きなメリットがある。特に複数の習い事を掛け持ちしている場合、場所がそれぞれ離れていると、送迎だけでも大きな負担となる。しかし、このような複合施設ができると、一か所で学習塾やスポーツ、芸術といった複数の習い事に取り組むことができるのだ。習い事に通う曜日と場所との組み合わせで悩むことが減り、複数人の子どもを抱える家庭であれば、さらにこの恩恵は大きくなるだろう。

　このようなワンストップサービスが確立されると、付帯するサービスや店舗も充実していくことが予想される。子どもの送迎コストが大幅に減った保護者をターゲットに、同ビル内にてカフェやスーパーマーケットといった店舗も増えるだろう。すでに大型ショッピングモールなどで、子どもの教育に関わる店舗も増えてきているが、建物内のメインサービスを子どもの教育事業とし、親子をターゲットにする施設は未だ稀な存在である。遊園地やリゾート施設といった、休暇に訪れる特別な空間ではなく、日常の一部となるような、身近で便利な複合施設が誕生することで、従来の大型ショッピングモールにとっても競合相手となるだろう。

　この「こどもでぱーと」は、東京都中野区と神奈川県横浜市の2カ所で、いずれも最寄り駅から徒歩2分ほどの立地に開業予定である（日本経済新聞、2023）。公共交通機関をメインの移動手段とする家庭にとっては、最寄り駅を拠点に、通勤や通学、そして習い事や買い物の場所が集約され、より効率的な生活を営む上で重要な存在になるだろう。

株式会社ドタバタ 代表取締役 柳田一磨

【参考文献・参考資料】

厚生労働省「令和4年（2022）人口動態統計（確定数）の概況」https://www.mhlw.go.jp/toukei/saikin/hw/jinkou/kakutei22/dl/04_h2-1.pdf（参照 2023-09-25）.

矢野経済研究所「保育・幼児教育市場に関する調査を実施（2022年）」https://www.yano.co.jp/press-release/show/press_id/3194（参照 2023-09-25）.

日本経済新聞「ヒューリック、子供専門ビル開業　習い事ワンストップで」https://www.nikkei.com/article/DGXZQOUC284VJ0Y3A420C2000000/（参照 2023-09-25）.

第四部　トップスポーツビジネス

第 13 章　現代のスポーツイベント

はじめに

　スポーツイベントは、2019年から大流行した新型コロナウィルスの影響により、中止や延期を余儀なくされ、また実施した際にも無観客や人数制限など感染症対策による条件付きで開催された。

　2023年5月に「5類感染症」への移行を機に、スポーツイベントもコロナ禍以前と同様の開催形態へと戻りつつある。

1. スポーツイベントの分類

　一般社団法人日本イベント産業振興協会（以下、JACE）は、イベント消費規模推計のためにスポーツイベントをカテゴリー別に分類している。（表13-1）

　この分類よると、プロ野球、Jリーグ、大相撲などの定期的に行われる試合は、興行イベントに分類されており、スポーツイベントに含まれていないが、広義で捉えれば、これらもスポーツイベントの一つと考えることができる。

　また、『スポーツ白書2014（笹川財団）』では、「競技水準」「開催種目数」「大会規模（レベル）」によってスポーツイベントを分類している。

　「競技水準」は、「プロ・エリートスポーツイベント」と「生涯スポーツ

表13-1 『市場規模推計結果』におけるイベントのカテゴリー分類

カテゴリー	説明
スポーツイベント	1）国や日本スポーツ協会の主催する競技大会
	2）自治体や諸団体が主導するスポーツイベント全般
	3）民間諸団体または企業をスポンサーとするスポーツイベント全般
	4）プロスポーツチーム等の開催するイベント性の高い催し
	5）その他スポーツをテーマとしたイベント
興行イベント	1）プロのアーティスト等による音楽イベント、ライブ
	2）プロスポーツの定期的に行われる試合
	3）公営競技主催のレース、イベント

出所：一般社団法人日本イベント産業振興協会　2019年イベント市場規模推計報告書より抜粋

イベント」に、「開催種目数」は、複数競技を行う「総合種目開催型」と一つの競技を開催する「単一種目開催型」に、「大会規模」は、「国際レベル」「複数国レベル」「全国レベル」「地域レベル」に分類している（表 13-2）。

表 13-2　スポーツイベントの分類と大会例

		トップスポーツイベント	
		総合種目開催型	単一種目開催型
大会規模	国際レベル	オリンピック パラリンピック ワールドユニバーシティゲームズ ワールドゲームズ	ＦＩＦＡワールドカップ ラグビーワールドカップ 世界陸上競技選手権 世界水泳選手権
	複数国レベル	アジア競技大会 パン・パシフィック選手権 アジアパラ競技大会 アフリカ競技大会	東アジア女子サッカー選手権 四大陸フィギュアスケート選手権 ヨーロッパ水泳選手権 日中韓3か国交流陸上
	全国レベル	国民スポーツ大会 全国高等学校総合体育大会 全国中学校体育大会	日本陸上競技選手権大会 日本ラグビーフットボール選手権大会 全日本大学駅伝対校選手権大会 全国高等学校野球選手権大会
	地域レベル	国民スポーツ大会予選 全国高等学校総合体育大会予選 全国中学校体育大会予選	九州陸上競技選手権大会 地区インターカレッジ 東京箱根間往復大学駅伝競走 関東大学ラグビーリーグ

		生涯スポーツイベント	
		総合種目開催型	単一種目開催型
大会規模	国際レベル	ワールドマスターズゲームズ スペシャルオリンピックス 世界移植者スポーツ大会	東京マラソン キンボールスポーツワールドカップ 世界マスターズ柔道選手権 世界マスターズ水泳選手権
	複数国レベル	国際チャレンジデー パンパシフィック・マスターズゲーム アジア太平洋ろう者スポーツ大会	アジアベテランズロード選手権 アジアマスターズ陸上競技選手権大会 日韓親善トライアスロン 日豪親善ジュニアゴルフ大会
	全国レベル	ねんりんピック 全国障害者スポーツ大会 全国スポーツ・レクリエーション祭 日本スポーツマスターズ	日本スリーデーマーチ 湘南オープンウォータースイミング 全日本世代交流ゲートボール大会 全国ママさんバレーボール大会
	地域レベル	都市間交流スポーツ大会 県スポーツレクリエーション祭 都民体育大会	九州少年ラグビー交歓会 シルバー太極拳近畿交流大会 市民スポーツ大会（各種）

『スポーツ白書 2014』笹川スポーツ財団より作成

このほかに、近年ではファンラン（fun running の略称）と呼ばれるカテゴリーのスポーツイベントがあり、タイム計測などをせず、楽しみながら走ることを目的として、泡にまみれながら走ったり、カラーパウダーを浴びながら走ったり、スイーツを食べながら走るイベントがある。環境教育の一環として、ゴミ拾いをスポーツ化し競技として行っているイベントもある。

　さらにはテレビ（コンピュータ）ゲームを競技スポーツとして捉えた e スポーツ（エレクトロニック・スポーツの略称）も高額賞金がかけられ、世界規模の大会が行われるようになっている。

　スポーツイベントは、様々な形で分類されているが、時代背景や環境の変化、参加者のニーズによってますます多様化してきている。

2．スポーツイベントの巨大化

　『2022 年イベント消費規模推計報告書』（JACE, 2023）によると、カテゴリー別では消費規模の大きい順に、興行イベント／5 兆 7372 億円、文化イベント／2 兆 2228 億円、スポーツイベント／2 兆 1419 億円、フェスティバル／1 兆 7782 億円、会議イベント／1 兆 5481 億円、見本市・

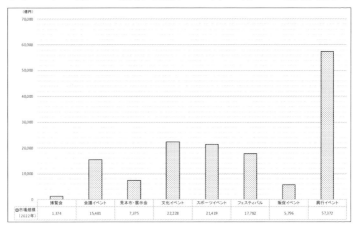

図 13-1　2019 年の国内イベント市場規模推計
2019 年イベント市場規模推計報告書をもとに作成（一般社団法人日本イベント産業振興協会 2020）

展示会／7375億円、販促イベント／5796億円、博覧会／1374億円の順であった（図13-1）。

　今日、スポーツイベントがビジネスとして注目され、オリンピック・パラリンピックやFIFAワールドカップをはじめとした「メガスポーツイベント」と呼ばれるような巨大化したスポーツイベントが開催されている。

　そのきっかけとなったのが、1984年オリンピック競技大会ロサンゼルス大会（以下ロサンゼルスオリンピック）である。このロサンゼルスオリンピックは、史上初の税金が使われていない民営化されたオリンピックとして知られている。大会組織委員長のピーター・ユベロスの経営手腕が、それまで赤字続きだったオリンピックの運営を黒字転換に導いたとされているが、その代表的なものとしては、(1) 前払い入場券の導入、(2) 放映権料の設定、(3) オフィシャルスポンサー／サプライヤー制度の導入、(4) 商品化権料の設定などが挙げられる。さらに、徹底的に支出を抑えたことも成功の要因とされている。

　ロサンゼルスオリンピックを成功事例として、他のメガスポーツイベントにおいても、これらの手法が取り入れられるようになった。

(1) 前払い入場券

　スポーツイベントにおける入場料収入は、基礎的な収入源となる。ロサンゼルスオリンピックでは、大会の1年以上前から郵送によるチケットの申込を受け付け、前払い金によって収入を確保する方法をとった。またその収入を銀行に預けることで金利を得ることができた。ロサンゼルスオリンピックの入場料収入は史上最高額の約1億4000万ドルで、大会運営のための貴重な財源となった。

　他のスポーツイベントにおいても入場券を事前に販売することが多くなってきている。前払い入場券導入により大会の予算が組み立てやすくなった一方で、入場券の価値が高騰している現状もあり、その結果、転売や違法販売などが社会問題となるスポーツイベントも増えてきている。

(2) 放映権料の設定

　ロサンゼルスオリンピックの放映権料の特徴的な点としてはいくつか挙げられるが、まず米国向けのテレビ放映権を決める際に競争入札を初め

て行った点である。ビジネスとしては当たり前のように行われてきていることではある。このことで、いちばん条件のよい局との契約する運びとなるが、さらにユベロスの手法として斬新なのは、テレビ局のＣＭ収入の可能性を独自に調査し、入札最低価格の２億ドルを算出し、提示したことであった。その結果、米国 ABC が放映権料を２億 2500 万ドルで落札したのをはじめとして、世界中から２億 8000 万ドルの放映権料を集めた。このことは、現在のスポーツイベントにおける放映権料高騰のきっかけをつくったと言われている。

(3) オフィシャルスポンサー／サプライヤー制度の導入

　ロサンゼルスオリンピックでは、企業とのスポンサー契約を「１業種１社」に限定して、オフィシャルスポンサーの価値を高めるという方策をとった。このことで業界唯一の公式スポンサーという価値が生まれ、高額契約が可能となった。

　現在では、他のスポーツイベントにおいても「１業種１社」の考え方は、標準的なスタイルとして確立されている。

(4) 商品化権料の設定

　1972 年のミュンヘンオリンピックでは、すでに大会エンブレムの商業的活用や大会マスコットの販売などが行われていた。商品化権料とは、企業が大会の公式マスコットやロゴマークを使用して商品を作り販売する権利のことであり、この権利を得るために企業が主催者に商品化権料を支払う仕組みである。この仕組みをロサンゼルスオリンピックでも活用し、地元企業を中心とした企業が契約を結び売上の 10％を組織委員会に納めた。

３．スポーツイベントの目的と評価

　スポーツイベントを評価する際に、単に「運営が滞りなくできた」や「赤字にならなかった」では、評価できているとは言えない。イベントとは、「何らかの目的を達成する手段として行われる行催事」(JACE,2008) であり、「目的」を達成できたかを評価することが重要である。一つのイベントであっても立場によって「目的」は様々である。スポーツイベントでは、「主催者」「制作者」「参加者（みる・する）」の３者に大別できる。メガス

ポーツイベントの場合で考えると以下のようになる（図13-2）。

　スポーツイベントの評価を考える際に、この三者の立場で評価を行うことが重要である。

　とりわけ、ビジネスという視点で考えると主催者や制作者の側面での評価が大きく取り上げられがちだが、参加者であるアスリートは最高の舞台で、パフォーマンス発揮を行うために日々厳しい練習を行っている。最近では、アスリート（アスリートがパフォーマンスを発揮できる環境）を第一に考えた運営、「アスリートファースト」という考え方が注目されてきている。アスリートが最高のパフォーマンスを発揮することは、メガスポーツイベントにとって最大のアピールになることは言うまでもない。しかしながら、この三者の立場は、しばしばトレードオフの関係になる。もちろん十分な運営資金がなければ、十分なイベントが開催できないし、また安全で円滑な運営ができなければ、アスリートがパフォーマンスを発揮することはできない。そういった意味で、いずれか一方の「目的」が達成されるのではなく、三者のそれぞれの「目的」が達成され、高評価となるスポーツイベントが望まれる。

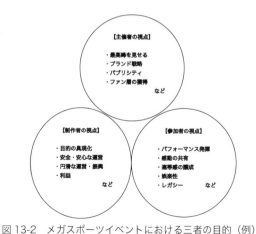

図 13-2　メガスポーツイベントにおける三者の目的（例）
『チカラ解き放てスポーツイベントで社会を元気に』一般社団法人日本イベント産業振興協会（2014）を参考に作図

4．スポーツイベントの周辺サービス

メガスポーツイベントを始めとした、プロ・エリートスポーツイベントにおいては、スポーツイベントに興味がある観戦者はもちろん、多くの人々が楽しめる工夫がなされている。それは、前述のように入場料収入が運営のための基礎的な収入源であり、スタジアムに足を運ぶ人を増やすことが、財源確保につながるからである。応援しているチームや個人が勝つことができなくても、楽しむことができ、また来場したいという周辺サービスは欠かせないものとなっている。

(1) 観戦環境の整備

競技種目によって様々であるが、スポーツイベントの観戦者は、会場の中で長時間過ごすことが多い。そのため、いかに観戦者の満足度の高いサービスや快適な環境を整えることができるかが、ファンやリピーターの獲得という視点からも重要となる。

プロ野球のスタジアムを例に取ると、ほぼグラウンドと同じ高さで、フィールドのすぐ近くにあり、防球ネットも無いような座席から、くつろぎながら観戦できるソファタイプの座席、家族で楽しめるように区画の仕切られたファミリーシート、比較的低価格で楽しむことのできる立見席（エリア）など座席があり、様々なターゲット層に合わせて展開している。

食事についても、スタジアム内のコンコースに何種類もの店舗が並び、飽きが来ないような工夫がなされている。またビュッフェスタイルで食事を楽しみながら観戦できるシートやバーベキューを楽しめる席もある。

2023 年に開業した日本ハムファイターズの本拠地である、「ES CON FIELD HOKKAIDO（エスコン フィールド HOKKAIDO）」は、周辺一帯を「HOKKAIDO BALLPARK F VILLAGE（北海道ボールパークＦビレッジ）」として、アスレチックなどの体験型アクティビティやショッピングスペース、レストラン、宿泊施設など野球観戦以外でも楽しめる工夫がされている。このようなボールパークは、日本においても注目されてきている。

(2) SNS の活用と情報提供

2012 年のロンドンオリンピックでは、アスリートを含む現場関係者が

自分の責任の範囲内でインターネットを自由に利用することができ、会場のインターネット環境も整備され、初のソーシャルメディア五輪として注目された。観戦者は、試合観戦やテレビ中継を見ながらスマートフォンやタブレットで情報交換を行う「ソーシャルビューイング」と呼ばれる観戦スタイル、視聴スタイルが増えている。主催者や企業、プロスポーツチームなども公式のアカウントを作成し、ファンやコミュニティへの情報発信やコミュニケーションツール、さらにはマーケティングツールとして活用している。

(3) 会場演出

プロ野球やJリーグなどの試合においては、スタジアムをエンターテイメント空間にするための工夫がされている。まず会場の外では応援歌やテーマソングなどの音楽が流れ、スタジアムへ入る前に自然とワクワク感をつのらせる。開場時間まで退屈しないようにスタジアム外でも様々なイベントが行われている。スタジアムに入るとチームマスコットの出迎えや、チアガールなどのパフォーマンスショー、スタジアムＤＪによる盛り上げなどがある。試合後もヒーローインタビューが行われる。会場によっては、花火が上がるなどの演出があり、非日常性を感じる空間となっている。

(4) パブリックビューイング

パブリックビューイングとは、スタジアムやホール、映画館などの大型映像装置を使って、別の場所で行われているスポーツイベントをLIVEで観戦するイベントである。パブリックビューイングが一躍有名になったのは、2002年FIFAワールドカップ日韓開催である。この時には、国立競技場などの試合が行われていない会場に、有料で観客を集め大型映像で試合中継を流した。現在では、海外で行われる国際試合や本拠地以外での開催試合のパブリックビューイングを行うことが多いようである。その場で試合が行われていなくても、同じ時間、同じ空間で応援し、感動を共有することが、パブリックビューイングの醍醐味であり、イベントの目的となっている。

(長野史尚)

【参考文献】

1) 日本イベント産業振興協会、『2022年イベント市場規模推計報告書』一般社団法人日本イベント産業振興協会、2023年6月

2) 日本イベント産業振興協会『スポーツイベントで社会を元気に - 改訂版』一般社団法人日本イベント産業振興協会、2014年

3) 日本イベント産業振興協会『イベントの基礎知識−その形態・役割・仕組みと作り方』日本イベント産業振興協会、2004

4) 笹川スポーツ財団『スポーツ白書』笹川スポーツ財団、2012

5) 佐野昌行、黒田次郎、遠藤利文『図表で見るスポーツビジネス』叢文社、2014

6) 黒田次郎、遠藤利文『スポーツビジネス概論』叢文社、2012

7) 小川勝『オリンピックと商業主義』集英社、2012

8) マイケル・ペイン著、保科京子、本間恵子『オリンピックはなぜ、世界最大イベントに成長したのか』サンクチュアリ出版、2008

9) 上条典夫『スポーツ経済効果で元気になった街と国』講談社、2008

10) 広瀬一郎『スポーツ・マネジメント入門』経済新報社、2005

11) 渡辺保『現代スポーツ産業論』同友館、2004

12) 原田宗彦『スポーツイベントの経済学』平凡社、2002

13) 廣畑成志『コンセプトはアスリートファースト オリンピック・パラリンピック「2020東京」』杜の泉社、2015

14) 野々下裕子『ロンドン五輪でソーシャルメディアはどう使われたのか』インプレスR＆D、2012

15) 黒田次郎、石塚大輔、萩原悟一『スポーツビジネス概論2』叢文社、2016

第 14 章　プロスポーツの経営

1. 日本のプロスポーツの現状

　プロスポーツとは、プロフェッショナル・スポーツ（Professional Sports）の略語で、競技や演技をすることによって報酬が得られ、生活の手段となっている職業スポーツのことを意味する（日本語大辞典、1992）。

　公益財団法人日本プロスポーツ協会には野球、サッカー、ボクシング、ボウリング、ダンス、レースプロモーションの6つのプロスポーツ団体が加盟している（令和5年8月21日現在）。

　プロスポーツは、職業としてのスポーツのことで、生計のための報酬を得ることを目的としたスポーツである。これは次の3つに分類することができる。

(1) 観客の入場料、放映権（テレビ・ラジオ等）、スポンサーシップなどを財源に、チームやクラブ、財団などから契約金や報酬を受け取るプロ野球、サッカー、大相撲、ボクシングなど。

(2) 観客の投機によって報酬を得る公営ギャンブル（競馬、競輪、競艇、オートレース）。

(3) スポンサーの賞金やレッスンによる指導料、また企業との契約金などによって報酬を得るゴルフやテニス、ボウリングなどの個人競技。

　これらはスポーツをビジネスとして行うもので、「試合」を商品として消費者に提供し、その対価として収入を得るものである。

　同じタイプのスポーツであっても、成り立ちや運営形態などは大きく異なり、プロ野球とサッカーでも、その違いは顕著だ。

　プロスポーツの雄として長らく国民に親しまれてきたプロ野球は、1936（昭和11）年に現在の日本野球機構（NPB）の前進である日本職業野球連盟が誕生。発足時に加盟したのは7球団で、その親会社は鉄道会社が3、新聞社が4で2業種しかなかった。1949（昭和24）年には現在の2リーグ制がスタートした。各球団ともに「企業の広告塔」の色合いが強く、1949年に誕生した広島カープ（1968《昭和43》年に現在の広島東洋カープに改称）、1992（平成4）年11月に名称変更した横浜ベイスターズなどの例を除き、チーム名には親会社の企業名が冠される。これは、

1954（昭和29）年に国税庁が通達した「職業野球団に対して支出した広告宣伝費等の取扱について」で、球団の赤字を親会社の広告宣伝費として処理できるようになったこともその背景にある。

　ただ、1990（平成2）年代初頭のバブル経済の崩壊以降は、各親会社ともに広告宣伝費の見直しを迫られるようになった。1988（昭和63）年の球団買収を機に福岡へ移転し成功を収めた福岡ダイエー（現福岡ソフトバンク）を皮切りに、ロッテの千葉移転、日本ハムの北海道移転、1954年の高橋ユニオンズ以来50年ぶりの新規参入の楽天など、パ・リーグの球団が積極的に地域密着型の球団運営にシフトし、収益構造を改善させたのは危機感の裏返しとも言える。そのパ・リーグは2007（平成19）年に球団の垣根を越えてパシフィックリーグマーケティング株式会社（PLM）を設立。6球団共同でのイベント実施やチケット販売、スポンサーの獲得などに力を入れているが、最も代表的なのが公式動画配信サービス「パ・リーグTV」である。これは米国のMLBのネット配信事業をモデルにしたもので、パ・リーグ6球団の映像を一括管理することで、コストを削減し、収益の増加を実現している。(図14-1)

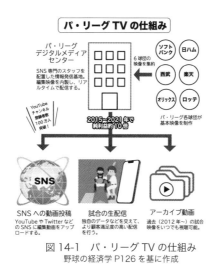

図14-1　パ・リーグTVの仕組み
野球の経済学 P126 を基に作成

また、昨今各球団が力を入れているのが女性ファンの定着である。その起源は 2006 年にソフトバンクホークスが開催した「女子高校生デー」である。さらに広島東洋カープのように女性をターゲットとしたマーケティング展開に成功し、ファンを対象に観戦ツアーを実施するなどして、「カープ女子」ブームさえ巻き起こしている球団もあり、これによって広島東洋カープは観客動員数を 2000 年代前半と比べ大きく伸ばしている。（表14-1)

表14-1　NPB 各球団の女性向け企画

巨人	選手の打撃練習がベンチから見学できるツアー
阪神	SNSへのダンス動画投稿企画
広島	関東地方の女性ファンの往復新幹線代を負担する観戦ツアー
ヤクルト	カメラ女子向けシート（撮影用グッズ付き）
中日	『踊り王〜バブリーダンスグランプリ〜』で使用する「バブリー扇子型うちわ」をプレゼント
DeNA	選手によるおすすめ横浜デートプラン紹介
ソフトバンク	この世に1枚の限定「選手チェキ」プレゼント
楽天	選手とのハイタッチ、ヒーローインタビュー見学など
ロッテ	選手からのTシャツ配布、選手とのペアルック写真撮影会
オリックス	両球団の女性ファンによる対決企画（綱引きや早食い競争など）
日本ハム	サンリオとのコラボ
西武	獅子女デー限定のデザインユニフォームを来場者全員に配布

野球の経済学、各球団の HP を基に筆者作成

　2016 年からはインターネットテレビでベイスターズ主催の全ゲームを見られるようにし、全国どこからでも試合が見られるようになり、新しい試みとして、ICT 技術を駆使した観客動員数の増加を模索している。
　一方、プロスポーツとしては後発で 1993（平成 5）年に 10 クラブでスタートした J リーグ（日本プロサッカーリーグ）は、運営形態において先発のプロ野球とは大きく異なる。日本サッカー協会の加盟団体の一つである J リーグは、チーム名から企業名を排し、地域社会と密着したホームタウン制を導入しているほか、放映権やライセンス商品などの権利をリーグ側が管理（業務を行なうのは関連法人）し、オフィシャルスポンサー料などとともにその収益は各クラブに分配される。1999（平成 11）年には J1 が 16 クラブ、J2 が 10 クラブで 2 部制が導入され、2005 年には 2 ステージ制から 1 ステージ制に移行。さらに 2014 年からは J3 が新設され、

2015年からはJ1が18、J2が22、J3が12の各クラブとなり、再び1リーグ制から2リーグ制に移行している。（2023年現在、JIが18、J2が22、J3が20　2024年より全カテゴリーのクラブ数を20へと統一予定）

　プロ野球では2011（平成23）年10月には、プロ野球のオーナー会議で国際大会に参加する日本代表チームの常設化が決定している。NBPの加藤良三コミッショナー（当時）は記者会見で、「選手に喜び、子供に目標と夢を与え、競技人口の確保・拡大を図る」とコメントしているが、そもそもNBPが赤字財政にあえいでいる上、オリンピックでは2008（平成20）年の北京大会を最後に正式種目から除外されてしまった。

　2021（令和3）年の東京大会では、開催都市に追加競技・種目の提案権が与えられたため、大会組織委員会は野球やソフトボール、空手など5競技18種目の追加を国際オリンピック委員会に提案して決定した。

　ワールド・ベースボール・クラシック（WBC）では、日本の連覇で湧いた第3回大会（2013）で収益金の分配を巡って主催者側と合意に至っておらず、船出の前から前途多難の状況に追い込まれている。

　企業のサポートによって運営されるプロスポーツには、景気や社会情勢によって左右されるという側面もある。1990年代初頭のバブル崩壊の余波が直撃したプロゴルフは、その典型と言えよう。それまで年間40試合以上もあった男子トーナメント数は、景気の後退と歩調を併せて減少。2007（平成19）年には年間24試合まで減った。トーナメント会場に足を運ぶギャラリーやテレビ視聴率も振るわないのだから、スポンサーが離れていくのも当然だった。

　その現象に歯止めをかけたのが、2007（平成19）年に史上最年少優勝を飾った当時15歳8か月の石川遼だ。翌年には現役高校生のままプロ転向し、獲得賞金1億円突破を達成している。

　さらに2008（平成20）年には全国高等学校ゴルフ選手権大会で優勝した松山英樹が、2010（平成22）年に大学生のままアジアアマチュアゴルフ選手権で優勝。2011（平成23）年のマスターズでは日本人としては初めてローアマチュアを獲得し、2021（令和3）は日本男子初の海外メジャー優勝、そしてアジア人初のマスターズ制覇の快挙を成し遂げた。

これらの人気選手の出現によって活況を呈する傾向は、女子ゴルフ界でも同様だ。2003（平成15）年に当時高校生だった宮里藍が「ミヤギテレビ杯ダンロップ女子オープン」を制し、同時期に古閑美保や横峯さくら、諸見里しのぶ、上田桃子、有村智恵といった人気と実力を兼ね備えた選手が台頭した相乗効果で大いに注目を集めた。2019（令和1）年には渋野日向子がAIG全英女子オープンで、日本人選手として42年ぶりの海外メジャー優勝を果たし、女子ゴルフ界を大きく盛り上げている。

　ただし、このような選手の人気に左右される状況は、危険な兆候とも言える。2011（平成23）年には石川遼が予選落ちすると、決勝ラウンドのギャラリーが激減する傾向が顕著に表れている。逆に、松山英樹の活躍や渋野日向子の登場で、プロゴルフ人気も少し盛り返してきている。2019（令和1）年に日本開催となったPGAツアーでは、初日1万8536人、4日目に2万2678人（2日目は雨で中止、3日目は無観客試合）と多くのギャラリーを集めている。また渋野日向子が出る試合は、勝っても負けても数字が獲れると人気で、全英女子オープン優勝後に行われた北海道での凱旋試合は、通常5〜6％の視聴率のところ8.7％を記録している。個人の人気に大きく左右される現象は、ビジネスとしては改善していく必要があるだろう。

　国技として認知されている大相撲も変革期を迎えている。相撲の競技人口の減少が叫ばれる中、力士暴行死事件や八百長問題など不祥事が続いた角界では、観客動員数が2011（平成23）年には両国国技館のワースト記録を更新するほど低迷した。ここ30年ほど、ハワイやモンゴル出身の外国人力士が相撲界を盛り上げ国際的な競技になってきているが、国内での人気復活には日本人力士の活躍が不可欠であろう。このような状況下、日本相撲連盟では、女子相撲の普及振興を積極的に推し進めており、「相撲女子」という言葉も生まれるほど女性ファンも増え、今後の展開も注目されている。

　2014（平成26）年の全米オープンで準優勝し、2015（平成27）年には世界ランキング4位に入った錦織圭は、2016（平成28）年にはリオデジャネイロ五輪で銅メダルを獲得。さらに全米オープンベスト4、年間勝

利数世界3位といった活躍で、プロテニスの急激な人気に貢献している。

　テニスには国際テニス連盟（ITF）が定める「世界4大大会」がある。ウィンブルドン選手権、全米オープン、全仏オープン、全豪オープンの4大会で、選手たちはこの4大会を目指して世界各国のツアーを転戦する。

　錦織は最初からこの4大会に出てきて、一気にランキングを駆け上った。さらにグランドスラムに次ぐ格付けのATPワールドツアー・マスターズ1000では3度準優勝しており、CMやグッズ販売ばかりでなく、試合がゴールデン帯に中継されるほど国内外で人気を得ている。

　女子プロテニスでは、2018年と2020年の全米オープン、2019年の全豪オープンで優勝した大坂なおみが、世界的にも大きく注目を集めた。日本人初のグランドスラムシングルス優勝者で、男女を通じてアジア初の世界ランキング1位となった。アスリートとしてメンタルヘルスとの向き合い方や社会的なメッセージの発信など、プライベートの挙動まで注目されている。

　日本のテニス界はトップレベルの選手の活躍により、人気がさらに高まっていくであろう。

2. 欧米のプロスポーツ

　日本のプロ野球や大相撲が「興行」であるのに対し、アメリカが誇る4大プロスポーツ、ナショナル・フットボール・リーグ（以下NFL）、メジャー・リーグ・ベースボール（以下MLB）、ナショナル・バスケットボール・アソシエーション（以下NBA）、ナショナル・ホッケー・リーグ（以下NHL）はプロスポーツビジネスの「産業」としての地位を確立している。

　北米の各リーグ平均入場者数をみると、プロ野球では日本と北米とで大きな違いはないが、他のプロスポーツを比較してみると、売り上げでは日本はアメリカに大きく差をつけられており、北米プロスポーツリーグの集客力の高さが際立っている。（表14-2）

　4大プロスポーツのなかでも最も古いのがMLBで、1876年に設立されたナショナルリーグが1901年にアメリカンリーグと共同事業機構となり、MLBが設立されている。100年以上の歴史を有しており、それだけ

表 14-2　北米スポーツと主な日本のプロスポーツの概要

リーグ名	創設年度	球団数	シーズン試合数	売り上げ（10億ドル）	1試合平均入場者数
NFL	1920	32	16	15.6	67,100
MLB	1869	30	162	10	28,652
NBA	1946	30	82	7.6	17,987
NHL	1917	32	82	5.2	17,446
プロ野球（NPB）	1936	12	143	1.64	29,785
Jリーグ（J1）	1933	18	34	0.78	19,079

スポーツの経済学を基に筆者作成

に野球は国民的娯楽と称され、国技的に扱われてもいる。

　1917 年には NHL が、1922 年には NFL が、そして 1946 年には NBA が設立され、現在の 4 大プロスポーツが揃った。

　4 大プロスポーツは、MLB、NBA が 30 チーム、NHL が 32 チーム、NFL が 32 チーム、合わせて 124 チームの規模となるが、それぞれのチームは比較的人口の多い都市に偏在している。これは集客力や協賛企業の確保に役立っており、スポーツ観戦に対する国民の消費意欲を満たし、これがプロスポーツをビジネスとして支えていると考えていいだろう。

　これらの 4 大プロスポーツだけでなく、北米ではサッカーの MLS（Major League Soccer）、ゴルフの PGA ツアー（Professional Golfers' Association）、テニスの ATP ツアー（Association of Tennis Professionals）、WTA ツアー（Women's Tennis Association）、ラクロスの NLL（National Lacrosse League）、ビーチバレーの AVP（Association of Volleyball Professionals）、女子バスケットボールの WNBA（Women National Basketball Association）、女子サッカーの NWSL（National Women's Soccer League）といったプロリーグもある。

　さらに男子ゴルフのマスターズ、テニスの全米オープンといった世界的にも注目を集める個人競技の賞金大会が開かれるなど、プロスポーツが大きな産業に成長している。

　2022（令和 4）年 9 月に、米経済誌フォーブスが発表した世界のプロスポーツチームの資産価値ランキングトップ 50 では、1 位がアメリカンフットボールリーグ NFL のダラス・カウボーイズで、その資産価値は 80 億ドル（約 1 兆 1200 億円）となっている。2 位、3 位は同様にアメリカ

ンフットボールのチーム。次いで4位が松井秀喜、田中将大選手などが所属した米大リーグヤンキースの60億（約8400億円）。50位までのうち最も多く占めた競技はNFLのチームで全チーム32のうち30チームがランクインし、全体の60％を占有した。一方、NFLとは対照的にMLBのチームは2015年以降減少傾向にあり、2022年は最も少ない5チームとなった。(表14-3)

表14-3　世界で最も資産価値の高いスポーツチーム　トップ10（2022）

	チーム	分類	価値（ドル）
1	ダラス・カウボーイズ	NFL	80億
2	ニューイングランド・ペイトリオッツ	NFL	64億
3	ロサンゼルス・ラムズ	NFL	62億
4	ニューヨーク・ヤンキース	MLB	60億
4	ニューヨーク・ジャイアンツ	NFL	60億
6	ニューヨーク・ニックス	NBA	58億
6	シカゴ・ベアーズ	NFL	58億
8	ゴールデンステート・ウォリアーズ	NBA	56億
8	ワシントン・コマンダース	NFL	56億
10	ロサンゼルス・レイカーズ	NBA	55億

https://forbesjapan.com/articles/detail/50311/page2　を基に筆者作成

　日本のプロ野球球団の資産価値は2020年シーズンの決算報告によれば、1位がソフトバンクで1134億円、2位はDeNAの164億円となっている。尚、巨人、中日は球団単体での決算公告の開示はなかった。
　一方、Jリーグでは2022（令和4）年に各クラブの総資産と純資産が発表され、1位だったのが川崎Fで25億9300万円、2位がFC東京で24億3900万円だった。
　ヨーロッパのクラブ、たとえばレアル・マドリードやFCバルセロナ、マンチェスター・Uといったチームが、いずれも5000億円を超えているのと比較すれば、やはり日本のクラブは2桁、つまり100分の1以下の資産価値しかないことになる。
　このヨーロッパでは人気、経済規模ともに群を抜いているのがサッカー

だ。世界的な監査法人であるデロイトの「デロイト・フットボール・マネー・リーグ 2023」によれば、2021/2022 年シーズンの各クラブの収益は、1 位が 2 年連続でイングランド・プレミアリーグのマンチェスター・C の 7.3 億ユーロ（約 1097 億円）だった。

　2 位は、「UEFA チャンピオンズリーグ」覇者のレアル・マドリードで 7.14 億ユーロ（約 1071 億円）、3 位はイングランドのリバプールが 7.02 億ユーロ（1058 億円）で、同チームでは過去最高の収入となった。（表 14-4)

表 14-4 ヨーロッパ・サッカークラブ総収入ベスト 10（2021-22）

	チーム	リーグ		価値（億円）
1	マンチェスター・シティ	イギリス	プレミアリーグ	1097
2	レアル・マドリード	スペイン	リーガエスパニョーラ	1071
3	リバプール	イギリス	プレミアリーグ	1058
4	マンチェスター・ユナイテッド	イギリス	プレミアリーグ	1034
5	パリ・サンジェルマン	フランス	リーグアン	981
6	バイエルン・ミュンヘン	ドイツ	ブンデスリーガ	980
7	FCバルセロナ	スペイン	リーガエスパニョーラ	957
8	チェルシー・FC	イギリス	プレミアリーグ	852
9	トッテナム・ホットスパー	イギリス	プレミアリーグ	783
10	アーセナル	イギリス	プレミアリーグ	650

https://www2.deloitte.com/uk/en/pages/sports-business-group/articles/deloitte-football-money-league.html　を基に筆者作成

3. プロスポーツの現状と課題

　日本と欧米のプロスポーツをビジネスという観点から比較してきたが、ビジネスの規模でいえばまだまだ日本のプロスポーツの市場は開拓の余地がある。

　プロスポーツビジネスというのは、基本的には実力や人気のある選手を多く抱えることで、収益を増大させていくという構造になっている。実力や人気のある選手、チームが試合に勝つことで、ファンやサポーターが増え、試合での入場料や物販、あるいはスタジアム関連の収益が増加する。これに伴ってメディアへの露出が増え、スポンサー数も増え、結果的に入場料収入等の増加に結びつく。プロスポーツビジネスというのは、このように比較的シンプルな構造になっているのである。

確かに日本の場合、昨今プロ野球やゴルフの放送権料が減少しているが、インターネットの映像コンテンツのように急激に視聴が増加している分野もある。また、2020年から始まった第5世代移動通信システム（5G）を使い、試合内容をどの角度からも観られるようにした観戦システムが試験的に導入されているが、ICTを活用することでまだ収益を増大させられる可能性がある。

　プロ野球やサッカー、相撲、ゴルフといった既存プロスポーツだけでなく、プロスポーツ競技そのものの変革も考えられる。たとえばｅスポーツだ。ｅスポーツというのはエレクトロニック・スポーツ（electronic sports）の略で、コンピューターゲームをスポーツ競技と捉え、チームや個人でゲームの対戦などを行うことで勝敗を決めるものである。

　すでにｅスポーツの大規模な国際大会なども開かれており、将来的にはオリンピック競技として取り入れようという動きもある。ｅスポーツのプロ選手やプロチームも出現しており、このまま成長すればスポーツビジネス産業の一角を担う分野になるとも期待されている。

　大会の開催や放映権といった収益だけでなく、周辺機器メーカーからのスポンサー費やグッズの販売、さらに対戦をインターネットなどで放映することで観戦料や放送権のような利益も考えられる。そのために今後はプロのゲーム競技者を育成することも必要だろう。

　東京オリンピックを振り返ると様々な問題が指摘されたが、感染対策を含む新たなイベント運営モデルが模索された。

　今後のスポーツビジネス展望では、デジタル化とエンゲージメントが中心になるでしょう。スポーツテクノロジーの進化により、リアルタイムのデータ解析やVR体験が拡大し、ファンの関与がさらに深まるでしょう。

　個人選手やチームのストーリーテリング、ソーシャルメディアの活用も重要で、ファンとのつながりを強化します。

　持続可能性への注力も増し、環境への配慮や社会貢献が企業価値の一環として取り入れられるであろう。

（黒田次郎）

【参考文献】
1) 日本語大辞典、1992
2) 原田宗彦編『スポーツ産業論第7版』杏林書院、2021
3) 黒田次郎、石塚大輔、萩原悟一『スポーツビジネス概論4』叢文社、2021
4) 黒田次郎、他著『スポーツビジネスの動向とカラクリがよーくわかる本』秀和システム、2010
5) 週刊東洋経済『スポーツビジネス徹底解明』2010年5月15日号
6) 大坪正則編著『プロスポーツ経営の実務—収入増大の理論と実践』創文企画、2011
7) 岡田功『メジャーリーグなぜ「儲かる」』集英社、2011
8) 山下秋二・原田宗彦編『図解 スポーツマネジメント』大修館書店、2009
9) 鈴木祐輔『メジャーリーガーが使い切れないほどの給料をもらえるのはなぜか』アスペクト、2008
10) 西野努『スポーツ・ビジネス羅針盤』税務経理協会、2014
11) 佐野昌行・黒田次郎・遠藤利文『図表で見るスポーツビジネス』叢文社、2014
12) 渡邉一利『スポーツ白書2020』笹川スポーツ財団、2020
13) 川上祐司『アメリカのスポンサーシップ戦略に学ぶスポーツマーケティング』晃洋書房、2022
14) 富永靖弘『サクッとわかる ビジネス教養 野球の経済学』新星出版社、2022
15) 中川右京『プロ野球「経営」全史 球団オーナー55社の興亡』日本実業出版、2021
16) 西崎信男『スポーツファイナンス入門 プロ野球とプロサッカーの経営学』税務経理協会、2021
17) 小林至『スポーツの経済学 スポーツはポストモダン産業の旗手となれる』株式会社PHP研究所、2020

【参考資料】
1) Jクラブ個別経営情報開示資料 https://aboutj.jleague.jp/corporate/wp-content/themes/j_corp/assets/pdf/club-r3kaiji_2_20230526_final.pdf（2023年8月10日検索）
2) https://forbesjapan.com/articles/detail/50311?read_more=1（2023年8月10日検索）
3) https://toyokeizai.net/articles/-/592761?page=4 （2023年3月2日検索）
4) https://www.nikkansports.com/baseball/news/202112150000424.html（2023年8月10日検索）
5) https://www2.deloitte.com/uk/en/pages/sports-business-group/articles/deloitte-football-money-league.html（2023年8月10日検索）
6) https://aboutj.jleague.jp/corporate/wp-content/themes/j_corp/assets/pdf/club-r3kaiji_1_20230725.pdf（2023年8月10日検索）

第 15 章　近年のアスリート支援

1. 大学スポーツクラブのマネジメント

　大学サッカーのマネジメントの特徴を述べるならば、「競技特性を生かす選手育成型のマネジメント」と言える。

　Jリーグの2023年度の新卒入団内定者は、大学からが52.1％、高校からが11.3％、クラブユースからが36.6％となっている。20年前の2003年では、大学からが28.6％、高校からが47.6％、クラブユースからが22.9％であった [1]。このように、Jリーガーの出身母体の中心は、高校卒から大学卒へと確実に変化している。

　大学サッカーの強豪・福岡大学サッカー部総監督の乾眞寛氏（現福岡大学スポーツ科学部教授）によると、その理由を次のようにまとめられている。一つは、"GOLDEN AGE"と呼ばれる発育段階と技術獲得が18歳までに完了するように考えられ、それに基づいた育成ビジョンが描かれ、18歳でプロ入りすることが、目的であるかのように考えられてきた。しかし、現実的には日本人の身体能力、特にパワー、スピード系の能力は18歳では未完成であり、高校卒業後の2〜3年間でフィジカルベースが高まらなければ、プロのレベルでプレーすることは難しいことが明らかになってきた。そこで、"第二のGOLDEN AGE"（18歳〜21歳くらい）が、重要な最後の育成完成期（Last Golden Age：L.G.A）となり、大学サッカーの意識や使命は、L.G.Aの育成が中心となっている。単に技術力だけでなく、より高い水準のフィジカルベースの確立や、プロとして戦い抜く強靭なメンタリティや自立心、向上心など総合的な人間力を磨かずして一流の選手に成長することは難しく、大学サッカーが担う要素がここにあるといっても過言ではない。次に考えられることは、大学サッカー出身者の適応力と献身性がある。大学サッカーでは、それぞれのチームで多様な指導者やシステムが存在し、選手たちはサッカー環境への適応力、順応性を身に着ける。高校時代の所属がJユース、地域クラブ、高体連など様々な環境で育成された選手たちと接し、自分自身の存在感や主張する力を意識するようになるとともに、相手を受け入れる寛容さも学ぶ。大学出身者がプロになったとき、自分自身のサッカースタイルやサッカー観、ストロングポイントの認識や自覚などが安定した状態にあり、クラブ内でのトラブ

ルやアクシデンタルな出来事などへの対応にも強いという評価がある（乾
2013,2015）。また、大学サッカーが、高校時代に大きな成績を残してい
ないような選手でも、大学4年間で、才能を開花することの可能性に挑
戦できる場として存在する。このようなことをいち早く察知し、チームの
強化に導入することや、地方の大学でありながらJリーグや日本代表選手
を輩出する育成力は、乾氏の「大学サッカー」の存在意義を問い詰めた結
果が現在に至っていると考えられる[2)3)4)]。

2. アスリートのメンタルマネジメント

　メンタルマネジメントとは、「基本的に精神の自己管理を意味し、その
狙いは競技の場において競技者自身がもっている潜在的能力を最高に発揮
することである[5)]（スポーツ心理学辞典、2008）」具体的には、緊張やス
トレスコントロール、イメージ、注意の集中などの心理的スキルを自己コ
ントロールすることである。

(1) 個人競技のメンタルマネジメント
　陸上、水泳、テニス、卓球、ゴルフ、アーチェリー、射撃、柔道、剣道、
ボクシング、フィギュアスケート、スピードスケートなどペアやリレーな

どでチームとしての種目もあるが、個人が中心となる競技が存在する。個人が中心となる競技では、時間、動き、距離など個人の感覚に対応するような競技内容が多い。そのような競技をクローズドスキルと呼び、自分の感覚を調整しながら勝利を目指す競技である。この競技でのメンタルマネジメントにおいては、リラクセーションやイメージ、認知行動技法などのメンタルトレーニングを導入することが望ましいと思われる。特に競技に即していることや、アスリートの問題意識、競技レベルによるマネジメントなど、個人へアプローチすることが重要である。

(2) チーム競技のメンタルマネジメント

　サッカー、野球、バスケットボール、バレーボール、ラグビー、アメリカンフットボール、ハンドボール、ホッケーなどチームとして得点を重ね、相手の得点を防ぎ、勝利を目指す競技がチーム競技である。特に、状況が刻々と変化し、相手の位置や味方の位置、ボールの位置など目まぐるしく状況が変化する競技である。このような競技は、オープンスキルと呼ばれ、競技場面での様々な対応力と、チームとして機能するチームワークが必要となる。チーム競技のメンタルマネジメントについても様々な方法が実証され、集団効力感（チームとしての自信）やリーダーシップスタイルから

のアプローチ、凝集性などを考慮したマネジメントなどが行われている。最近では、戦術的思考のトレーニングなども行われており、試合場面で適切な状況判断を行い、戦術を遂行するためのトレーニングが行われている。その結果として、戦術的に的確な判断ができ、メンバー間で共通の戦術を選択できるようになることが挙げられる。このようなトレーニングは、条件の統制がしやすい、同じゲーム状況を容易に何度でも再現できる、状況判断（戦術）の問題に集中しやすい、時間をかけてトレーニングが可能である、怪我や障害などの身体への負担がないことなどから、導入されやすいトレーニングとして、行われている。

(3) チームビルディング

　チームビルディングとは、「主に行動科学の知識や技法を用いて組織力を高め、外部環境への適応力を増すことや、チームの生産性を向上させるような、一連の介入方法を総称したものである 5)（スポーツ心理学辞典、2008）。」また、スポーツ場面では、スポーツ集団の生産性の向上が目的であり、競技志向の強い集団であれば、チームワークの向上や競技力の向上が狙いとなる。具体的な例として、ラグビーワールドカップ 2015 年大会で、南アフリカ共和国を破り「世紀の大金星」として世界中が驚いた、ラグビー日本代表チームのエディ・ジョーンズヘッドコーチ（以下 HC）や、ラグビーワールドカップ 2019 大会で、初のベスト 8 に進出したラグビー日本代表のジェイミー・ジョセフヘッドコーチ（以下 HC）の「チームビルディング」に着目してみたいと思う。

1）リーダーシップ行動の改善

　「キャプテンには自ら考えて、ゲームプランを変更する能力が必要だ。それが可能なキャプテンがいるかどうかで、チームの勝敗は大きく左右される 6)（柴谷、2015）」とエディ氏は語っている。元ラグビー日本代表のキャプテンであるリーチ・マイケル氏（札幌山の手高校 - 東海大学 - 東芝）について印象深い場面が思い出される。南アフリカ戦の最終局面で、同点か逆転かという場面で、リーチ主将は逆転を狙う判断をし、見事に成功した。エディ氏のキャプテンの条件は、「ラグビーが上手いこと」「チームに

貢献できる人物である」「ハードワークができること」「知的なセンスを持っていること」としている。リーチ元主将はキャプテンに指名されてから約2年間で、これらの条件をクリアし、エディ氏のみならず、チーム全員から信頼される主将となっている。リーダーシップ行動を改善するためには、具体的なポリシーを掲げておくことも重要である。

２）チーム目標の設定に通じた方法

　チーム目標をメンバーの個人目標と関係させながら設定することで、チーム目標を明確に、チームの全員が関わることを意識させる。エディ氏は「まず、考えるべきはスケジュールではなく、チームをどこに連れていきたいか。つまり目的地だ [6]（柴谷、2015）」と述べている。さらに「2ヵ月ごとの目標を立て、定期的にレビューを行う。これにより達成したい目標が明確になり、何をすべきか、ということがクリアになる [6]（柴谷、2015）」としている。チームビルディングにおいては共通の目標設定が重要になると思われるが、その目標をチームの誰かが常に先を見ながらリードしないとそこにたどり着けない。その先を見る力と、見えたものをチームの目標として理解させることで、ラグビー日本代表は結果を残している。

３）問題解決を通じた方法

　チームが遭遇する問題状況をチームメンバーで力を合わせて解決することによって、チームビルディングを行う方法である。「チームにとって、まず解決すべきは大きな問題だ。優先順位を間違えれば、せっかくのレビューも役立たずに終わる [6]（柴谷、2015）」とエディ氏は述べている。問題を解決するにも、順序があり、大きな問題が何かを察し、その問題を解決することに力を注がせる。全ての問題を解決することはなかなかできない。だからこそ、大きな問題を効果的に解決させることで、チームとしての共通理解も生まれてくると考えられる。また、チームとして上昇している時（勝っている時）ほど、問題解決をさせることが難しい。しかし、さらにチームを上昇させるための問題を見つけ出し、解決させることがチームを飛躍させる要因になると思われる。

4）世界8強への意思統一

　2015年のワールドカップで日本代表の強化に成功したエディ・ジョー

ンズ HC から、日本代表を引き継いだジェイミー・ジョセフ HC は、日本開催のワールドカップで前回以上の結果を残すことが宿命とされた。2019 ラグビーワールドカップ開催期間中に選手からは、「ハードワーク」「自分たちにフォーカス」「ディティールにこだわる」という言葉が、繰り返し発せられた 7)。ワールドカップ本番までに 3 年余りの年月を費やしたが、その間、ジェイミー・ジョセフ HC のゆるぎない自信と、綿密な計画によって、描かれたロードマップを代表チームは進んでいった。就任当初のテストマッチでは、以前の代表チームと異なる戦術を用い、結果が出せない時期もあった。しかし、結果の出せない状況においても、常にワールドカップのことがイメージされ、「ワールドカップでベスト 8」に入るためという目標が揺らぐことはなく、常に修正と改善を繰り返しながら、代表チームが成長していった。前述した、選手が大会期間中に発した 3 つのワードは、日本代表チームがワールドカップベスト 8 に到達するために時間を費やし、意思統一された言葉であったと察することができる。

5)「ONE TEAM」へのチームビルディング

　2019 ラグビーワールドカップ日本大会の後、「ONE　TEAM」が流行語となり、日本中のあらゆる場所で、使われた。スポーツ、教育、経済、政治の場面にいても「ONE　TEAM」で、分かり合える言葉となった。チームビルディングの最終系があるならば、まさしく「ONE　TEAM」であろう。ジェイミー・ジョセフ HC は、インタビューの中で、「今回のチーム 31 人にそれぞれ役割があった。各自、何で貢献できるかが重要。（アイルランド戦で）リーチを控えにしたもそう。一人の選手に特化するものではなく、チームとして戦うとうこと 7)」と、答えている。また、日本代表チームに外国籍や外国出生者がいることから、これからの日本社会の縮図として例えられることもあった。そのことについては、「チームには様々な文化や背景を持つ選手がいます。ダイバーシティ（多様性）の中で、どうチームを作るか。そのためにはまず、今プレーしている国の文化を知ることが重要。そのうえで、一人ひとりがチームに貢献しているという気持ちを持たせる。どの国の人間であれ、お互いを理解しなくては意思統一できない。それを " グローカル " と名付け、チームの大きな力になりました 8)」

と述べており、多様性も「ONE TEAM」にとって必要なツールであった
ことも認識していた[7]。

　ラグビー日本代表チームが、2019 ワールドカップ日本大会で残した足
跡は大きい。その足跡が、次世代のアスリートサポートにつながるヒント
になっているはずである。国際化というより、多様化していくスポーツに
おいて、パフォーマンスを最大限に発揮させるアスリートのサポートを追
求していかなければならない。

（下園博信）

【引用・参考文献】
1) No Football, No Lifehttps://no-football-no-life.com/2019-new-player-affiliat-
ed-team/
2) 乾真寛（2013）「あきらめさせない」．Sports Japan2013/01-02．（p8）
3) 乾真寛，仲里清（2015）第 42 回日本スポーツ心理学会 大会企画シンポジウム「チーム
づくりにおける指導者の仕事とは - 選手発掘から育成まで -」．2015.11
4) ジュニアサッカー NEWS https://www.juniorsoccer-news.com/post-335767
5) 日本スポーツ心理学会 .(2008). スポーツ心理学事典 . 大修館書店．(pp.304-305,429)
6) 柴谷晋 .(2015). ラグビー日本代表監督エディ・ジョーンズの言葉 . ベースボールマガジン社 .
7)「ワールドカップを語ろう」ラグビーマガジン 2020．JAN.Vol571. ベースボールマガジ
ン社 .2019.11.25

第 16 章　オリンピックの効果

1. オリンピック開催の意義とオリンピックの在り方

　一般的にオリンピックは「平和の祭典」とされ、スポーツを通して世界をひとつにし、平和を保つことがオリンピック開催の意義であると考えられている。しかしながら、その意義は様々であり、開催される時期や年代によって変容し続けている。

　紀元前9世紀頃から始まったとされる古代オリンピック（オリンピアの祭典競技）は、ヘレニズム文化圏の宗教行事を目的として開催されており、神々を崇めるために運動や芸術において競技を行うことを意義としていた（日本オリンピック委員会、2017）。しかしながら、その後、古代オリンピックは宗教信仰観の違いなどから、1169年間継続されていた競技大祭は終焉を迎えることとなった。

　近代のオリンピックの始まりは、古代オリンピックの終焉から1500年が経った1894年6月にパリで開催されたスポーツ競技者連合の会議がきっかけとなった。その会議で「近代オリンピックの父」と呼ばれるピエール・ド・クーベルタン男爵が、古代オリンピックの伝統に従ってオリンピックの再開を宣言したところからオリンピックの歴史が再び始まることとなった。近代オリンピックは、「スポーツを通して心身を向上させ、さらには文化・国籍など様々な差異を超え、友情、連帯感、フェアプレーの精神をもって理解し合うことで、平和でよりよい世界の実現に貢献する（日本オリンピック委員会、2017）」というクーベルタン男爵の言葉にもあるように、「平和の祭典」としての意義を持つようになった。スポーツや芸術を通して世代や国境を越えた交流が実現できたのもこのような意義があったからではないだろうか。

　その後、近代オリンピックは大会規模が拡大し、知名度の増加に伴い、商業化が進んでいくこととなった。そして、政治や経済と深い関わりを持つようになり、「平和の祭典」という枠を超え、一大経済産業としての意義をなすようになる（影山、1988）。このような意義を持つようになると、世界各国が選手強化に力を注ぎ、オリンピックにおいて1つでも多くのメダルを獲得することに奔走し、国家の威信や生き残りをかけて国家間の競争を繰り広げるようになった（影山、1988）。すなわち、オリンピック

開催は、「平和の祭典」であると同時に、「国家の競争」という意義を持ち合わせていったといえよう。そして、現在のオリンピックでは「商業主義」としての意義も見出すようになる（平本、2010）。オリンピックを開催すれば数兆円という経済効果が見込まれ、その国の経済が潤う。そして、国家の国際的地位が向上するといわれることから、各国が挙がってオリンピック開催の招致活動を行っている。

　また、2021年に開催された東京オリンピックでは、大会開催で得られた成果や学びを「東京2020モデル」として、後世に残していく取り組みがされている。この「東京2020モデル」とは、①安全・安心：全てのアスリートがベストの力を発揮するための舞台の提供、②新たなスポーツ：若い世代に向けたオリンピック・パラリンピック競技大会の在り方、③多様性、持続可能性、参画及びオリンピック競技大会とパラリンピック競技大会の協働：互いを認め合い、理解し合う精神の育成と発展、④簡素化、効率化、透明性：今後のオリンピック・パラリンピック競技大会に選択肢を提示、⑤ 1964から2020へ：未来への継承と社会との対話、以上の5つのポイントとされている（公益財団法人東京オリンピック・パラリンピック競技大会組織委員会、2022）。

　そして、2024年のパリ大会は以下の取り組みを行っている（International Olympic Committee、2023）。①オリンピックとパラリンピックのエンブレムの統一：これまでのオリンピックとパラリンピックでは、それぞれのエンブレムを使用していたが、パリ大会は史上初の同じエンブレムを使用することとなった。②オリンピックとパラリンピックの開催時期の連続性：これまでは、オリンピック閉幕後、約1ヵ月の期間を空けて、パラリンピックが開幕していた。パリ大会においては、オリンピックとパラリンピックが連続して開催される。このことにより、両イベントの一体感を高め、パラリンピックをより広く認識することを目指している。③持続可能性の重視：パリ大会では、持続可能性が重要なテーマとなっている。再利用可能な施設の活用や、クリーンエネルギーの使用、CO_2排出量の削減など、環境への負担を削減する取り組みが行われている。④新しいスポーツ競技や参加型イベントの導入：新しく音楽に合わせ

て即興でダンスを披露するブレイキンが導入され、より魅力的な競技プログラムを提供することを目指している。また、マラソンにおいては、代表選手が使用するコースと同じコースを一般のランナーが走るイベントなども予定されている。⑤テクノロジーの活用：人工知能や仮想現実などの技術を導入し、競技の向上や観戦体験の充実に役立てるとしている。

　近年のオリンピックを概観すると、環境問題やジェンダー、多様性など、それぞれのオリンピックにテーマを設けての開催となっている。2024年のパリ大会においても、最新技術を導入することや、観客参加型のイベントの導入などに加え、環境問題に取り組むなど、オリンピック開催の意義はその起源からすると大きく変容してきている。これらのように新たな試みをオリンピック開催国が率先して行っていくことも世界的なスポーツイベントの在り方として重要である。ただし、オリンピックが、クーベルタン男爵が意図したスポーツを通じた国際交流や平和を願うための「平和の祭典」という根本は、オリンピックが今後も世界中のすべての人々の祭典である以上、維持されていく必要がある。

2. オリンピックの経済的効果（2020 東京大会）

　オリンピック開催の効果には、大会開催に伴う短期的な変容である「インパクト」と長期的な変容である「レガシー」という2つの考え方があるが、本章ではそれらの考え方を包括して「効果」とし、解説を行う。

　オリンピック開催における経済効果を算出するためには、直接効果と間接効果に分けて考える必要がある。直接効果には、使用するスタジアムやオリンピック村などの施設建設費のほか、公共交通設備への投資、周辺宿泊施設などの建設費が計上される。また、大会開催に伴う運営費、スポンサー広告料、観戦客の消費など、大会開催に関連する直接的な費用が計上される。一方、間接効果には直接効果が誘発する新たな生産の連鎖が計上される。大会会場内の装飾に必要な原材料費や照明費、会場建設に伴う燃料費などが該当する（表16-1）。以上のように、大会開催に伴う直接効果と間接効果を合わせたものをオリンピックの経済的効果としている。

　これまでのオリンピックにおいては、2000年のシドニーで65億ドル

表 16-1　オリンピックの経済効果

直接効果	設備整備費（競技場，選手村）
	大会運営費
	観戦客消費
	関連グッズ消費
間接効果	インフラ整備
	インバウンド観光消費
	スポーツ需要　など

出典：東京都オリンピック・パラリンピック準備局「東京 2020 大会開催に伴う経済波及効果」(2017) を基に著者作成

（約 5,600 億円）、2004 年のアテネで 83.6 億ユーロ（約 1.1 兆円）であると推計されている(間野、2013)。また、2008 年北京では建設費のみで約 4.5 兆円、2012 年ロンドンでは約 1.5 兆円とされている（THE Page、2013)。なお、2016 年リオデジャネイロでは、約 1.2 兆円とされている（笹川スポーツ財団、2016)。新型コロナウイルス感染症の世界的流行により 1 年延期され開催された 2021 年の東京オリンピックでは、直接効果が 1.8 兆円、公共投資、民間施設投資などのインフラ整備や都市の無電柱化などを含めると、その規模は 30.3 兆円になると試算された（みずほフィナンシャルグループ、2017)。

　東京大会が 2021 年への開催延期に伴い、新型コロナウイルス感染症への感染対策費などが追加された。2022 年 6 月に公表した最終報告によると、大会経費は、組織委員会、東京都および国の負担額を合わせて、施設やテクノロジーなどの会場関係で 8,649 億円、セキュリティやマーケティングなどの大会関係で 5,236 円、新型コロナウイルス感染症対策関連で 353 億円となり、総額 1 兆 4,238 億円支出となったことを報告した（オリンピック・パラリンピック準備局、2022)。これは、2020 年 12 月に公表された生涯予算 V5 の 1 兆 6,440 億円から 2,202 億円削減された大会経費となった。また、収入に関しては、無観客開催となったことで、チケット販売による収入が 4 億円にとどまり、867 億円の収入減となったが、無観客開催になったことによる会場関係および大会関係の支出を見直し、組織委員会の収支としては、赤字とならなかったと報告されている。

　しかしながら、大会全体としてみると、無観客開催になったことにより、開催地を訪れる海外の観客の受け入れが停止したことから、期待されていたインバウンドの増加とはならなかった。国内の経済効果を観ても、オリ

ンピックの開催により、テレビや録画機器、グッズの購入による家計消費支出が増加すると予想されていたが、野村総合研究所が行った大会後のアンケートでは、大型テレビなどの購入に若干の影響があったと推計できるが、約9割が「オリンピックを機に購入した商品はない」との回答であったことが明らかとなった（松本ほか、2021）。したがって、史上初の無観客開催となり、見込んでいた経済効果を得ることができなかったと考えられる。オリンピック開催による経済効果を得るためには、参加する選手・スタッフに加え、開催国を訪れる人々の影響が非常に大きいことが今回の東京大会で改めて示された形となった。

3. オリンピックの社会的効果

　オリンピックの社会的効果とは、「国民の海外文化の理解促進、健康志向、地域社会の連帯感の向上や新規スポーツ施設建設など人々の生活、行動、相互関係に影響を与えるもの（Konstantaki、2008）」と定義されており、オリンピックは開催国にとって長期的に社会的効果をもたらすとされている。

　オリンピックの社会的効果は非常に多様であり、オリンピックを開催することによる文化の形成、開催国のイメージ変化、政治体制・国民生活の変化、国民の心理的変容、スポーツ振興への寄与、教育制度の変化などが挙げられる（Leopkey & Parent、2012）。Waitt（2003）が2000年のシドニーオリンピックの社会的効果を検証した結果、大会開催直後、開催国の国民の愛国心やコミュニティ意識が有意に向上したことが明らかっとなった。また、Xiong（2011）は、北京オリンピックの開催効果について、中国では北京オリンピック後に女性のスポーツ参加率が向上したことを示唆している。斉藤（2022）は、東京オリンピックの開催効果について、NHK放送文化研究所がオリンピック開催後に行った調査において、若い女性を中心にスポーツへの関心や観戦意欲、自身の運動意欲を高めた人が多いことを示唆している。これらのように、オリンピックを開催することによる様々な社会的効果が認められている。しかしながら、上述のようなポジティブな効果以外にも、オリンピック開催によるネガティブな効果も報告されている。例えば、開催地区の土地や家賃の高騰による地域住民へ

の負担増（Collins、2002）、大会開催に伴う新たな公共施設や交通機関の建設による地域住民への負担が増加したこと（Collins、1999）などが見受けられる。以上のように、ネガティブな効果も考えられるものの、オリンピックは開催国にとって大きな社会的効果を得る機会であり、国家全体としても近隣諸国を含めた世界の国々に対して様々な効果を与えることができる貴重な機会となる。　　　　　　　　　　　　　　（佐久間智央）

【参考文献・参考資料】
1) 影山健「オリンピックの現代的意義を問う - 政治社会学的視点から -」日本体育学会大会号（39A）、p13、1988
2) 平本譲『最新スポーツビジネスの動向とカラクリがよーくわかる本（オリンピックと国家戦略 pp. 122-123）』秀和システム、2010
3) 間野義之『オリンピック・レガシー 2020 年東京をこう変える！』ポプラ社、2013
4) 日本オリンピック委員会：http://www.joc.or.jp/（2023 年 7 月 4 日参照）.
5) THE Page（2013）〈東京五輪〉経済効果，海外の五輪はどうだった？，https://thepage.jp/detail/20130919-00000001-wordleaf（2023 年 7 月 20 日参照）.
6) みずほフィナンシャルグループ（2017）2020 東京オリンピック・パラリンピックの経済効果～ポスト五輪を見据えたレガシーとしてのスポーツ産業の成長に向けて～，One シンクタンクリポート，みずほフィナンシャルグループ.
7) 原田宗彦・小笠原悦子『スポーツマネジメント第 1 版』大修館書店、2008
8) Konstantaki, M.（2008）Social and Cultural Impact of the London 2012 Olympic Games：a lecturers' and students' perspective, International Tourism Conference 2008 Proceedings, 1-18.
9) Cashman, R.（2002）Global games：from the Ancient Games to the Sydney Olympics. Sporting Traditions, 19（1）, 75-84.
10) Waitt, G.（2003）The social impacts of the Sydney Olympics. Annals of Tourism Research, 30（1）, 194-215.
11) Leopkey, B., Parent, M. M.（2012）Olympic games legacy：From general benefits to sustainable long-term legacy, The international journal of the history of sport, 29（6）, 924-943.
12) Xiong, H.（2011）Stratification of women's sport in contemporary China. The International journal of the History of Sport, 28（7）, 990-1015.
13) Collins, M.（1999）The economics of sport and sports in the economy：some international comparisons. In Cooper A.（ed.）Progress in Tourism, Recreation and Hospitality Management（pp. 184-214）. Londen：Belhaven Press.
14) 永濱利廣（2017）新型コロナウィルスとオリンピック効果～既に 8 割以上は昨年までに出現も，オリンピック中止による損失は 3 兆円以上か～. Economic Trends/ マクロ経済分析レポート，第一生命経済研究所.
15) 笹川スポーツ財団（2016）2016 年リオオリンピック・パラリンピックを終えて. https://www.ssf.or.jp/ssf_eyes/international/brazil/20161213.html（2023 年 7 月 20 日参照）.
16) 松本崇雄・高橋弓子・川上貴大・三崎富貴雄『東京 2020 オリンピックは日本国民に何をもたらしたのか～独自データから読み解く、国民の真意と今後～』野村総合研究所、2021
17) オリンピック・パラリンピック準備局（2022）大会経費の最終報告について. https://www.2020games.metro.tokyo.lg.jp/about/johokokai/keihi/houkoku/index.html（2023 年 7 月 30 日参照）
18) 公益財団法人東京オリンピック・パラリンピック競技大会組織委員会（2022）東京 2020 オリンピック・パラリンピック競技大会公式報告書第 1 部.
19) 斉藤孝信『人々にとって"東京五輪・パラ"とは何だったのか～「東京オリンピック・パラリンピックに関する世論調査」より～』放送研究と調査 72 巻 6 号、2-33、NHK 放送文化研究所、2022
20) International Olympic Committee（2023）オリンピックについて. https://olympics.com/ja/olympic-games/paris-2024（2023 年 8 月 30 日参照）.
21) 東京都オリンピック・パラリンピック準備局「東京 2020 大会開催に伴う経済波及効果（試算結果のまとめ）」東京都オリンピック・パラリンピック準備局、2017

コラム

「ファンやお客さまから選手・スタッフへ「応援コメント」や「ありがとう」のコメントを送ることができるシステム『koko tip』を活用したスポーツホスピタリティの実現事例」

今回は、㈱Challenge Fundが開発する『koko tip』が、実際にスポーツ業界に活用されている事例を紹介する。

前提情報として、スポーツホスピタリティとは、スポーツを通じた様々な関係性構築のためのハブとしての役割を持ち、会場内におけるスポーツ観戦の質の向上にとどまらず、スポーツ観戦の用途の拡大や街づくりや地域コミュニケーションの活性化にも貢献するものである。

■そもそも、『koko tip』とは?
主に接客業向けに、お客さまから個人のスタッフへの「ありがとう」の声を見える化し、従業員満足度向上・業務改善・お客さまとの関係構築をサポートしているサービスである。加えて、スポーツ選手向けには、『koko tip for Sports』といった機能があり、ファンから選手へ「応援コメント」を伝えることができる新コミュニケーションツールとしても活用することができる。これらによりスポーツホスピタリティの実現をしている。

■『koko tip』がもたらす価値
関係性構築に留まらず、付加価値として下記①〜③が挙げられる。
①ファンからの直接的な「応援コメント」を届けるネットワークを作り、ファン獲得、販売促進をサポート
②全コメントデータを管理できる管理者画面の活用により、試合やイベントに対してのコメント、選手に対してのコメントデータを集め、試合・イベントの品質向上につながる。
③選手だけでなく、運営スタッフへの声も見える化することにより、働くモチベーションの維持・向上、離職率低下につながる。

■実際の活用事例
実際にゴルフの大会にて活用された事例を紹介する。

【目的と効果】
・選手とファンの新たなコミュニケーション施策として活用し、新規ファンの獲得や既存ファンとのさらなる関係性構築を実現。
・運営側への声を集め、今大会の体制やマネジメントを分析。また、陰で支えていた各スタッフのモチベーション向上を実現。
・キャディへの声を集め、モチベーション向上、接客力向上、適切な評価を実現。

導入した関係者からは、今まで見えなかった声が見える化したことにより、様々な方面で活用することができて、とても良い取り組みになった。また、選手からは、よりファンの方々を意識するようになったなどの声があり、選手たちのファン活動へのヒントも多くあったようだ。

その他、テニスの国際大会や全日本テニス選手権などにも導入をしており、今後はチームスポーツへの導入も進めていく予定である。また、今後の展望としては、これまで以上に今まで見えなかった声を見える化し、選手・スタッフ・ファンの関係性構築、スポーツ関連スタッフの仕事評価と処遇の改善、スポーツ観戦の用途の拡大、街づくりや地域コミュニケーションの活性化を実現していきたい。

株式会社Challenge Fund　根本雄輝

参考資料:
・総務省行政運営と改革の基本方針 2022

第五部　進化するスポーツビジネス

第 17 章　スポーツリーグのプロ化

1. はじめに

2023 年 8 月 25 日から 9 月 10 日にかけて FIBA バスケットボールワールドカップ 2023 がフィリピン、インドネシア、日本で開催された。日本はアジア大陸で 1 位となり、1976 年のモントリオールオリンピック以来 48 年ぶりに自力で五輪出場を決めた。フィンランド戦での 18 点差、対ベネズエラ戦での 15 点差を逆転した勝利など、ドラマチックな試合が展開され、大いに盛り上がった（国際オリンピック委員会公式サイト、2023）。

FIVB パリ五輪予選 / ワールドカップバレー 2023 男子大会が 2023 年 9 月 30 日から 10 月 8 日にかけて東京で開催された。日本は第 2 戦のエジプト戦で逆転負けを喫しが、続くチュニジア戦、トルコ戦、セルビア戦でストレート勝ちし、パリ五輪出場を決めた。バレーボールもバスケットボール同様盛り上がりをみせた（（公財）日本バレーボール協会公式サイト、2023）。

2023 年 9 月 9 日から 10 月 29 日にかけて、ラグビーワールドカップ 2023 フランス大会が開催された。前回の 2019 大会の日本代表チームは、現代用語の基礎知識選 2019 ユーキャン新語・流行語大賞（ユーキャン、2019）において年間大賞にも選ばれた「ONE TEAM」をスローガンに掲げ、史上初のベスト 8 となった。2023 大会では決勝ラウンド進出は果たすことはできなかったものの、前回大会の活躍もあり、注目を集めた。

このように同時期に盛り上がりをみせたバスケットボール、バレーボール、ラグビーであるが、それぞれのトップリーグの運営形態は異なる。この章ではリーグのプロ化に焦点を当て、現状について解説する。

2. 企業スポーツからプロスポーツへ

日本のトップレベルスポーツは 1970 年代以降企業スポーツとして発展してきた（第 6 章参照）。1993 年に J リーグが創設されてサッカーがプロ化すると、バスケットボールやバレーボールもプロ化を模索した。しかしながらプロ化実現は簡単ではなかった。以下これまでの状況を概観する。

（1）男子バスケットボール

　2014年11月26日、国際バスケットボール連盟(FIBA)は、日本バスケットボール協会に対し、無期限の資格停止処分を科すと発表した。これにより日本代表チームは処分中、男女とも国際試合に出場できなくなった。処分が科された理由は、国内にナショナル・バスケットボール・リーグ（NBL）とbjリーグの2つの男子リーグが存在し、FIVAから統合を求められていたが、期限とされた2014年10月末までに統合の道筋を示すことができなかったためである（毎日新聞、2014年12月21日）。

　国内に2つのリーグが存在することになった背景には、プロ化がある。1993年Jリーグ開幕を背景に、バスケットボールにおいてもプロ化が模索され、1995年に日本リーグを専門的に運営する「日本リーグ機構（JBL）」が設立された（毎日新聞、1995年9月15日）。また2001年には名称を「スーパーリーグ」に変更して新リーグとなった。しかしプロ化は進まず、2004年8月にはJBLスーパーリーグの新潟アルビレックスと、2部リーグにあたる日本リーグのさいたまブロンコスが所属リーグを脱退し、プロリーグを立ち上げると発表した。その後2004年11月に6チームによる日本初のプロリーグ「bjリーグ」が発足し、2005年11月に開幕した。日本バスケットボール協会は、2007年に各都道府県協会が持っていた試合の興行権を各チームが持つ、プロ化を想定した「日本リーグ（JBL）」を設立した。この時点でbjリーグとJBLの2つのリーグが存在していた（（公財）日本バスケットボール協会公式サイト、2023）。

　2008年より2リーグの連携が模索され、2010年にbjリーグとJBLが両リーグを統合して2013年に新しいプロリーグを立ち上げる内容の覚書を交わした。しかしJBLの企業チームがプロ化に反発したため、2013年新リーグ統合案は実現しなかった。JBLに4つのチームが加わり、新リーグ「ナショナルバスケットボールリーグ（NBL）」が誕生したものの、リーグを統一できなかったため、冒頭の無期限の資格停止処分となった（（公財）日本バスケットボール協会公式サイト、2023）。

　国内1リーグ化に向けて、2015年1月にFIVAが設置した作業チームの初会合が開かれ、日本側の議長として（公財）日本サッカー協会最高顧

間の川淵三郎氏が抜擢された。同年3月に2リーグを統一した新リーグの参入条件が発表され、各チームが現在所属しているリーグに脱退届を提出し、新リーグへの入会届を提出することとされた。既存の枠組みから脱することができなければ新リーグ創設は難しいという思いがあった（葦原、2018、p.50）。また1部リーグでは5,000人収容のホームアリーナでホームゲームの8割を開催することが盛り込まれ、地域の中で行政を含む多くのステークホルダーからの協力を得ることが意図された（葦原、2018、pp.49-50）。そして同年4月に「（一社）ジャパン・プロフェッショナル・バスケットボールリーグ」が設立された。これを受け、同年8月に資格停止処分が解除された。2016年3月には公益社団法人となり、Bリーグの運営主体となった。そして2016年9月22日に、男子バスケットボール新リーグ「Bリーグ」が開幕した（（公社）ジャパン・プロフェッショナル・バスケットボールリーグ公式サイト、2023）。

（2）バレーボール

　バレーボールもバスケットボール同様、Jリーグ人気を受けてプロ化の機運が高まり、1994年にはそれまでのトップリーグであった日本リーグを、プロ化を目指した「Vリーグ」に名称変更した。この頃日本のトップレベルのスポーツはバブル経済の崩壊を受けて休廃部する企業スポーツが増え、このような社会状況や、企業側の理解が得られない状況から、1998年の完全プロ化は実現しなかった。

　2000年に新日本製鐵（株）がすべての運動部を休廃部することを発表し、男子の新日鐵ブレイザーズは新日本製鐵が100％出資して設立した（株）ブレイザーズスポーツクラブに運営母体を移し、「堺ブレイザーズ」となった。女子でも1999年に東芝シーガルズが廃部となり、クラブチームとなった後、2001年に活動拠点を岡山に移して「岡山シーガルズ」となり、2015年からは岡山シーガルズ（株）を運営母体とするチームとなっている。2003年にVリーグ機構が日本バレーボール協会内の組織として発足し、これまで開催都道府県の県協会が主催していた試合を、チームが主催できることとなった（（一社）ジャパンバレーボールリーグ公式サイト、

2023）。

　2005 年に V リーグ機構はプロ化を目指して独立し、有限責任中間法人日本バレーボールリーグ機構となった。2016 年 9 月には、「スーパーリーグ構想」を打ち出し、2018-2019 シーズンより新リーグ「スーパーリーグ」を発足させるとした。スーパーリーグでは、ホームゲームを開催するチームに開催権利が譲渡されること、ライセンス制度が導入されること、自治体からのチーム支援の確約を得てチーム名に地域名を付けること、一定数のホームゲームを開催すること、フロントスタッフは専任（兼任可能）とすることとされた（（一社）日本バレーボール機構、2017）。そして 2018 年から名称を「V.LEAGUE」としたリーグとなったが、完全プロ化は実現しなかった。

（3）ラグビー

　2003 年に（公財）日本ラグビーフットボール協会は、それまで行っていた地域リーグ（東日本／関西／西日本社会人リーグ）とそれぞれの地域リーグの上位チームが出場する全国社会人大会を基に、新たな国内最高峰となるリーグを創設した。これがリーグワンの前身となる「トップリーグ」である。トップリーグの規約第 86 条 2 項には「社会人チームの場合には、選手と当該チームの親企業等（当該チームに係る費用の主たる部分を負担する企業及びその連結対象またはそれに相当する関連企業をいう）との間に雇用・嘱託・業務委託の契約関係があること」（（公財）日本ラグビーフットボール協会、2021、p.22）とある。このような経緯もあり、ラグビーは長い間アマチュアスポーツとして認識されてきた。

　2019 年に日本で開催されたラグビーワールドカップ開幕直前に、プロ化を標榜する新リーグ構想が発表され、同年 11 月に「新プロリーグ設立準備委員会」が設置された。2020 年 1 月に新リーグの概要が発表され、「ホームエリア」を決めてエリア内にホームスタジアムを確保すること、チーム名に地域名を入れるが企業名を含むことも認めること、収支の透明化や興行体制の整備など運営面でのプロ化を求めること（独立採算を目指したチームの分社化は盛り込まれず）などが参入要件とされた。また

選手の契約形態は未定とされた（毎日新聞、2020年1月29日）。新リーグ「リーグワン」は、新型コロナウイルス感染症の影響により予定より遅れて2022年1月に開幕した。新リーグではこれまで日本ラグビー協会が持っていた興行権をチームが持つこととなった。静岡ブルーレヴズ（旧ヤマハ発動機ジュビロ）、東芝ブレイブルーパス東京（旧東芝ブレイブルーパス）は開幕から分社化して事業面でのプロ化を目指した（毎日新聞、2022年1月31日）。2シーズン目となる2023-2024シーズンには、浦安D-Rocks（旧NTTコミュニケーションズシャイニングアークス東京ベイ浦安と旧ＮＴＴドコモレッドハリケーンズ大阪が再編して結成）が分社化した。また2022年4月にパナソニックがパナソニックスポーツ（株）を設立して運動部を分社化したことに伴い、埼玉パナソニックワイルドナイツもパナソニックスポーツが運営母体となった（（一社）ジャパンラグビーリーグワン公式サイト、2023）。分社化まではしなかったものの、企業内で部署を新設（例えばスポーツ事業推進部）したり（日本経済新聞、2022年1月24日）、Ｊリーグの名古屋グランパスとトヨタベルブリッツが2021年2月にマーケティング連携パートナーシップを結ぶことが発表されるなど（毎日新聞、2021年5月8日）、従来の企業依存型のチーム運営からの脱却が模索されている。

３．トップリーグのプロ化

（１）プロ化に向けた現状

「プロ化」とは具体的にどのような状況なのか。運営母体の設立、選手契約、興行権の保有、トップリーグの日本協会からの分離の観点から考えたい。Bリーグ、V.LEAGUE、リーグワンの現状を表１にまとめた。

企業スポーツからプロスポーツになる際にまず検討されるのが、企業から独立したチーム運営会社の設立である。従来型の企業スポーツではチーム活動による収益は想定されていないが、チーム運営会社を設立することにより収益性を追求した活動をすることができるようになる。運営会社設立によりマネジメントが煩雑になり、選手も競技に集中してさえいれば良いわけではなくなることから、現状に困っていないチームではプロ化

反対の声があがることとなる。一方でユースチーム（下部組織）を設立して選手強化を図ったり、スクール事業を通じて普及活動を行ったりしようとする場合には、自チームで稼ぐ必要がある。そうした際に運営会社が必要となる。V.LEAGUE、リーグワンでは当初分社化含む完全プロ化を構想したが、最終的には分社化までは求めないこととなり、従来型の企業チームと運営母体をそれまでの企業とは別にした（分社化した）チームがリーグ内に混在することとなった。

次に選手の雇用形態についてみてみたい。Bリーグの上位リーグであるB1リーグは、シーズン中は常に10名以上13名以下の選手を保有しなければならないとされており、うちアマチュア選手は2名までとされている。B1の下位リーグであるB2リーグでも選手保有数はB1と同様10名以上13名以下とされており、アマチュア選手登録は5名までとされている（（公社）ジャパン・プロフェッショナル・バスケットボール、2023）。Bリーグは基本的にプロ契約というスタンスである。V.LEAGUEでは、次のいずれかの形態で、契約を締結しなければならないとされる。①チームの母体企業の正規の社員または関連企業からの出向社員である選手 ②チームの母体企業または関連企業との期間限定契約社員である選手 ③個人事業主型の選手として選手契約を締結する選手④雇用関係はないが、選手契約を締結する選手 ⑤現在、高校3年生もしくは大学4年生で、卒業（新卒）後に①～④の契約を締結することがチームより通知（内定）されている選手 ⑥④のうち、現在学生である選手（（一社）ジャパンバレーボールリーグ、2023b）。このように会社員の選手とプロ契約型の選手が混在している。リーグワンでは、選手の契約区分は(1)社員選手(2)業務委託契約選手とされる（（一社）ジャパンラグビーリーグワン、2022）。リーグワンもV.LEAGUE同様、会社員選手とプロ契約選手が混在しているといえる。

続いて興行権についてみてみると、プロ化検討以前では、興行権（主管権）は日本協会が持っていたが、現在ではBリーグやV.LEAGUEは基本的にチームに譲渡されており、リーグワンでもチームに譲渡可とされている。またBリーグやV.LEAGUEでは、申請が必要であるものの、都道

府県協会に興行権を譲渡することも可能である。興行権には費用負担が伴い、さらに V.LEAGUE では V リーグ機構への譲渡金の支払い、リーグワンでは日本協会への日本協会協力金の支払いが生ずるが、チームが収入を得ることができる仕組みが規定されている。

　最後にリーグの位置づけについて確認しておきたい。B リーグは協会内の組織ではなく協会から独立した組織である。バレーボールでは、2005 年にリーグそのものが（一社）日本バレーボール機構として法人化されたが、日本バレーボール協会がその構成員（社員）となっており、完全に独立した組織とは言えない。リーグワンはジャパンラグビーフットボール協会の加盟団体ではあるが、別の組織となっている。それぞれの規約をみてみると、B リーグでは公式試合は協会および B リーグが主催することとされており、V.LEAGUE では V リーグ機構が公式試合を主催するが、協会に共同主催を求めることができるとされている。リーグワンで

表 17-1　プロ化の現状

プロ化の指標	Bリーグ[†]	V.LEAGUE[††] [†††]	リーグワン[††††]
チーム運営形態	運営会社	運営会社 企業	運営会社 企業
選手契約	プロ選手 アマチュア選手（人数制限あり）	社員 個人事業主	社員選手 業務委託契約選手
興行権	Bリーグよりホームチームに委譲 都道府県バスケットボール協会に 譲渡可（要申請）	Vリーグより参加チームに譲渡 （Vリーグ機構に譲渡金を支払う） 都道府県バレーボール協会に再 譲渡可（要申請）	リーグワンよりホストチームに委譲可（リーグワンに日本協会 協力金を納付）
リーグの位置づけ	協会とは別組織	協会とは別組織 （ただし協会は社員）	協会とは別組織 （リーグは加盟団体の位置づけ）

出典：下記より筆者作成

[†]（公社）ジャパン・プロフェッショナル・バスケットボール (2023) B.LEAGUE OFFICIAL RULE BOOK 2023-2024
　規約・規定集

[††]（一社）ジャパンバレーボールリーグ (2023a)（一社）ジャパンバレーボールリーグ定款

[†††]（一社）ジャパンバレーボールリーグ (2023b)（一社）ジャパンバレーボールリーグ規約

[††††]（一社）ジャパンラグビーリーグワン (2022)（一社）選手契約および登録に関する規定

は、公式試合は日本協会およびリーグワンの主催とされている。このように試合開催の面ではリーグと協会が協力していることが分かる。

（2）プロ化の先に

　そもそもなぜトップリーグはプロ化を目指すのだろうか。V.LEAGUE は 2023 年 4 月に新リーグを 2024 年 10 月に開幕すると発表した。新リーグを「S-V.LEAGUE」とし、世界最高峰リーグを目指すとしている。S-V.LEAGUE では、競技力のみならず組織力・事業力を含むすべての分野で Top of Top のクラブのみが加盟できるとしている。この計画には KPI も示されており、V リーグ機構収益、協賛額といった V リーグ機構の収益増、チーム収益の増加、ファンクラブ会員数や V.TV 会員数といった会員数増加、総入場者数を増やしてチケット収入も増加させること、SNS のフォロワー数も増加させることが目標とされている（（一社）日本バレーボールリーグ機構、2023）。このようにプロ化によりリーグの規模を多面的に拡大することで競技レベルの向上を図っていこうという狙いがあるものと思われる。それぞれの種目には競技力向上と競技の普及が必要であるが、競技力向上のための資金をリーグの収益で賄うことができれば、日本協会の財源は普及に使うことができる。すべての人がその目的を達することができるようなスポーツ環境を整備していくためには、リーグのプロ化とチームの自立が必要なのではないだろうか。

4．おわりに

　本章ではプロ化に成功した B リーグ、プロ化を模索している V.LEAGUE、リーグワンについて紹介し、トップリーグのプロ化の現状について解説した。この他にもハンドボールは 2021 年に 2024 年のプロ化構想を発表している。しかしながらプロ化は容易ではないのが現状である。それはなぜか。現状のリーグ運営のままでは将来その競技の競技力、競技人口が共に衰退していくかもしれないという認識や危機感を全ての人が感じていないためだと筆者は考える。一部のリーグ運営に携わっている人は気づいているが、現状の運営方法は、ヒト・モノ・カネ・情報といった経

営資源のあらゆる側面において限界がきている。日本のトップリーグの発展的存続は、いかにその危機感を関係者全員で共有し、柔軟な発想で新リーグを構想するかにかかっているのだと思う。私自身も自分事として捉え、研究活動研究活動や人材育成を通じて未来のスポーツ界に貢献したい。

（出口順子）

【参考文献】

1) 葦原一正『稼ぐがすべて B リーグこそ最強のビジネスモデルである』(pp.49-50) あさ出版、2018
2) (一社) 日本バレーボールリーグ機構 .(2017).V リーグ機構記者会見 V の構造改革〜バレーボールのスポーツビジネス化に向けて〜.
3) (一社) ジャパンバレーボールリーグ .(2023a). (一社) ジャパンバレーボールリーグ定款 .
4) (一社) ジャパンバレーボールリーグ .(2023b). (一社) ジャパンバレーボールリーグ規約 .
5) (一社) 日本バレーボールリーグ機構 .(2023). V.LEAGUE REBORN 〜世界最高峰のリーグを目指して .
6) (一社) ジャパンバレーボールリーグ公式ホームページ . (2023)https://vleague.or.jp/. (2023 年 11 月 17 日参照)
7) (一社) ジャパンラグビーリーグワン .(2022). 選手契約および登録に関する規程.
8) (一社) ジャパンラグビーリーグワン公式ホームページ .(2023) https://league-one.jp/. (2023 年 11 月 17 日参照)
9) 国際オリンピック委員会公式サイト .(2023). FIBA バスケットボールワールドカップ 2023 結果速報・順位表・トーナメント表・成績一覧. https://olympics.com/ja/news/fiba-basketball-world-cup-2023-result-standing. (2023 年 11 月 17 日参照)
10) (公社) ジャパン・プロジェッショナル・バスケットボール .(2023). B.LEAGUE OFFICIAL RULE BOOK 2023-2024 規約・規定集 .
11) (公財) 日本バスケットボール協会公式ホームページ .(2023). http://www.japanbasketball.jp/. (2023 年 11 月 17 日参照)
12) (公財) 日本ラグビーフットボール協会 .(2021). ジャパンラグビートップリーグ規約 .
13) (公財) 日本バレーボール協会 .(2023).FIVB パリ五輪予選／ワールドカップバレー 2023 男子大会 - 国際大会. https://www.jva.or.jp/international2023/oqt_wc2023_men/. (2023 年 11 月 17 日参照)
14) 毎日新聞 .(1995). バスケットボール 来月、「日本リーグ機構」発足. 1995 年 9 月 15 日東京朝刊 p.20.
15) 毎日新聞 .(2014). クローズアップ 2014：バスケ混乱、見えぬ五輪 日本協会、資格停止. 2014 年 12 月 21 日東京朝刊 p.3.
16) 毎日新聞 .(2020). ラグビー：ラグビー 新規参入容認 新リーグ、各部 8 〜 12 チーム. 2020 年 1 月 29 日東京朝刊 p.16.
17) 毎日新聞 .(2021). 月刊サッカー：J1・名古屋とラグビー・トヨタ自動車がタッグ ノウハウ共有、ファン拡大へ. 2021 年 5 月 8 日東京夕刊, p.2.
18) 毎日新聞 .(2022). 社説：ラグビーの新リーグ 地域への浸透が未来開く. 2022 年 1 月 31 日東京朝刊 p.5.
19) 日本経済新聞 .(2022). ラグビーリーグワンどう運営？事業トップに聞く .2022 年 1 月 24 日オンライン . (2023 年 11 月 17 日参照) https://www.nikkei.com/article/DGXZQODH189T00Y2A110C2000000/
20) ユーキャン .(2019).「現代用語の基礎知識」選 2019 ユーキャン新語・流行語大賞 年間大賞&トップ 10 発表！. ニュースリリース 2019 年 12 月 2 日. https://www.u-can.co.jp/company/news/1204054_3482.html. (2023 年 11 月 17 日参照)

第 18 章　スポーツビジネスとテクノロジー

1. 進むスポーツの DX 化

　2020 年初頭からの新型コロナウイルス (COVID-19) による世界的なパンデミックは、世界規模でスポーツビジネスに大きなダメージを与えた。スポーツイベントの中止や延期にはじまり、開催が可能となった後にも無観客や観客数の制限は各種団体のチケット収入の激減、スポンサー企業の撤退など経済的影響は多岐にわたった。確かにこのパンデミックはスポーツ界に多くの困難をもたらしたが、同時に革新や進展を促す転機となったことも事実であり、代表的な事象を取り上げたい。

　まず一つ目は、デジタル化の加速である。多くのスポーツ団体やリーグがオンライン技術を活用した試合のライブストリーミングや選手とファンのバーチャル交流イベント、バーチャルリアリティや拡張現実を利用した新しいファン体験の提供につながった。2 つ目は esports の隆盛である。実際のスポーツイベントが制限されている中において esports のコンテンツや試合が注目され、多くのプロスポーツ選手や団体が esports イベントの開催や参加を通じてファンを獲得した。3 つ目はヘルステックの普及である。選手の健康と安全を確保するための技術が一層重要視されるようになり、ウェアラブルデバイス、リモートモニタリングツール、生体認証技術などがトレーニングや試合でのパフォーマンスを評価する上で積極的に活用されるようになった。他にも持続可能性を重視する経営や運営、競技形態の多様化など、現代のテクノロジーの進展によってパンデミックの危機を乗り切ったと言えるだろう。

　また米国では、2018 年ごろから徐々に進んでいたスポーツベッティングの合法化が 2020 年からのパンデミックが追い風となり、各州で急速に進むことになった。その結果、米国のプロスポーツリーグのインターネット放映権収入が大幅に増加することになった。さらにブロックチェーン技術を活用した新たなファンエンゲージメントサービスが次々と開始され、欧州でチリーズ (Chiliz/CHZ) が始めたファントークンの流れが米国まで波及し、米国で Depper Labs 社が始めた NFT(NBA Top Shot) の流れは欧州まで波及している。

　このように、2020 年のパンデミックをきっかけとして、欧州ではスポ

ーツ団体がテクノロジーを活用した新たな収益源を求めたことで、スポーツビジネスのＤＸが急速に進むことにつながった。

　この欧米での動きが影響し、2021年から日本においてもスポーツビジネスのDXに関する動きが急速に進むことになった。2021年5月には自由民主党スポーツ立国調査会スポーツビジネス小委員会から「スポーツの成長産業化に向けて」と題する提言書がまとめられた。スポーツベッティングを含むDXを活用したスポーツ産業の資金循環システムの強化について、政府をあげて検討すべきであると提言している。これを踏まえ、スポーツ庁は2022年3月25日に「第3期スポーツ基本計画」を策定した。この計画は2022年から2026年までの5年間で国等が取り組むべき、施策や目標等を定めた計画であるが、この中の第3章に「スポーツ界におけるDXの推進」を図るための指針が盛り込まれた。

第3期スポーツ基本計画

第3章今後5年間に総合的かつ計画的に取り組む施策

(2) スポーツ界におけるDX推進

【政策目標】

スポーツ界においてDXを導入することで、様々なスポーツに関する知見や機会を国民・社会に広く提供することを可能とし、スポーツを「する」「みる」「ささえる」の実効性を高める。

①先進技術・ビッグデータを活用したスポーツ実施の在り方の拡大

[現状]

・IT化の進展の中、新型コロナウイルスのまん延による外出自粛の影響も受け、デジタル環境・データ環境の整備が急速に進展するとともに、屋内でできる活動に需要が高まった。

[今後の施策目標]

スポーツの実施において、先進デジタル技術やデータの活用を推進する。

[具体的施策]

ア　民間事業者は、必要に応じて国の支援を受け、VRやAR等のデジタル技術を活用してスポーツを新たな方法で楽しむ機会の創出に係る技術開

発や普及啓発を推進する。

イ　国、地方公共団体は、地域で孤立している人や、健康上の理由や障害等のために外出が困難な人たちも含め、多様な主体それぞれが平等に地域のスポーツ実施に参画できるよう、リモートによる体操教室や会話などの双方向的な交流を生むスポーツの場の提供等について支援する。

ウ　国・(独)日本スポーツ振興センター(JSC)は、関係機関と連携し、デジタル技術等を活用したアスリート支援の充実を図るため、ハイパフォーマンススポーツに関する情報収集・データ分析やAI、VR等の先端技術を活用した支援手法を含むスポーツ医・科学等の研究の推進に取り組む。これらを通じて、感染症等による制約を受ける状況にあっても継続的に選手強化活動を実施できる環境の整備を進める。

エ　国は、関係機関と連携し、個人情報の保護に十分留意しつつ、東京大会において得られた情報を始めスポーツに係るデータ集約・解析や、様々な課題への活用等を実施するための体制の在り方等について検討を進める。

②デジタル技術を活用した新たなビジネスモデルの創出

[現状]

・デジタル技術及びそれによって得られた各種データを活用することによって、スポーツ観戦を中心とする分野におけるエンターテインメント性の向上、する分野における教授法の改革等が進展しつつある。

・DXによるスポーツの価値向上、さらには、それによる新たなビジネスモデル展開等への期待は高まっているが、いまだ大きな進展は見られない。さらに、新型コロナウイルスの感染拡大により、関係者による取組が積極的には行われにくい状況が続いている。

[今後の施策目標]

デジタル技術を活用した新たなビジネスモデルの創出を推進する。

[具体的施策]

ア　国は、スポーツの場におけるデジタル技術を活用したビジネスや機器、サービス等の国内・海外の優良事例を広く収集し、関係者に展開する。さらに、デジタル技術の活用に積極的に取り組む事業者等に対する表彰や

モデル事業への支援等を行う。

イ　国は、デジタル技術を活用して身体活動を仮想空間上に投影すること
や、それを通じて競技者が互いの距離や時間等を気にせずスポーツを楽し
むこと等を活用した新たなスポーツづくりを含むビジネスモデル創出への
支援も行う。

ウ　国は、NFTやベッティングなど、デジタル技術の発展により新たに
可能となったスポーツ関連ビジネスについて、国内や海外の状況を調査す
るとともに必要に応じて我が国での事業化に際しての検討を行う。

エ　国は、指導の高度化や指導現場から暴力・暴言を無くすためにも、言
語化しにくい内容を映像やデータにより理解できるよう、指導現場におけ
るデジタル活用を推進する。

オ　国は、スポーツの場におけるデジタル技術の活用やデータの分析を通
じて新たなビジネスモデルを創出することができる人材を育て、増やして
いくための支援を行う。

　2017年3月に策定された第2期スポーツ基本計画では「スポーツの成
長産業化」として2025年までにスポーツ市場を15兆円まで拡大するこ
とを掲げている。日本のスポーツ産業市場規模は、2012年の5.5兆円か
ら2018年には9.1兆円まで拡大(スポーツ庁,日本版スポーツサテライ
トアカウント)しているが、新型コロナウイルスの影響を大きく受けて市
場は停滞、コロナ禍が一定の収束を迎えた現在、市場の再活性化が期待さ
れている。この第3期スポーツ基本計画でスポーツ界のDX推進が明記さ
れたことは、テクノロジーが進展した現代での市場拡大を目指す上での重
要事項であり、大きなポテンシャルを秘めたものでもある。

　DXによる変革の波はあらゆる産業に及んでいるが、スポーツ産業に
おけるDXという点においては海外と比較して大きく水をあけられてい
る状況であり、新たなビジネスモデルの創出にはスポーツ団体や他の産
業とのオープンイノベーションが必要である。AR(拡張現実)、VR(仮想
現実)などの技術を活用したスポーツの新たな楽しみ方の創出、AIやデ
ータ分析などの先進技術を活用したアスリート支援やスポーツ医科学研

究支援、またデジタルチケッティングシステム、データマーケティング、OTT(Over the top, インターネット配信)、バーチャルスポーツなどは新事業が期待できる分野であろう。NFT やメタバース、スポーツベッティングは法的な整理も含めて検討しなくてはならないが、合法化が進んだ米国では、市場規模が 2021 年の 21 億ドル (約 2,800 億円) から 2025 年には 79 億ドル (約 1 兆円) に急拡大すると予想されている。現に、2021 年の各州からのスポーツベッティングからの収益合計は 25 億ドル (約 3,300 億円) を超え、こうした収益や税金は、教育や福祉や依存症対策にも使われており、各州の社会課題の解決に貢献している。

2. 変化する「みる」スポーツ

　ソーシャルメディアが幅広い年代に浸透し発展した今日、人々がスポーツにおける情報を得る手段は、SNS や YouTube を代表とする動画配信サービスが中心となりつつある。これは「みる」スポーツを変え、この数年でさらに大きな変革を遂げることが予想される。

　笹川スポーツ財団の調査によると、直接スポーツ観戦率は 2020 年の 21.8% から 2022 年は 19.3% となり、2.5 ポイント減少し、1994 年以降で最低となった。ただし、これはコロナ禍の影響が残っていることを考慮する必要があるだろう。一方、テレビによるスポーツ観戦率は 2020 年の 80.0% から 2022 年は 79.0% となり、1.0 ポイント減少、2004 年以降で最低となったが、インターネットによるスポーツ観戦率は 2020 年の 13.9% から 2022 年は 21.4% で 7.5 ポイント増加した。これらのデータは、パソコン、スマートフォン、タブレット端末の機器が社会全体に浸透し、5G(第 5 世代移動通信システム) 及び光回線の通信環境が広いエリアで普及、安定による情報との向き合い方が大きく変化したことによるものであろう。それぞれの機器の頭脳となる CPU(Central Processing Unit) やディスプレイは進化を続け、高速処理と高解像度を実現したテクノロジーは人々の映像を「みる」世界を変えることにつながった。また、LINE リサーチ (2023 年) によると、単身世帯では若い年代ほどテレビの保有率が低く、10 歳代では 50% 後半、20 歳代は 70% 弱となり、パソコンの保有率

がテレビの保有率を上回る結果となっている。10〜20歳代ではテレビでスポーツ観戦をしなくなっていることはもとより、テレビを保有していない層が増えていることが明らかとなり、テレビによるスポーツ観戦率減少の要因はこの点にも注目する必要があるだろう。

　さらに現代では、スポーツに関する情報の入手メディアがテレビのみではなくなり、ソーシャルメディアをいかに活用するかが今後のスポーツ産業の活性化に欠かせないものとなり、動画配信サービスやSNSなど、それぞれの特徴を踏まえた利用がカギとなっている。SNSには2つの種類があり、ひとつはYouTubeのような「ストック型」、もうひとつはInstagramやX(旧Twitter)などの「フロー型」である。ストック型は情報が蓄積され、情報が残るタイプであるものに対し、フロー型は情報が流れ、情報が埋もれてしまうものと表現できる。

　「ストック型」は情報やコンテンツがカテゴリーやテーマごとに保存され、永続的にアクセスしやすい形式で管理され、必要な情報やコンテンツが後からでも容易に見つけることができるというメリットがあるが、最新の情報がトップに表示されるわけではなく、ユーザーが必要な情報を探さなくてはならないデメリットもある。また、「フロー型」は情報やコンテンツが時系列に流れるように表示され、新しい情報が追加されると古い情報は下に押し下げられ、ユーザーが常に最新の情報やトピックに触れることができるというメリットがあるが、時間が経つと情報が埋もれやすく、過去の情報を探すのが難しくなるというデメリットがある。

　動画配信サービスやSNSからの情報は人々の生活の一部となり、スポーツのマーケティングにおいても欠かせないものとなっている。ホームページやブログなどの記事、それぞれを連動させて「みる」ことに波及させることがファンの拡大や行動の変化、購買意欲などに影響することが考えられる。

3. 仮想空間のスポーツ

　コロナ禍での種目別運動・スポーツ実施率においてほとんどの種目で実施率が低下する中、3密が回避できるとしてゴルフの実施率は向上し、フ

ァンの獲得につながった。1990 年代のゴルフ市場全盛期にはまだまだ及ばないものの、市場が活性化している。ゴルフが活況の要因の一つにゴルフシュミレーター機器の普及が挙げられる。Trackman Golf などの弾道計測器はクラブスピードやボールスピード、ミート率やスピン量、ボールの飛距離から軌道まで定量化が可能なほか、世界各地のゴルフ場をラウンドすることができ、安全にゴルフクラブが振れる程度の屋内スペースでプレーすることができる。練習のみならず実践的に楽しむことができるようになったことが新しみ方の幅を広げ、YouTube などの動画で手軽にレッスン情報の確認が可能になったことがファン拡大の大きな要因である。

　また、メタバースという言葉が 2021 年後半から注目され始めた。まだ明確な定義はされていないが、3DCG の技術でバーチャルな世界を構築した上で、人々がさまざまな交流や経済活動を含めた活動ができる仕組みと説明することができる。2021 年に Facebook は Meta と社名を変え「Meta Quest」というヘッドセットを展開している。メタバース＝ VR ゴーグルという捉え方をしがちであるが、メタバースとはスマートフォンや PC を含めた「何かしらのデバイス」で 3D の世界に入っていくことを指し、VR ゴーグルなどのデバイスを使用することは、よりリッチにその空間に没入するができ、視覚情報から得られるメタバース空間のポテンシャルを引き出すことが可能となる。

　世界のメタバース市場は 2030 年に 123 兆 9,738 億円、日本では 2026 年に 1 兆 42 億円まで拡大すると予想されており、インフラ、ハードウェア、ソフトウェア、サービスまで新たな展開が見込まれ、スポーツの世界においても観戦スタイルの変化やコミュニティ空間の創出などが期待される（図 18-1、18-2）。しかし、現在の V R ゴーグルを含めたヘッドセットは手軽に購入できる価格ではなく、利用率は 5% 程度だとする調査結果もあり、デバイスの重さや装着感に身体的な負担がなく、魅力あるサービスが望まれる。

　これらの仮想空間は観戦スタイルを含む「みる」スポーツに変化を与えることになるが、このテクノロジーを「する」スポーツにも応用し、健康の維持増進や社会課題の解決につなげるための検討も必要である。九州産

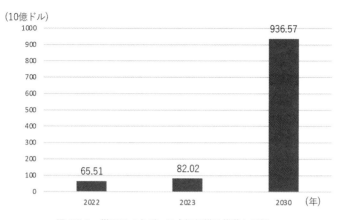

図18-1　世界のメタバース市場規模の推移と予測

※　2022年度は見込値、2023年度以降は予測値
（出典）Statista
https://www.statista.com/statistics/1295784/metaverse-market-size/

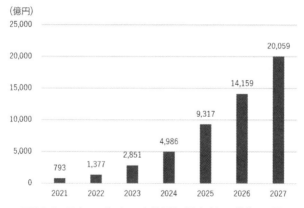

図18-2　日本のメタバース市場規模（売上高）の推移と予測

※1　市場規模はメタバースプラットフォーム、プラットフォーム以外（コンテンツ、インフラ等）、メタバースサービスで利用されるXR（VR/AR/MR）機器の合算値。プラットフォームとプラットフォーム以外は事業者売上高ベース、XR機器は販売価格ベースで算出している。
※2　エンタープライズ（法人向け）メタバースとコンシューマー向けメタバースを対象とし、ゲーム専業のメタバースサービスを対象外とする。
※3　2023年度は見込値、2024年度以降は予測値
　　　　（出典）株式会社矢野経済研究所「メタバースの国内市場動向調査（2023年）」

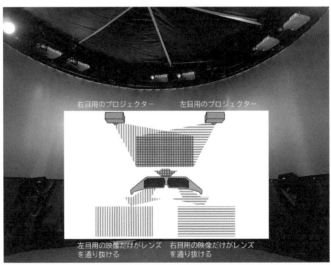

図 18-3　360°3D シアターの構造 (九州産業大学コーチング演習室)

業大学の秋山大輔研究室では、株式会社ピー・ビーシステムズ(以下PBS社)と共同で360°の3D空間における認知機能と身体機能を同時にトレーニングするゲーム性を持たせたコンテンツ開発を進めている。

　没入感の高い仮想空間を作り出すためには大きく2つの方法があり、HMD型 (Head Mounted Display) と CAVE型 (Cave Automatic Virtual Environment) に分けることができる。HMD型は眼を覆いユーザーの頭に取り付ける形式のゴーグル型のディスプレイであり、頭の動きに追従して映像が動くため、手軽に没入感が高まるがモーションシックネス(乗り物酔い)が起こるリスクもある。また、転倒や物へぶつかる危険性もあり、動きに不向きな点もある。一方、CAVE型は部屋のような空間の内側全体にプロジェクターで映像を投影するシステムであり、ユーザーは特別な眼鏡を着用することで、立体的な映像を体験することができる。複数人での共同体験が可能なほか、ユーザーの動きが自由で、モーションシックネスが起こりにくいというメリットがあるが、設置スペースやコストがかかる点を考慮する必要がある。PBS社と共同研究を進めているのは直径4mほどのCAVE型の投影システムであり、360°空間に切れ目のない3D映像を投影する手法はPBS社の特許技術でもある。このシステムは本来、アミューズメント施設等で宇宙や海底、中世代など異空間への没入感を楽しむ視聴に特化したサービスであったが、スポーツパフォーマンス向上や高齢者の健康に関わるトレーニングへの応用を検討するため実証実験を進めている。　　　　　　　　　　　　　　　　　　　（秋山大輔）

【参考文献・参考資料】
　1）スポーツ庁、第3期スポーツ基本計画(答申)
　2）三菱UFJリサーチ＆コンサルティング、2022年スポーツマーケティング基礎調査
　3）笹川スポーツ財団「スポーツ白書2023」日経印刷、2023
　4）公益財団法人 日本生産性本部「レジャー白書2022」情報印刷、2022
　5）笹川スポーツ財団「スポーツライフ・データ2022」日本パブリシティ、2022
　6）平尾覚、佐藤弥生監修「DX時代のスポーツビジネス・ロー入門」中央経済社
　7）LINE、LINEリサーチ、https://lineresearch-platform.blog.jp/archives/42723516.html(2023年9月6日参照)

第19章　スポーツツーリズム

1．スポーツツーリズムとは

　近年、スポーツを「みる」ためや「する」ための観光（ツーリズム）の事例が増えてきた。例えば「みる」では各種スポーツの世界大会や各国のレベルの高いスポーツリーグの観戦、特に日本人がチームのメンバーとして参加している試合を現地まで出向いて観戦するなどである。「する」では、ホノルルマラソンへの参加や国内のマラソン大会、トライアスロン、サイクリングなどの各種目の大会に参加するために大会会場まで出向き、参加するなどである。

　スポーツツーリズムの種類として原田（2009）はGrahamら（2001）の分類を参考に、「スポーツ参加型」「スポーツ観戦型」「都市アトラクション訪問型」の3領域に分類し、スポーツツーリズムの現状を説明している。さらに、海外から日本を訪れる観光の市場を「インバウンド市場」、日本から海外に出向く市場を「アウトバウンド市場」、国民が国内の移動にともなう市場を「国内市場」と説明している（表19-1）。

表19-1　スポーツツーリズムの3つの市場

	参加型（「する」スポーツ）	観戦型（「みる」スポーツ）	訪問型
インバウンド市場	・オーストラリアからのスキー客（北海道倶知安町） ・韓国からのゴルフツアー	・アジア野球大会への韓国・台湾からの応援団 ・2002年ワールドカップへの海外からの応援ツアー	・＜コンテンツ不足の未開拓分野＞
アウトバウンド市場	・ホノルルマラソンへの参加 ・マウイ島でのゴルフ ・海外での草の根スポーツ交流	・ヤンキースの松井選手やマリナーズのイチロー選手への応援ツアー	・ヨーロッパやアメリカへのスタジアム見学ツアー
国内市場	・各地のマラソン大会やトライアスロンへの参加 ・スポーツ合宿	・Jリーグやプロ野球アウェーゲームへの観戦ツアー	・スポーツ博物館やスタジアムの学ツアー

（出所）原田宗彦編者『スポーツ産業論』杏林書院、2007年、p260を改編

　また、スポーツツーリズムは国の施策として、スポーツ基本計画（スポーツ庁,2017）、スポーツツーリズム推進基本計画（観光庁,2011年）、観光立国推進基本計画（観光庁,2023）で位置づけられている。

2.「する」スポーツツーリズム

　「する」スポーツツーリズムには、マラソン大会や各種スポーツ大会に
選手として参加する競技志向のツーリズムと、楽しみのためにスポーツに
参加するレクリエーション志向のツーリズムなどがある。前者には、ホノ
ルルマラソンやニューヨークシティーマラソンなど、数万人規模のラン
ナーが集う参加競技型イベントへの参加や、野球のリトルリーグからイン
ターハイやインカレまで、多くのアマチュア大会への参加がある。後者に
は、スキー、キャンプ、ハイキングから冬山登山まで、レクリエーション
を目的とするもので、最近では、「アドベンチャーツーリズム」や「エコツー
リズム」など、テーマを絞ったアウトドア関連のツーリズムに関心が高まっ
ている。

表 19-2　スポーツツーリズムとヘルスツーリズムの関係

	活動性		
	低い　←――――――→　高い		
非競争的	ヘルスツーリズム（例：スパツーリズム、ヘルスツーリズム）	ヘルスツーリズム（例：フィットネス、療養）	アドベンチャーツーリズム（例：ラフティング、スキューバーダイビング、ハイキング）
動機	アドベンチャーツーリズム（例：ヨット）	ヘルス、スポーツ、アドベンチャーを含むツーリズム（例：サイクリング、シーカヤッキング）	アドベンチャーツーリズム（例：登山）
競争的	スポーツツーリズム（例：スポーツ観戦）	スポーツツーリズム（例：ローンボール）	スポーツツーリズム（例：海洋レース）

Hall（1992）をもとに作成

195

3.「する」スポーツツーリズム事例

「する」スポーツツーリズムについて、いくつか事例を紹介する。

「鹿島ガタリンピック」

佐賀県鹿嶋市で開催される日本一干満の差が大きい（6Ｍ）広大な有明海の干潟を利用した、干潟の上で行う運動会がガタリンピック・ゲームである。

2015 年 5 月で 31 回を迎え、3 万 5000 人の観客動員数を誇る。種目は、各種団体競技と個人競技がある。2015 年度の大会では海外 24 カ国からの出場者があり、地域から 2000 人の出場者が参加した。同イベントは、昭和 59 年、佐賀県の総合計画が発表され、『鹿島』には‘新幹線も高速道も通らない’事が明らかになったことがはじまりであった。 時の青年会議所理事長　桑原允彦（元鹿島市長）は、市内の若者達に呼びかけ、むらおこしグループ『フォーラム鹿島』を結成した。 そして昭和 60 年 5 月 3 日、第一回鹿島ガタリンピックが開催されました。今まで、誰もが見向きもしなかった干潟を「負」の財産から、地域の貴重な財産へと活用した（逆転の発想）。 そして、この干潟は日本でも珍しく、また、『鹿島』という地域の個性を表すことができた、ということである。

「ビワイチ」

「ビワイチ」は、「びわ湖一周サイクリング」の略である。周囲 200km で湖の周りなので高低差はさほどない。
2009 年には「輪の国びわ湖推進協議会」が設立された。ミッションとして「1．普及啓発：自転車ファンを増やし正しい乗り方を広める。2．社会提案：自転車を活かす暮らし方・まちづくりを提案する。3．調査研究：自転車の使いやすい環境やツール等について研究する。4．ネットワーク活動：交通に関連する団体や個人と関係を深める。」を掲げ、様々な事業に取り組んでいる。例えば「びわ湖一周認定証」である。同認定証は湖岸沿いの施設に設置されたチェックポイントを 4 箇所以上チェックし、申請するとヨシ紙でできた特製「びわ湖一周サイクリング認定証」と毎年色違

いの「びわ湖一周サイクリング認定ステッカー」がもらえる。裏にはチェックした時分秒が記載される。2015年9月にはJR米原駅（滋賀県米原市）を自転車での「ビワイチ」の拠点にしようと、同県などでつくる「鉄道を活（い）かした湖北地域振興協議会」が、同駅でサイクリング用の自転車を貸し出す社会実験をおこなった。2016年3月にはびわ湖一周ロングライドが開催された。

「飛騨里山サイクリング」

　飛騨古川にある株式会社美ら地球（ちゅらぼし）は、外国人向けのガイド付き里山サイクリングをサービスとして提供している。同サービスでは、日本人には何気ない景色である里山の風景、日本の原風景をサイクリングを通して外国人に感じてもらうというサービスである。2010年にスタートしてから、5年間で世界40数カ国の外国人がツアーを利用している。2009年に当初はレンタサイクルとしてはじめたが、ビジネスとして成立させるために付加価値を付けるために2010年からガイド付きのサービスを開始した。現在では4種類のサイングリングツアーを催行している。

写真19-1　里山サイクリングツアーの様子

「マラソン」

最近はフルマラソンだけではなく、短い距離でユニークなマラソンが開催されている。

例えば広島市佐伯区で開催されている「八幡川リバーマラソン」は2015年で32回を迎える大会で、「川の中を走る」というとてもユニークな大会である。

また、全国各地で開催されている「スィーツマラソン」は〝走った人に、ご褒美を。〟というコンセプトをもとに2010年に誕生した大会で、給水所の代わりに「給スィーツ所」が設けられ和洋様々なスィーツを食べることができる、ランニングとスィーツを同時に楽しむ大会である。

北海道北見市で開催される「たんのカレーマラソン」は、4人1組のチームとして出場し、それぞれが折り返し地点に用意されたカレーの具材を取りに行き、全員ゴールして材料が揃ったらカレーを作って食べる。2015年年で開催30回を迎えた。

このように最近のマラソンでは単に記録を競うだけではなく、レクリェーションとして楽しんで参加できるものもある。また、これらのマラソン大会の前後に地元の特産物を食べたりお土産として買って帰ることも楽しみとしておこなわれる「ラン旅（旅ラン）」という言葉も見られる。

4．「みる」スポーツツーリズム

「みる」スポーツツーリストを引き付けるオリンピックやFIFAワールドカップのようなメガ・スポーツイベントは、スタジアムやアリーナが整備された大都市で開催されることが多く、山や海へでかけるレクリエーション志向の「する」スポーツツーリズムとは異なる。わが国では、海外で活躍するスポーツ・セレブ（有名選手）の数が増え、「みる」スポーツ市場がグローバル化するにつれ、海外でのスポーツ観戦ツアーに対する需要が増えている。

国内ではプロフェッショナルスポーツでは、プロ野球やJリーグのアウェーゲームや、プロテニス、プロゴルフなどがある。アマチュアスポーツでは国民体育大会や全国高校野球大会、全国高校サッカー選手権大会な

表 19-3 「みる」スポーツツーリズムの種類

	国内	国外
プロフェッショナルスポーツ	○プロ野球 ○Jリーグ ○プロテニス ○プロゴルフ ○モータースポーツ	○メジャーリーグベースボール ○プレミアリーグ ○セリエA ○ブンデスリーグ ○プロテニス
全国大会・世界大会	○国民体育大会 ○全国高校野球大会 ○全国高校サッカー選手権大会	○オリンピック・パラリンピック ○ワールドカップサッカー ○ワールドカップラグビー ○ワールドベースボールクラシック ○ウィンブルドンテニス ○FIFAクラブワールドカップ

林（2014）を改編

どがある。

5. 都市アトラクション訪問型

　都市インフラ（施設）としてのスタジアムやアリーナは、一般的なツーリストアトラクションでもある。ヨーロッパやアメリカの主なスタジアムでは、スタジアムツアーが定期的に行なわれており、多くの一般観光客や社会見学の一環として児童生徒が訪れる。

　またスタジアムやアリーナに付随する、プロスポーツクラブやチームの輝かしい歴史を展示するスポーツ・ミュージアムもまた、多くのツーリストを引き付けるアトラクションである。例えば、札幌ドームでも同様のツアーやミュージアムもあるし、札幌オリンピックの会場となった大倉山の施設やミュージアムも訪問型施設と言える。

6. スポーツツーリズムの効果

　スポーツツーリズムの効果はいくつか考えられる。

　一つ目は「経済効果」である。例えば、「みる」スポーツツーリズムの例として、プロスポーツのアウェイゲームの観戦が挙げられる。プロサッカーリーグに所属する浦和レッズは熱狂的なサポーターで有名である。彼らの一部はアウェイゲームにも応援に行く。例えばガンバ大阪との試合な

らば、大阪まで出向き、試合前日なら一泊し、飲食し、試合の前後で大阪市内を観光するかもしれない。そうすると大阪市には、宿泊費や飲食費、お土産代などが落ちる。これらの事象がJリーグの試合開催時に、全国の会場で起きればJリーグの開催により発生するスポーツツーリズムで全国的な経済効果が見込める。オリンピックやワールドカップなどでも開催期間中などの経済効果も然ることながら、開催までに整備する会場の建設費や道路整備費、また、同イベント開催により地名や魅力が世界的に知られ訪問客が増えるのであればそれも経済効果になる。このようにスポーツツーリズムは単にスポーツ・レクリェーションのイベントを実施する娯楽的なものではなく、「お金」を産むのである。

　二つ目に、「シティプロモーション」の効果である。

　「シティプロモーション」とは簡単に言うと「その街を国内外に宣伝する。」ことである。我々は冬季オリンピックが開催されなければロシアの「ソチ」という都市は知ることがなかったであろう。サッカーの強豪「FCバルセロナ」のバルセロナや「マンチェスターユナイテッド」のマンチェスターは都市名である。テニスの大会で耳にする「ウィンブルドン」も地名から来ている。これらのクラブの名前や大会の開催地名はテレビや新聞、インターネットを通じて視聴者に伝わる。このようにスポーツを通して、そのクラブのある都市名やイベントの開催された都市名を国内外の人たちに知ってもらうことができるのである。都市名を知ってもらえればその都市に関心を持ってもらえることにもなり、観光で訪れてみようであるとか、その都市の特産物を買ってみようであるとかその都市に経済効果をもたらす可能性が出てくる。したがって、どの都市も先に上げた短期的な経済効果も然ることながら、自分たちの都市を知ってもらうことで得られる中長期的な経済効果を得ようとしてプロクラブの招致、上位リーグへの昇格、イベントの招致を目指すのである。

　三つ目に、「ソーシャルキャピタル」醸成効果である。

　「ソーシャルキャピタル」とは、社会・地域における人々の信頼関係や結びつきを表す概念である。ソーシャルキャピタルが蓄積された社会では、相互の信頼関係や協力が得られるため、他人への警戒が少なく、治安・経済・

教育・健康・幸福感などに良い影響があり、社会の効率性が高まるとされる。スポーツイベント開催にあたっては多くのボランティアと住民の協力が不可欠である。このような参画意識が地域の連帯感を育み、ソーシャルキャピタル醸成へと繋がる。また、プロスポーツクラブの存在や大規模スポーツイベントの開催は、開催地に住む住民に対し、その地域に住む「誇り」を産む。その誇りは地域住民としてのアイデンティティを強化し、その都市からの人口流出を防ぎ、逆に住みよい街として人口流入の可能性を産みだす。

7. スポーツコミッションとは

　スポーツと、景観・環境・文化などの地域資源を掛け合わせ、戦略的に活用することで、まちづくりや地域活性化につなげる取組が全国で進められている。例えば、スポーツへの参加や観戦を目的とした旅行や、スポー

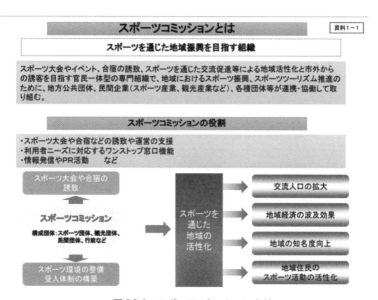

図 19-1　スポーツコミッションとは
(出所：由利本荘市サイト　http://www.city.yurihonjo.lg.jp/)

ツと観光を組み合わせた取組である「スポーツツーリズム」、域外から参加者を呼び込む「地域スポーツ大会・イベントの開催」、国内外の大規模な「スポーツ大会の誘致」、プロチームや大学などの「スポーツ合宿・キャンプの誘致」などが、代表的な取組である。各地でこれらの取組を推進しているのが、地方公共団体とスポーツ団体、観光産業などの民間企業が一体となって組織された「スポーツコミッション」である。スポーツを通じた地域振興の、まさに中心的存在として活動している。(スポーツ庁)

8. ネイチャースポーツ

「する」スポーツ事業者の内部環境の一つにスポーツ施設（インフラ）がある。

2020年の東京オリンピックを開催準備が進められたが、その際国立競技場の建設費について大きく注目された。人口減少、都市への人口集中などが問題視される中で、今後地方での大型公共施設の建設については非常に厳しい状況になっていくことが想定される。

そのような中で、スポーツ庁が策定したスポーツ基本計画や観光庁が

表 19-4　ネイチャースポーツ

空スポーツ	スカイダイビング、グライダー、ハングライダー、パラグライダー、パラシューティング、熱気球、バンジージャンプ、スポーツカイトなど
山/森スポーツ	登山、トレイルランニング、ロッククライミング、オリエンテーリング、ハイキング、サバイバルゲーム、フライングディスク、ブーメランなど
海/川スポーツ	ヨット、ボート、サーフィン、ボディボード、セイリング、水上スキー、ウェイクボード、釣り、ダイビング、カヌー、カヤック、スイミングなど
雪スポーツ	スキー(ノルディック、アルペン、フリースタイル、テレマーク、スピード)、スノーボード(アルペン、フリースタイル、クロス)、ボブスレー、スケルトン、リュージュ、スノースクー
車スポーツ (カー/バイク/自転車/船)	バイクトライアル、モトクロス、カーレース、競艇、モーターボード、ジェットレース、オートレース、ラリー、サイクルレース、サイクリングなど
動物スポーツ	馬術、競馬、ポロ、ロデオ、犬ぞりレースなど

出所：スポーツツーリズムハンドブック, 学芸出版社 ,p78

策定した観光立国推進基本計画、スポーツツーリズム推進基本方針などにおいても注目されているのが自然資本を活用したアウトドアスポーツである。

　アウトドアで行われるスポーツもきちんと整備された競技施設（グラウンドなど）で行われるものから、大自然の中で行われるネイチャースポーツ（アドベンチャースポーツ）まで幅広いものがある。

　ネイチャースポーツは、空から山、海まで、季節に応じたそれぞれの競技がある（表19-4）。競技で使う道具や装置も、スカイダイビングでは飛行機、カーレースでは自動車、馬術では馬など多様である。

9. アドベンチャーツーリズム（トラベル）

　アドベンチャーツーリズム（以下、AT）とは「アクティビティ、自然、文化体験の3要素のうち、2つ以上で構成される旅行」をいう（Adventure

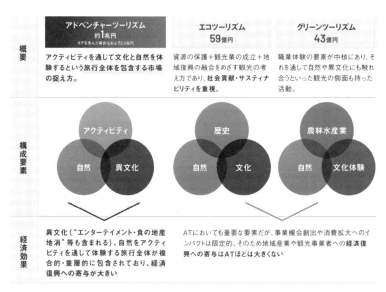

図19-2

出典：ATTA HP・データ、UNWTO「Global Report on Adventure Tourism」、国土交通省「着地型旅行の市場概要」よりJTB総合研究所作成

Travel Trade Association による定義)。もともとは 1980 年代に自然を活かしたアウトドア・アクティビティ観光としてニュージーランドで発達した。自然をテーマとした観光にはエコツーリズム、グリーンツーリズムなどがあるが、アドベンチャーツーリズムは、アクティビティや異文化体験が組み込まれ、「学び」より「楽しみ」を重視したレジャー性の高さが特徴である。

　AT とは旅行者が地域独自の自然や地域のありのまま文化を、地域の方々とともに体験し、旅行者自身の自己変革・成長の実現を目的とする旅行形態である。"アドベンチャー"という言葉から、強度の高いアクティビティを主目的とすると連想されがちだが、アクティビティは地域をより良く知り、地域の方々との深く接する手段の一つであり、近年はハードなものより、むしろ散策や文化体験等のソフトで簡易なものが主流となってきている。

　AT は、自然や文化といった軸ではエコツーリズムやグリーンツーリズムと共通項を持つものだが、アクティビティを通じて地域の文化と自然を体験することで、自身の成長・変革と地域経済への貢献を実現することを目的とした新しい旅のあり方である。

10. ナショナルサイクルルート

　ナショナルサイクルルート制度は、優れた観光資源を走行環境や休憩・宿泊機能、情報発信など様々な取組を連携させたサイクルツーリズムの推進により、日本における新たな観光価値を創造し、地域の創生を図るため、ソフト・ハード両面から一定の水準を満たすルートを国が指定することで、日本を代表し、世界に誇りうるサイクリングルートとして国内外にＰＲを行い、サイクルツーリズムを強力に推進していくものである。

　今後、全国にナショナルサイクルルートが整備されることが期待される。

表19-5　ナショナルサイクルルートの指定要件

観点	指定要件
ルート設定	サイクルツーリズムの推進に資する魅力的で安全なルートであること
走行環境	誰もが安全・快適に走行できる環境を備えていること
	誰もが迷わず安心して走行できる環境を備えていること
受入環境	多様な交通手段に対応したゲートウェイが整備されていること
	いつでも休憩できる環境を備えていること
	ルート沿いに自転車を運搬しながら移動可能な環境を備えていること
	サイクリストが安心して宿泊可能な環境を備えていること
	地域の魅力を満喫でき、地域振興にも寄与する環境を備えていること
	自転車のトラブルに対応できる環境を備えていること
	緊急時のサポートが得られる環境を備えていること
情報発信	誰もがどこでも容易に情報が得られる環境を備えていること
取組体制	官民連携によるサイクリング環境の水準維持等に必要な取組体制が確立されていること

出所：ナショナルサイクルルート公式サイト
https://www.mlit.go.jp/road/bicycleuse/good-cycle-japan/national_cycle_route/

11.　モータースポーツツーリズム

　自動車や自動2輪を利用したスポーツを「モータースポーツ」という。モータースポーツにはオンロードからオフロードまで様々な競技がある。これらのモータースポーツにはドライバーやライダーとして「する」スポーツとして参加する楽しみや、モータースポーツの競技会を観戦するという「観る」スポーツとして参加する楽しみがあり、これらを主目的に日常生活圏を離れ、競技会やイベントが開催される現地まで赴くことはモータースポーツツーリズムと言える。

　これらのモータースポーツを楽しむためには広々とした敷地が必要となることから競技会やイベントの開催が地方になることが多く、モータースポーツツーリズムによる地域活性化も期待される。

　また、モータースポーツは競技会に限らず、自動車や自動二輪を個人やグループで走行自体を楽しむ楽しみ方や観光の手段として活用する楽しみ方もある。欧州では自動二輪でガイドが観光客（ライダー）に対し地場の文化財や自然を案内しながらライディングを楽しむツアー(モトツアー)

表19-6　モータースポーツ（2輪）の種類

ロードレース	アスファルト路面の閉鎖された周回路を走り、その速さを競う競技
モトクロス	未舗装の周回コースにてスピードを争う二輪レース
トライアル	専用のオートバイを駆り、コース途中に設けられた採点区間（セクション）で、いかに減点されることなく走り抜けられるかを競い合う競技
スノーモービル	スノーモービルによるレース
スーパーモト	舗装されたアスファルト部分と一部のジャンプなどがある未舗装のダートを入り混ぜたコースで行われるスピード競技
エンデューロ	自然の地形を生かしたダートコースを舞台に、ライダーの技術と体力を競う種目

出所：日本二輪車安全普及協会サイト

があり、日本へのインバウンド増によりこれらのツアーの日本での実施への期待も高まっており、ツアー事業者が出てきている。このようにバイクによるツーリズム（モトツーリズム）もモータースポーツツーリズムの一つと言える。

12．アーバンスポーツツーリズム

　近年、街中で行われるスポーツである「アーバンスポーツ」が注目されている。アーバンスポーツにはBMXやスケートボード、スポーツクライミング、ストリートバスケ、パルクール、フリースタイルフットボールなどがある。これらのスポーツは街中の道路や公園などの公共財を活用して行われるので、スタジアムやアリーナなどの大規模施設といった大きな投資を必要としない。また、近年は街中を流れる河川や隣接する港湾を活用したSUP（スタンドアップパドルボード）やカヤックが行われるなど、

街中の自然資本を有効活用したアクティビティもみられる。

　今後はこれらのアーバンスポーツを「する」ことや「観る」ことを主目的に現地を訪問する「アーバンスポーツツーリズム」の広がりが期待される。

（林　恒宏）

【参考文献】
1）　総務省「国勢調査」及び「人口推計」、国立社会保障・人口問題研究所「日本の将来推計人口（平成 24 年 1 月推計）：出生中位・死亡中位推計」（各年 10 月 1 日現在人口）、厚生労働省「人口動態統計」
2）　国土交通省国土審議会政策部会長期展望委員会「国土の長期展望」中間とりまとめ
3）　原田宗彦編著『スポーツ産業論』吉林書院、2007
4）　スポーツ庁「スポーツ基本計画」2017
5）　観光庁「スポーツツーリズム推進基本方針」2011
6）　観光庁「観光立国推進基本計画」2017
7）　原田宗彦『スポーツ都市戦略』学芸出版社、2016
8）　Hall,C.M."Adventure,Sport and health tourism"In:Weiler,B.and Hall,C.M.(Eds) Special Interest tourism. Belhaven Press:Lomdon.1992.p.142
9）　ガタリンピックオフィシャルサイト . http://www.gatalympic.com/　.（2017 年 8 月 15 日閲覧）
10）　輪の国びわ湖 1 周公式サイト .http://www.biwako1.jp/.（2017 年 8 月 15 日閲覧）
11）　美ら地球公式サイト . http://www.chura-boshi.com/　（2017 年 8 月 20 日参照）
12）　黒田次郎他『スポーツビジネス概論 2』叢文社 p243、2016
13）　スポーツ庁サイト , http://www.mext.go.jp/sports/　（2017 年 8 月 20 日閲覧）
14）　原田宗彦・木村和彦『スポーツ・ヘルスツーリズム』大修館書店 p74、2009
15）　スポーツツーリズム・ハンドブック『日本スポーツツーリズム推進機構』学芸出版社 p78、2015
16）　JTB 総合研究所公式サイト https://www.tourism.jp/tourism-database/glossary/adventure-tourism/（2020 年 9 月 1 日閲覧）
17）　一般社団法人日本アドベンチャーツーリズム協議会　https://atjapan.org/adventure-tourism　（2020 年 9 月 1 日閲覧）
18）　ナショナルサイクルルート公式サイト https://www.mlit.go.jp/road/bicycleuse/good-cycle-japan/national_cycle_route/　（2020 年 9 月 1 日閲覧）
19）　日本自動車連盟サイト　https://motorsports.jaf.or.jp/for-player　（2023 年 9 月 1 日閲覧）
20）　日本二輪車安全普及協会サイト　https://www.jmpsa.or.jp/joy/motorsports.html（2023 年 9 月 1 日閲覧）

第 20 章　スポーツビジネスとスポーツ政策

1. はじめに

わが国を取り巻く社会環境は、めまぐるしくかつ大きく変化している。少子高齢化や情報化の進展、地域社会における人口の減少と経済の縮小、国際化の進展など過去に経験したことがない多くの重大な困難にわれわれは、直面している。

これらの変化に対応すべく政治、行財政、経済構造など社会のさまざまな分野において従来のシステムの見直しが、大胆な改革として推し進められてきている。

特に政治行政制度においては、中央省庁等改革基本法制定による省庁組織の再編がなされ、それから20年が経過しようとしている。

このような社会の変化の中、20世紀以降国際的に急速に普及・発展し、わけても1964年のオリンピック東京大会開催を契機として創造的な文化活動の重要な柱として国民の中に広がっていったスポーツは、2度目のオリンピック東京大会の開催の影響も受け、その存在感をさらに強めようとしている。わけても経済の面では成長産業としてのスポーツが創り出す雇用による所得、スポーツの実施による医療費節減効果等の国民経済の発展が期待されている。

また今日、生活の質が求められる社会においてスポーツが果たす役割に対する期待には大きなものがある。その期待に応えるためにも、スポーツを文化として気軽に楽しめる社会を実現することが求められている。

以上のような様々に価値を有するスポーツにおいて、わが国はその価値を獲得・維持・増大させるための行動の案・方針・計画として、以下のようなスポーツ政策を策定してきた。

1961年　スポーツ振興法の制定

2000年　スポーツ振興基本計画策定

2006年　スポーツ振興基本計画改定

2010年　スポーツ立国戦略策定

2011年　スポーツ基本法制定

2012年　スポーツ基本計画策定

2017年　第2期スポーツ基本計画策定

2022 年　第 3 期スポーツ基本計画策定

　また 2015 年のスポーツ庁設立を契機として、今回のテーマでもある「スポーツビジネス」は、注目を集め始めた。2016 年 2 月にはスポーツ庁は、経済産業省とスポーツ未来開拓会議を開催し、2020 年以降も展望したわが国のスポーツビジネスにおける戦略的な取組を進めるための検討を行った。

　このような行政機関の動きを受けわが国の立法機関である国会においても、スポーツに関する議論に多くの時間が費やされてきている。国会においてスポーツが議論の中核として取り上げられることは、スポーツが健康・社会福祉、教育・社会、経済発展等の様々な分野に貢献することが期待されていることに他ならない。

　そこで本章では国会会議録検索システム（https://kokkai.ndl.go.jp/）で公開されている国会本会議、常任委員会等の会議録のうち、2001 年 1 月 31 日から 2023 年 5 月 31 日に開催されたスポーツを所管とする衆議院文部科学委員会、参議院文教科学委員会における「スポーツビジネス」及び「スポーツ産業」に関わる議論を対象とし、どのような議論が展開されてきたのかについて述べていく。

2．先行研究の状況

　これまでわが国においては、ソジエが指摘する様に、政治家の言説に対する学術的関心は高いとはいえない状況であり、それらを対象とした研究は限られてきた。

　スポーツにおける政策学的研究においては、スポーツ政策の望ましい在り方や政策内容の検討ないし問題点の指摘及び考察など、政策の評価について論じているものが大半を占め、わが国における国会議論を対象にしている研究は皆無に等しい状況である。

3．常任委員会について

　衆議院と参議院の会議には、大きく分けると本会議と委員会が存在する。各委員会は、10 名から 45 名程度の委員で組織され、本会議の審議に先

立ち法律案などの議案の内容を検討する予備的審査機関である。委員会には、常任委員会と特別委員会がある。

　常任委員会は、国会法で定められた常設の委員会であり、17の委員会が設置されている。

　特別委員会は、特に必要と認められた際に本会議の議決で設置され、委員会の名称や目的、委員の数もそのときに決定される。

　国家行政組織法により文部科学省の設置が明記され、これを受け文部科

表 20-1　衆議院　常任委員会一覧

委員会名	委員数		所管事項
内閣委員会	40人	1.	内閣の所管に属する事項 （国家安全保障会議の所管に属する事項に属する事項を除く。）
		2.	人事院の所管に属する事項
		3.	宮内庁の所管に属する事項
		4.	公安委員会の所管に属する事項
		5.	他の常任委員会の所管に属さない内閣府の所管に属する事項
総務委員会	40人	1.	総務省の所管に属する事項 （経済産業委員会及び環境委員会の所管に属する事項を除く。）
		2.	地方公共団体に関する事項
法務委員会	35人	1.	法務省の所管に属する事項
		2.	裁判所の司法行政に関する事項
外務委員会	30人	1.	外務省の所管に属する事項
財務金融委員会	40人	1.	財務省の所管に属する事項 （予算委員会及び決算行政監視委員会の所管に属する事項を除く。）
		2.	金融庁の所管に属する事項
文部科学委員会	40人	1.	文部科学省の所管に属する事項
		2.	教育委員会の所管に属する事項
厚生労働委員会	45人	1.	厚生労働省の所管に属する事項
農林水産委員会	40人	1.	農林水産省の所管に属する事項
経済産業委員会	40人	1.	経済産業省の所管に属する事項
		2.	公正取引委員会の所管に属する事項
		3.	公害等調整委員会の所管に属する事項 （鉱業等に係る土地利用に関する事項に限る。）
国土交通委員会	45人	1.	国土交通省の所管に属する事項
環境委員会	30人	1.	環境省の所管に属する事項
		2.	公害等調整委員会の所管に属する事項 （経済産業委員会の所管に属する事項を除く。）
安全保障委員会	30人	1.	防衛省の所管に属する事項
		2.	国家安全保障会議の所管に属する事項
国家基本政策委員会	30人	1.	国家の基本政策に関する事項
予算委員会	50人	1.	予算
決算行政監視委員会	40人	1.	決算
		2.	予備費支出の承諾に関する事項
		3.	決算調整資金からの歳入への組入れの承諾に関する事項
		4.	国庫債務負担行為総調書
		5.	国有財産増減及び現在額総計算書並びに無償貸付状況総計算書
		6.	その他会計検査院の所管に属する事項
		7.	会計検査院が行う検査の結果並びに総務省が行う評価及び監視並びに 総務省が評価及び監視に関連して行う調査の結果についての調査に関する事項
		8.	行政に関する国民からの苦情の処理に関する事項
		9.	1から8までに掲げる事項に係る行政監視及びこれに基づく勧告に関する事項
議院運営委員会	25人	1.	議院の運営に関する事項
		2.	国会法及び議院の諸規則に関する事項
		3.	議長の諮問に関する事項
		4.	裁判官弾劾裁判所及び裁判官訴追委員会に関する事項
		5.	国立国会図書館に関する事項
懲罰委員会	20人	1.	議員の懲罰に関する事項
		2.	議員の資格争訟に関する事項

衆議院ホームページ
（https://www.shugiin.go.jp/internet/itdb_iinkai.nsf/html/iinkai/iinkai_jounin.htm）より作成

表 20-2　参議院　常任委員会一覧

委員会名	委員数	所管事項	
内閣委員会	21人	1.	内閣及び内閣府の所管に属する事項 （外交防衛委員会、財政金融委員会 及び経済産業委員会の所管に属する事項を除く。）
		2.	人事院の所管に属する事項
		3.	宮内庁の所管に属する事項
		4.	国家公安委員会の所管に属する事項
総務委員会	25人	1.	総務省の所管に属する事項 （環境委員会の所管に属する事項を除く。）
法務委員会	21人	1.	法務省の所管に属する事項
		2.	裁判所の司法行政に関する事項
外交防衛委員会	21人	1.	外務省の所管に属する事項
		2.	防衛省の所管に属する事項
		3.	国家安全保障会議の所管に属する事項
財政金融委員会	25人	1.	財務省の所管に属する事項 （予算委員会及び決算委員会の所管に属する事項を除く。）
		2.	金融庁の所管に属する事項
文教科学委員会	20人	1.	文部科学省の所管に属する事項
厚生労働委員会	25人	1.	厚生労働省の所管に属する事項
農林水産委員会	21人	1.	農林水産省の所管に属する事項
経済産業委員会	21人	1.	経済産業省の所管に属する事項
		2.	公正取引委員会の所管に属する事項
国土交通委員会	25人	1.	国土交通省の所管に属する事項
環境委員会	20人	1.	環境省の所管に属する事項
		2.	公害等調整委員会の所管に属する事項
国家基本政策委員会	20人	1.	国家の基本政策に関する事項
予算委員会	45人	1.	予算
決算委員会	30人	1.	決算
		2.	予備費支出の承諾に関する事項
		3.	決算調整資金からの歳入への組入れの承諾に関する事項
		4.	国庫債務負担行為総調書
		5.	国有財産増減及び現在額総計算書並びに無償貸付状況総計算書
		6.	会計検査に関する事項
行政監視委員会	35人	1.	行政監視（これに基づく勧告を含む。第74条の5において同じ。）に関する事項
		2.	行政評価に関する事項
		3.	行政に対する苦情に関する事項
議院運営委員会	25人	1.	議院の運営に関する事項
		2.	国会法その他議院の法規に関する事項
		3.	国立国会図書館の運営に関する事項
		4.	裁判官弾劾裁判所及び裁判官訴追委員会に関する事項
懲罰委員会	10人	1.	議員の懲罰に関する事項

参議院ホームページ
（https://www.sangiin.go.jp/japanese/kon_kokkaijyoho/iinkai/tiinkai.html）より作成

学省設置法第3条において「文部科学省は、教育の振興及び生涯学習の推進を中核とした豊かな人間性を備えた創造的な人材の育成、学術の振興、科学技術の総合的な振興並びにスポーツ及び文化に関する施策の総合的な推進を図るとともに、宗教に関する行政事務を適切に行うことを任務とする」とその任務が規定されている。これによりスポーツを所管する省庁は文部科学省とされている。文部科学省の所管に属する事項を所管事項とする常任委員会は、衆議院文部科学委員会及び参議院文教科学委員会であることから、わが国においてスポーツを所管事項とする常任委員会は、上述した2つの委員会となる。（表20-1）（表20-2）

4. 常任委員会での議論

　2004 年 8 月 4 日に開会された第 160 回国会衆議院文部科学委員会において笠浩史がいわゆる球界再編に関して河村建夫大臣（当時）の見解を求める際に「スポーツビジネス」を使用したのが初めてであった。

　また「スポーツ産業」をみてみると、2010 年 3 月 16 日に開会された第 174 回国会参議院文教科学委員会において橋本聖子委員の「スポーツ産業に関しては欧米先進諸国に比べて著しく見劣りがしているのではない

表 20-3　「スポーツビジネス」、「スポーツ産業」の用語が使用された委員会

国会回次	院名	会議名	開会日付
160	衆	文部科学委員会	2004年8月4日
174	参	文教科学委員会	2010年3月16日
177	衆	文部科学委員会	2011年5月25日
177	衆	文部科学委員会	2011年6月1日
177	参	文教科学委員会	2011年6月16日
185	参	文教科学委員会	2013年11月5日
186	参	文教科学委員会	2014年4月3日
186	参	文教科学委員会	2014年5月27日
187	参	文教科学委員会	2014年10月16日
189	参	文教科学委員会	2015年3月31日
189	参	文教科学委員会	2015年4月7日
189	参	文教科学委員会	2015年5月12日
189	参	文教科学委員会	2015年7月9日
189	参	文教科学委員会	2015年12月11日
190	衆	文部科学委員会	2016年3月4日
190	衆	文部科学委員会	2016年3月8日
190	衆	文部科学委員会	2016年4月6日
190	参	文教科学委員会	2016年5月24日
193	参	文教科学委員会	2017年3月9日
198	参	文教科学委員会	2019年3月19日
201	衆	文部科学委員会	2020年3月4日
201	参	文教科学委員会	2020年3月5日
201	参	文教科学委員会	2020年7月22日
203	参	文教科学委員会	2020年11月26日
204	衆	文部科学委員会	2021年3月5日
204	参	文教科学委員会	2021年3月9日
208	衆	文部科学委員会	2022年2月25日
208	参	文教科学委員会	2022年3月3日
210	衆	文部科学委員会	2022年10月26日
211	参	文教科学委員会	2023年5月23日

（国会会議録検索システムより作成）

かなというふうに思います」といった発言で使用されたのが初めてであった。

　その後、2023 年 5 月 23 日に開会された第 211 回国会参議院文教科学委員会まで「スポーツビジネス」及び「スポーツ産業」に係る議論が表 2 のように展開されている。(表 20-3)

　その内容を見てみると、その多くが文部科学省及び文部科学大臣のスポーツビジネス及びスポーツ産業に対する見解を問うものであった。主な議論の内容を 2011 年 5 月 25 日に開会された第 177 回国会衆議院文部科学委員会において瑞慶覧長敏は、

　　　「文科省としてこのようなスポーツビジネスの創出について支援策
　　　等も含めてお持ちであれば、お聞かせください」

と文部科学省のスポーツビジネスの創出に対しての支援の状況についての質疑を行っている。

　　これに対して笠浩史大臣政務官（当時）は、

　　　「文部科学省としても、特に、地域住民が自主的に運営する総合型
　　　地域スポーツクラブの創設の推進等々を通じて、こうしたスポーツ
　　　コミュニティーの形成とともに、スポーツビジネスの振興につなが
　　　るよう、地域の活動を支援をしながら役割を果たしていきたいとい
　　　うふうに考えております」

と述べており、この質疑から当時の文部科学省は地域スポーツを中心としたスポーツビジネスの展開を模索していた事がわかる。

　　また 2016 年 4 月 6 日に開会された第 190 回国会衆議院文部科学委員会において木原稔は、

「成長産業の一つの柱としてスポーツ産業の促進策を打ち出し、ス
　ポーツ庁を初めとして関係省庁が一丸となって取り組み、スポーツ
　産業が我が国の基幹産業の一つとなるよう、活性化を大胆に進めて
　いくべきだと考えておりますが、文科省の見解をお聞かせください」

との質疑を行っている。これに対し冨岡勉副大臣（当時）は、

　「御指摘のように、スポーツ関連産業が活性化すれば、その収益を
　スポーツ団体や環境の充実に再投資する、こういう好循環を生み出
　すことができます。国民の健康増進や地域の活性化を図るために必
　要なことだと認識しております。自民党のスポーツ立国調査会にお
　いても、スポーツ市場規模の拡大に向け、御議論いただいていると
　承知しております。文部科学省としても、スポーツの発展のために
　はスポーツ産業の拡大が重要だと考えております。そのため、文部
　科学省では、経済産業省と合同でスポーツ未来開拓会議を開催し、
　スポーツ施設の収益化やスポーツに関連する新事業の開拓、ＩＴ、
　食、観光といった他分野との連携、さらには障害者のスポーツ参加
　支援など、二〇二〇年以降を展望した戦略的な取り組みの展開に向
　け、有識者を交えた議論を行っているところでございます。今後とも、
　スポーツを通じた GDP の拡大を目指して、関係省庁やスポーツ関係
　者等の連携を図っていき、スポーツ環境の充実に取り組んでまいり
　たいと思っております」

と述べている。スポーツの発展のためにはスポーツ産業の重要性について
認識しており、更に省庁の垣根を超えての取り組みの必要性も認めている。
さらに 2017 年 3 月 9 日に開催された第 193 回国会参議院文教科学委員
会において石井浩郎は、

　「スポーツ市場の規模の拡大を実現するためには、スポーツ庁を始
　めとする関係省庁と各スポーツ団体が一丸となって、スポーツ産業

が我が国の基幹産業の一つとなるようスポーツ産業の活性化を大胆に進めていくべきと考えておりますが、今、松野大臣来られましたので、松野大臣の御見解をお聞かせください」

とスポーツ産業に対する大臣の見解を求めた。これに対し松野博一国務大臣は、

「スポーツ産業が活性化すれば、その収益をスポーツ団体や環境の充実に再投資する好循環を生み出し、国民の健康増進や地域の活性化を図ることも可能となります。このような観点も踏まえ、昨年閣議決定された日本再興戦略二〇一六においてはスポーツの成長産業化が盛り込まれたところであります。これを踏まえ、文部科学省としては、平成二十九年度予算案において、官民が一体となった収益性の高いスタジアム、アリーナ整備の推進、スポーツ団体等の経営人材の育成、大学スポーツ振興に向けた体制整備等の施策を盛り込んでいます。今後、官民が連携した協議会を開催するなど、関係省庁やスポーツ関係者等とも十分に協力して、施策の具体化に取り組んでまいります」

とスポーツ産業の重要性を認め各省庁の垣根を超えた施策の展開について述べている。このように文部科学省及び文部科学大臣のスポーツビジネス及びスポーツ産業に対する見解を問う中心であった。しかしながら新たな議論もみられた。

　2023年5月23日に開催された第211回国会参議院文教科学委員会において松沢成文委員は、

「eスポーツとはエレクトロニックスポーツの略称で、対戦型コンピューターゲームをスポーツ競技として捉えることと。そして、この二〇二一年の日本eスポーツ市場規模というのが七十八・四億円、二〇二五年には百八十億円まで拡大と推計されています。二〇二一

年の日本eスポーツ市場の約六割を企業というかスポンサー、ハー
　ド、ソフトを作っている企業、あるいは関連する企業が占めている
　と。二〇二一年のeスポーツ、日本のeスポーツファンというのは
　七百四十三万人、二〇二五年には一千二百万人を超えるまでに成長
　すると予測されています。日本のeスポーツ市場あるいはeスポー
　ツ産業が大いに発展して日本の成長産業になることを私は願ってお
　ります。日本のある意味で得意分野でもあるのかなというふうには
　思っているところです」

と述べておりこれまで地域スポーツ、プロスポーツを対象とした議論に加
え「eスポーツ産業」が議論の俎上にあがったことである。これによりさ
らにスポーツ産業に関する議論が深まるといえよう。

4. まとめ

　「スポーツビジネス」、「スポーツ産業」については、議論が展開されて
いたものの議論の内容（質）、議論の時間（量）ともに議論が為尽された
状況であるとは言い難い状況であり、そのような状況の中、「スポーツビ
ジネス」、「スポーツ産業」が政策として展開されている状況であった。
　しかしながらスポーツの拡がりを受け、「eスポーツ産業」が議論の対
象となりつつある状況は、今後更に「スポーツビジネス」、「スポーツ産業」
に関する議論が展開されることが予想される。
　常任委員会における「スポーツビジネス」、「スポーツ産業」に関する議
論は、以上のような特徴を有していた。
　スポーツにおいても国会審議の活性化及び政治主導の政策策定が実施さ
れ始めてきた点は評価に値するといえるが、議論が充分であるとは言い難
く、さらなる議論を重ね「スポーツビジネス」、「スポーツ産業」を確かな
ものにする必要があるといえる。

（田中宏和）

【参考資料】

1 ）森田朗編著『改訂版　現代の行政』放送大学教育振興会、（2000）

2 ）関春南著『戦後日本のスポーツ政策』、大修館書店、（1997）

3 ）ソジエ内田恵美 .（2018）. 戦後日本首相による所信表明演説の研究 –Discourse Analysis を用いた実証研究 –. 年報政治学 ,69,177-199

4 ）遠藤利明著『スポーツのチカラ　東京オリンピック・パラリンピック戦略』論創社、（2014）

5 ）澤田大祐 .（2011）. スポーツ政策の現状と課題 –「スポーツ基本法」の成立をめぐって –. 調査と情報 , 第 722 号

6 ）時本識資、田畑亨、内藤正和著『はじめて学ぶスポーツ政策』アイオーエム、（2019）

7 ）国会会議録検索システム（https://kokkai.ndl.go.jp/）

8 ）衆議院ホームページ（http://www.shugiin.go.jp/）

9 ）参議院ホームページ（https://www.sangiin.go.jp/）

10）第 160 回国会　参議院　文教科学委員会（2004 年 8 月 4 日）

11）第 174 回国会　参議院　文教科学委員会（2010 年 3 月 16 日）

12）第 177 回国会　衆議院　文部科学委員会（2011 年 5 月 25 日）

13）第 190 回国会　衆議院　文部科学委員会（2016 年 4 月 6 日）

14）第 193 回国会　参議院　文教科学委員会（2017 年 3 月 9 日）

15）第 211 回国会　参議院　文教科学委員会（2023 年 5 月 23 日）

「スポーツ保育園の市場機会」

　スマイスセレソン・スポーツ保育園をご存じだろうか。平成17年、大分県別府市を拠点とするフットボールクラブとしてスタートしたスマイスセレソングループ。現在はスポーツ幼児園・保育園を中心とした保育事業を中心に子どもの成長に関わる事業を運営している。スマイスセレソン・スポーツ保育園の特徴として、スポーツを通じた成功体験の積み重ねによって、目に見える成長や進化を感じられるところにある。2歳児から専門性を有した外部講師によるカリキュラムを導入し、子どもたちが楽しく遊びながら運動能力を伸ばしていく環境を整備している。英会話やダンス、リトミックや体操などをカリキュラムに加えるなど、習い事に通わせる時間が取れない家庭や、幼児期から様々な『経験』をさせたいといった教育意識の高い保護者目線の保育にも力を入れている教育機関だ。幼児期における様々な経験や成功体験は、子どもたちの人生の大きな自信となり宝物になる。スマイスセレソン以外にもスポーツ保育園はいくつかあるが、他のスポーツ保育園との違いは『厳しくない自由なスポーツ幼児教育』といったところにあるだろう。スポーツ幼児教育と聞くと、子どもたちがビシッと一糸乱れぬ整列をさせられていたり、泣きながら跳び箱を跳んでいるようなイメージを持たれる方もいるかもしれないが、時代はIT化とグローバル化が進んだ令和。最先端の幼児教育プログラムを欧州から取り入れ医療機関や大学と連携して子どもたちの成長や人間形成に役立つことに注力をしている。『自由とスポーツ』という言葉は相反する側面を持つ。スポーツとは何か？という点については体育大学大学院でよく議論したテーマであるが、『ルール化されたゲーム』という意味合いを持つ。子どもたちは自由な中でルール化されたスポーツや遊びと触れ合うことで学び、成長するのである。

　ここからスポーツ保育園が与えるスポーツビジネスの観点及び経済効果について触れていく。スポーツをテーマにしたビジネスモデルは経済界のみならず教育機関においても効果的である。取り分け幼児スポーツに着目すると、新たな市場の開拓に大いに寄与している。スポーツ関連商品やサービスの市場は、従来のアマチュアやプロの競技から子ども向けの分野へと拡大している。スポーツウェア、器具、教材など特定のニーズに合わせた商品やサービスの新たな市場を生み出している。子どもたちは早い段階から専門的な指導を受けることで、才能を早期に発掘・育成する機会を持ち、スポーツ界全体の競技レベルの向上やスポーツに興味を持つ人口が増えることにも寄与していると言えるだろう。

　またスマイスセレソンではスポーツ選手のセカンドキャリアとしての役割を担い、アスリートを保育士や運動指導者として雇用を進めている。日中は保育士や運動指導者として働き、夕方は自身の専門分野でのスクール事業のバックアップ体制を支援している。得意なことでダブルワーク（複業）の実現を図り収入を得ることは保育士のやり甲斐に繋がり教育の質も上がる。

　現在スマイスセレソンはスポーツ保育園を18園、発達支援の事業所を7カ所運営している。2023年に関東・中部地方への進出をスタートして東京・千葉・名古屋で計6園拡大し、2024年に神奈川でも開園を計画している。スポーツ保育園が地域のスポーツクラブや施設、コミュニティと連携することで、地域全体のスポーツ文化の振興やコミュニティの活性化、地域ブランディングや地域ビジネスとしての機会を生み出し魅力を増していく存在となるだろう。

スマイスセレソン　白鳥健志

第六部　スポーツビジネスの発展を考える

第 21 章
プロサッカーのブランドアイデンティティ

１．ブランドアイデンティティとは

　「ブランドアイデンティティ」は、主にマーケティングにおいて企業や商品等のブランドを扱う際に使用されるビジネス用語であるが、様々な解釈や記述が存在しているため、本稿では、この用語を「ブランドが独自の存在意義を形成するための様々な要素の集まりであり、そのブランドが消費者にどのように認識されたいかという想い」と定義をする（Ghodeswar、2008）。

　この稿では下記の日独計８クラブを考察するが、選定の背景として、国内１部リーグに長期間所属していること、リーグ戦及びカップ戦での優勝回数や上位進出実績（図 21-1）、観客動員数、経営形態の特徴、近年の成績等を考慮し、類似点があるクラブを抽出した。そして、優勝回数が最も多い鹿島アントラーズとバイエルン・ミュンヘン、観客動員数が最も多い浦和レッズとボルシア・ドルトムント、親会社との関係が深い経営形態の名古屋グランパスとバイヤー・レバークーゼン、近年の躍進が目立つヴィッセル神戸とアイントラハト・フランクフルトを選び、実体が捉えづらいブランドアイデンティティを、明文化されていることが多い企業のミッション、ビジョンやスローガンなどの要素を踏まえて考察をしていく。

シーズン	J1リーグ優勝	天皇杯優勝	ACLベスト4以上	シーズン	ブンデスリーガ1部 優勝	DFBポカール優勝	UCLベスト4以上
2010	名古屋	鹿島	なし	2010/11	ドルトムント	シャルケ	シャルケ（ベスト4）
2011	柏	F東京	なし	2011/12	ドルトムント	ドルトムント	バイエルン（ベスト4）
2012	広島	柏	なし	2012/13	バイエルン	バイエルン	バイエルン（優勝）ドルトムント（準優勝）
2013	広島	横浜FM	柏（ベスト4）	2013/14	バイエルン	バイエルン	バイエルン（ベスト4）
2014	G大阪	G大阪	なし	2014/15	バイエルン	ヴォルフスブルク	バイエルン（ベスト4）
2015	広島	G大阪	G大阪（ベスト4）	2015/16	バイエルン	バイエルン	バイエルン（ベスト4）
2016	鹿島	鹿島	なし	2016/17	バイエルン	ドルトムント	なし
2017	川崎	C大阪	浦和（優勝）	2017/18	バイエルン	フランクフルト	バイエルン（ベスト4）
2018	川崎	浦和	鹿島（優勝）	2018/19	バイエルン	バイエルン	なし
2019	横浜FM	神戸	浦和（準優勝）	2019/20	バイエルン	バイエルン	バイエルン（優勝）
2020	川崎	川崎	神戸（ベスト4）	2020/21	バイエルン	ドルトムント	なし
2021	川崎	浦和	なし	2021/22	バイエルン	ライプツィヒ	なし
2022	横浜FM	甲府	浦和（優勝）	2022/23	バイエルン	ライプツィヒ	なし

図 21-1　Ｊリーグとブンデスリーガの優勝チーム
※Ｊリーグ公式HP（2023）とブンデスリーガ公式HP(2023)をもとに作成

２．Ｊリーグ（日本）の４クラブ

　Ｊリーグの各クラブは、毎シーズン開幕前に「スローガン」を発表するが、これは世界的に見ても稀な日本の特徴の一つである。このスローガンを毎年変えるクラブがほとんどであるため、スローガンそのものは「ブランドアイデンティティ」という組織が長期的に築き上げていくものとは質的に異なる。しかしながら、スローガンの一文に込められた想いや意味合いは、各クラブが１シーズンを通じて掲げる目標や目指す姿を言語化したものであることから、そのクラブのブランド形成の一翼を担っている側面もある。この節では、以下４つのクラブの理念やビジョンという中長期を見据えたものと、スローガンという短期的な合言葉を見ていくことで、それぞれのブランドアイデンティティに触れていく。

（１）鹿島アントラーズ（鹿島）

　日本のサッカー界では、Ｊ１リーグ、Ｊリーグカップ（現「YBC ルヴァンカップ」）、天皇杯を「国内三大タイトル」と呼ぶことがあるが、鹿島はＪリーグの公式大会が始まって以来、Ｊ１リーグ８回、Ｊリーグカップ６回、天皇杯５回の計 19 回と三大タイトル最多の優勝回数を誇る。加えて、2018 年にはアジアのクラブ王者を決定する AFC チャンピオンズリーグ（ACL）で初優勝を飾っており、Ｊリーグの中で最も実績を挙げているクラブの一つある。

　同クラブのミッションは「すべては勝利のために」であり、組織が長期的に社会に果たすべき使命として "勝利" の追求を明言していることは大きな特徴である。2023 年シーズンのスローガンは「Football Dream ひとつに」であるが、Ｊリーグ創設以来継続して国内三大タイトルや ACL 優勝を成し遂げてきた鹿島が、2019 年以降は無冠であり、「すべては勝利のために」というミッションを、今後どのように実現していくかが注目される。

（２）浦和レッドダイヤモンズ（浦和）

　浦和はＪリーグ創設間もない頃から熱狂的な応援で知られているクラブである。2023 年５月には ACL 史上初の３回目の優勝を飾り、埼玉スタ

ジアム2002で開催された決勝第2戦でも、その熱狂的なスタジアムの雰囲気が大きく報道された。クラブ公式HPでは、「今後の25年に向けたビジョン」と題して、「あらゆる分野でアジアナンバー1を目指す」と"ナンバー1"を目指すことを明言し、「ビジョンを実現するための3つの目指す姿」という表題の下、「強くて魅力あるチーム、安全・快適で熱気ある満員のスタジアム、自立し責任あるクラブ」を掲げている。また、浦和はコロナ禍でスタジアムの入場制限があった時期を除けば、長年に渡りJリーグの中で最もシーズン毎の観客動員数が多いクラブであり、その集客力の高さとスタジアムの熱狂度はアジアの中でも高く評価されている。

　浦和は、2020シーズン以降スローガンを発表することはなくなったが、上述の「今後の25年に向けたビジョン」という長期目標をどのように具体化していくかによってブランドアイデンティティのあり方も変わってくると言えよう。

（3）名古屋グランパス（名古屋）

　名古屋の目指す姿は「世界に通じるクラブ」であり、2017年4月に社長に就任した小西工己氏のインタビューやクラブのリリースなどでもこのフレーズを確認することができる。その他にも「強く、見て楽しいサッカー」、「町いちばんのクラブ」、「安定的な経営基盤」や「グランパスでひとつになる幸せ」という言葉を掲げて、チームの強化とスタジアムへの集客を重視しながら、地域とのつながりをさらに深めていく姿勢を打ち出している。

　特に「町いちばんのクラブ」になるという想いは、小西氏が「トヨタ自動車（グランパスの親会社）も創業時は"町いちばんの工場"を目指していた」という趣旨のコメントをしており(インサイド・グランパス)、これは後述するレバークーゼンの親会社であるBayer社と同様に、両企業の原点でもある工場を大切にする価値観がクラブのあり方にも反映された事例であり、興味深い類似点である。

　また、2023年のスローガンは「つむぐ　― To the Next ―」であり、クラブ創設から30年が経ち、これまでの歴史とこれからの未来（the Next）を文字通りつむいでいこうとする意気込みを示しており、現在の

名古屋のブランドアイデンティティの一部となっていると言える。

（4）ヴィッセル神戸（神戸）

　神戸は、2015年1月に合同会社クリムゾンフットグループから楽天株式会社に株式譲渡され、親会社の楽天創業者で代表取締役でもある三木谷浩史氏がクラブの会長としても経営に大きく携わっている。公式HPには「クラブアイデンティティ」として、「ヴィッセルに関わるすべての人を幸せに」と明文化されており、加えて「サッカーを通じて地域社会に貢献すること」「地域に密着したサッカーの技術向上」「世界に誇れるスポーツクラブの創造」という三点を軸に、クラブアイデンティティの具現化を目指す旨が記述されている。2023年のクラブスローガンは（2019年シーズンから変わらず）「The No.1 Club in Asia ～一致団結～」であり、"アジアNo.1"に言及している点では浦和と同じで、絆やまとまりを訴求している点では鹿島や名古屋と近しい。

　"No.1"を目指す上で、近年のトップチームの躍進は積極的な選手の補強の賜物とも言える。2017年ルーカス・ポドルスキ、2018年アンドレス・イニエスタ、2019年ダビド・ビジャらFIFAワールドカップでの優勝経験があり世界的な選手を獲得し、加えて大迫勇也、武藤嘉紀、酒井高徳など日本代表や欧州でプレーした経験豊富な日本人選手も補強し、2020年元日の天皇杯優勝と同年のACLベスト4進出という成果を出した。2023年9月には元スペイン代表で英プレミアリーグでも活躍したファン・マタが加入するなど、ここ数年のJリーグ最大規模の選手補強は国内外からも大きな注目を集めている。

3．ブンデスリーガ（ドイツ）の4クラブ

　本節で紹介する4クラブは、すべて創立から110年以上が経過しており、Jリーグのクラブが創立から約30年であることから、ドイツの強豪クラブは、より長い年数を経てそれぞれのブランドアイデンティティを培ってきた歴史がある。日本のクラブとは異なり、ドイツの4クラブは"勝利"や"ナンバー1"という言葉を直接的には打ち出しておらず、各々のクラブの目指す姿やあり方に独自の色が出ている。

（1）バイエルン・ミュンヘン（バイエルン）

　バイエルンは、2012/13 シーズンから 2022/23 シーズンまでブンデス
リーガ 11 連覇中、1963 年創設のブンデスリーガ歴代優勝回数は 33 回と、
ドイツ国内では圧倒的な実績を誇る。同クラブのブランドアイデンティテ
ィを最も表しているのは "Mia san Mia" という言葉であるが、英語では
"We are who we are"（我々は我々である）という意味である (Söllner ら、
2017)。また、欧州クラブ王者を決める UEFA チャンピオンズリーグ (UCL)
では、2010/11 シーズン以降、優勝 2 回を含むベスト 4 以上 7 回という
成績も際立っている（図 21-1）。このように突出した成績で世界的にも著
名なバイエルンではあるが、上述の通り、クラブのスタンスとしては、" ナ
ンバー 1 " や " 常勝軍団 " を目指すということは直接的には言及していな
い。

　なお、クラブの代名詞である "Mia san Mia" は、バイエルン州の方言で、
クラブの公式グッズなどにも時折使われており、ファンにも浸透している
言葉である。

（2）ボルシア・ドルトムント（ドルトムント）

　ドルトムントは、ここ 10 年余りの成績を見れば、絶対王者として君臨
しているバイエルンの国内唯一にして最大のライバルである。バイエルン
という " リーダー企業 " に対して、" 本物のチャレンジャー企業 " として
立ち向かっているのがドルトムントであろう。

　公式サイトでは "DER BVB" と題して（英語で "THE BVB" の意）、
"Borussia Dortmund is the intense football experience"（ボルシア・
ドルトムントは強烈なサッカー体験そのものである）という一文が大き
く掲出されており、その下段にボルシア・ドルトムントが意味するのは、
「Intensity（熱狂）、Authenticity（本物）、Cohesion（結束）、Ambition（野
心）」の 4 つであると明記されている（図 21-2）。これらはまさにブラン
ドアイデンティティの構成要素であり、特に "Intensity" や "Intense" と
いう単語が複数回使われていることからも、クラブがいかに " 熱狂 " や " 強
烈さ " を重要視しているかが窺える。

　さらに、" ドルトムントブランド " を際立たせていることの一つに、同

図21-2　ドルトムントのブランドステートメント
※ドルトムント公式HPより抜粋

クラブは、サッカーの競技面だけでなく、パートナーシップ（スポンサー企業の選定）などの事業面においてもブランドアイデンティティを体現していることが挙げられる。それは、図21-3記載の通り、ドルトムントが、バイエルンという"王者"に対抗して、自社を"真の挑戦者"（チャレンジャー企業）として位置づけ、各業種における"チャレンジャー企業"とパートナー契約を締結している点である。

バイエルン	ドルトムント	業種
Adidas	Puma	スポーツアパレル
Allianz	Signal Iduna	保険
T Mobile	1&1	通信
Audi	OPEL*	自動車

図21-3　主要パートナー企業比較
（ * OPELは2020/2021シーズンまでのパートナー企業）
※バイエルン及びドルトムント公式HPをもとに作成

（3）バイヤー・レバークーゼン（レバークーゼン）

　直近 10 年余りのブンデスリーガの成績を見ると、レバークーゼンは国内では"三番手"に該当するクラブと言えよう。本拠地のレバークーゼン市の人口は約 16 万人で今回取り上げるドイツの 4 都市では最も少ないが、世界的な製薬会社 Bayer 社のいわゆるお膝元である。同クラブの正式名称は「Bayer 04 Leverkusen Fußball GmbH」であり、"Bayer"という企業名が入っているドイツでは稀な例だが、レバークーゼンというクラブが Bayer 社のアンバサダーとしての役割を担っていることは同社公式 HP にも記載されており、親会社とクラブとの深い関係性を示している。

　レバークーゼンを最も象徴する言葉の一つは "Werkself" であり、英語では "Factory Football Club"（工場のサッカークラブ）と訳され、Bayer 社の工場に由来していることがわかる。また、トップチームを "The Werkself" と呼び、定冠詞（The）をつけることで Werkself の代表として位置づけていることも、クラブのブランド形成に大きな役割を果たしている。

（4）アイントラハト・フランクフルト（フランクフルト）

　フランクフルトには 2023/24 シーズンも長谷部誠選手が所属し、かつて在籍した高原直泰、稲本潤一、乾貴士、鎌田大地はみな日本代表経験者ということもあり、日本にも馴染みのあるクラブである。2017/18 シーズンにドイツ DFB ポカール（日本の天皇杯に相当する大会）に優勝し、2021/22 シーズンの UEFA ヨーロッパリーグ優勝は記憶に新しく、ここ数年で躍進したクラブの一つである。

　また、フランクフルト・アム・マインという都市は、金融の中心地、そして欧州でも最大級の空港があることから物流のハブにもなっている。そんな国際金融・国際物流の一大拠点に相応しく、フランクフルトは "Building Bridges"（架け橋となる）というモットーを掲げ、近年のチーム成績の向上も相まって、ブランド価値を高めている。

　フランクフルトが属するライン・マイン地域を代表するクラブとして "Building Bridges" を具現化するために、2022 年 10 月にジャパンツアーを実施し、浦和レッズとのパートナーシップ契約発表や、同クラ

ブならびにガンバ大阪と国際親善試合を行った。さらには、「Arena of IoT(Internet of Things)」と銘打って、スマートスタジアムの構築をいち早く推進していることもフランクフルトの先進性と独自性を表している。

このように、今回選定したドイツの4つクラブを象徴する言葉やモットーには、"ナンバー1"を目指すというような意味合いの単語はなく、バイエルンは"我々（バイエルン）らしさ"を追求していく姿勢を、ドルトムントは"熱狂"の中心であることを、レバークーゼンはBayer社との深いつながりを、フランクフルトはクラブの目指す姿と都市の特徴を重ね合わせることで、それぞれのクラブがこれまでに培ってきた独自のブランドアイデンティティをより強固にしていこうとする姿勢が見受けられる。

4．クラブの売上規模と今後

各クラブの年間売上規模を比較しているのが図21-4である。日本の4クラブは最大の浦和と最小の名古屋との差は20億円程度である一方、ドイツの4クラブのバイエルンとフランクフルトでは600億円以上と非常に大きな資金力の差があることがわかる。

クラブの売上規模に応じて選手や監督他のチームスタッフの年俸金額が決まり、ドイツを含む欧州各国のプロリーグでは選手賃金（年俸）の多寡によって成績が決まりやすい傾向がある（内田・平田、2008）。ドイツ国内では資金力ナンバー1のバイエルンがチーム成績の一番手という定位置

シーズン	クラブ	売上額 (億円)	シーズン	クラブ	売上額 (億円)
2022	鹿島	61.2	2021/22	バイエルン	998.6
2022	浦和	81.3	2021/22	ドルトムント	685.4
2022	名古屋	60.9	2021/22	レバークーゼン	379.5
2022	神戸	63.7	2021/22	アイントラハト	372.6

（1ユーロ＝150円で算出）

図21-4　クラブ別年間売上比較

※2022年度J1クラブ決算一覧、バイエルン公式HP、ドルトムント公式HP、Football Finance websiteをもとに作成

を10年以上確保し、ドルトムントは資金力相応の二番手の地位を確立し、レバークーゼンやフランクフルトらが三番手の座を争う構図になっており、ブンデスリーガ内の序列の固定化が進んでいる。この状況は、ドイツのクラブがチーム成績に囚われずブランド価値を高めていくためには、どのような独自性や存在意義を持つべきかを考えざるを得ない環境であるとも言え、各クラブのブランドアイデンティティにも大きな影響を与えている。

　他方、売上規模の差が小さい日本の各クラブは群雄割拠の状況にあり、ドイツのような序列化は存在せず、Ｊリーグは創設から30年余りという "若さ" もあり、今回取り上げた4クラブの目指す姿を表す言葉は、「ナンバー1」、「強くて魅力的なサッカー」、「ひとつになる」など、類似したものが多い。今後、各クラブがより明確な独自性を打ち出し、どのようにブランドアイデンティティに反映させていくかが、Ｊリーグの成熟度を表す一つの指標になるであろう。

(吉池　淳)

【参考資料】
1) Ghodeswar, B.M. (2008). Building brand identity in competitive markets: a conceptual model. *Journal of Product & Brand Management,* 17(1), 4-12.
2) Wulf, J., Söllner, M., Leimeister, J.M. & Brenner, W. (2017). FC Bayern München Goes Social - the value of social media for professional sports clubs. *Journal of Information Technology Teaching Cases,* 7(2), 51-61.
3) Ｊリーグ公式サイト , https://www.jleague.jp/ (閲覧日：2023年9月27日).
4) Bundesliga Official Site, https://www.bundesliga.com/en/bundesliga (閲覧日：2023年9月27日).
5) インサイド・グランパス, https://inside.nagoya-grampus.jp/inside/ (閲覧日：2023年9月27日).
6) Football Finance website, https://www.footballfinance.de/en (閲覧日：9月27日).
7) 内田亮 , 平田竹男 .(2008). プロスポーツクラブにおける成績と選手賃金 (推定年俸) の関係―Ｊリーグクラブにおける分析―. *スポーツ産業学研究* , 18(1), 79-86.

第22章　スポーツビジネスとしての
メンタルトレーニング

1. メンタルトレーニングの必要性

　今日の競技スポーツにおいて心理的な側面が勝敗の大きな要因になってきている事は、多くの人が知るところである。「心技体」という言葉があるが、「技術」を磨き「体力」のトレーニングを行なうのと同様に、「心」のトレーニングも必要になってきている。「緊張」や「あがり」はパフォーマンスを低下させるため、本番での心理的な状態を意図的に最適な状態にし、最高のパフォーマンスを発揮できるようにする事が重要になってくる。そのための心理的なトレーニングを「メンタルトレーニング」とされているが、それはスポーツだけの領域ではなく、ビジネスやその他様々な領域でも取り入れられている。競技スポーツの領域では、国際的には国際スポーツ心理学会において 1981 年頃から取り上げられ、臨床スポーツ心理学やスポーツ心理学などの分野で取り組みが見られる。日本においては、1984 年のロサンゼルスオリンピックでの成績不振から取り組みが始まった。図 22-1 [1] に示すように 1985 年から 1990 年までの翻訳図書が多く

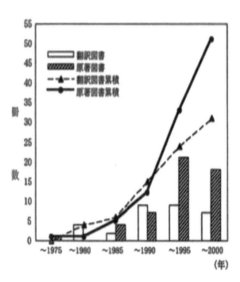

図 22-1　刊行年毎における「翻訳図書」と「原著図書」数の変化
(西野、土屋 2004)

刊行されている。1990年から1995年までに原著図書が多くなっている
のは、日本体育協会において心理的サポートが行われたことと関係がある
と思われる。

　メンタルトレーニングのサポートは数多くの企業や大学の研究室などが
行っている。それらを利用するのはナショナルチームから、プロアスリー
ト、実業団、大学生、高校生など様々な年代やカテゴリーのスポーツチー
ムはもちろん、教員が生徒の主体性を伸ばすために、経営者が部下のモチ
ベーションアップのために、子育てに活かすために、などと今やスポーツ
の現場だけでなくライフワークとしても組み込まれている。それらはメン
タルトレーニングを仕事としている企業などの組織も増えてきているとい
うことであり、以前よりメンタルトレーナーも職業として確立されてきて
いることを意味している。さらには、近年ではメンタルトレーニングは研
究や実践において増えていることは顕著に表れている。スポーツの現場で
は陸上競技 [2] [3] やバスケットボール [4] [5]、テニス [6] や柔道 [7] など多くの
種目で実施されている。しかし、メンタルトレーニングの効果は物理的な
変化として認識する事が難しい。中込 [8] は「メンタルトレーニングは、技術・
体力のトレーニングと比較して効果の確認が難しく、その上効果が表れる
までに長い時間を要するようである。そのため途中で投げ出してしまう選
手をしばしば見かける」と述べている。立花 [9] は「メンタル・トレーニ
ングの実態と課題」において、「競技レベルが高いほどメンタルトレーニ
ングの実施率が高い事、スポーツ選手にはメンタルトレーニングが必要と
感じている大学生が非常に多くいる」、と述べている。これは石井ら [10] の
バルセロナオリンピックの調査においてもスポーツ選手などから同様の結
果を得られていることからも、競技スポーツにはメンタルトレーニングが
必要である、と言っても過言ではないと思われる。

　メンタルトレーニングには、メンタルプラクティスやメンタルマネジメ
ントなど似通った用語が多く存在する。それらの用語の意味するものはそ
れを使う人によって違うのだが、それら全てにおいて共通しているのは「ス
ポーツ選手が持てる力を最大限に発揮するための心的な練習法」が中核と
なっているということである。つまり、メンタルトレーニングの目的は「自

分の持てる能力が最大限に発揮できるよう（大脳の）覚醒を最適の水準にコントロールする能力を高めることを狙った練習法」だと言える [11]。また吉川 [12] によると、「スポーツ選手や指導者が競技力の向上のために必要な心的スキルを獲得し、実際に活用できるようになることを目的とする、心理学やスポーツ心理学の理論と技法に基づく計画的で教育的な活動である」と述べている。メンタルトレーニングを扱う職業は多種多様である。心理カウンセラーやスクールカウンセラー、臨床心理士もクライアント（ここではスポーツ選手も一般の人も指す）を精神面からサポートする職業であるが、スポーツ業界においても影響力が大きいと考えられる。スポーツ選手が試合やその重要な場面で、持てる力を最大限に発揮することが非常に難しく、さらに最高の結果を求められることからも、スポーツ界での需要が多いことも納得していただけるのではないだろうか。近年では専属のメンタルトレーナーを付けてトレーニングを行うことも、プロスポーツ・アマチュアスポーツ関係なく珍しく無いことになってきている。先にも述べたが、柔道のような対人競技であれば、「緊張」や「恐怖」などが原因となり、能力が発揮できない [7] [13] や、野球のイプスのように短い距離であっても相手が取れないようなボールを投げたりする現象があるが、そのようなスポーツ選手が課題を克服し、最大限の力を発揮する為には、メンタルトレーニングが必要なのである。

２．メンタルトレーニングの実践例（1）

　多くの競技スポーツでは「予測」というものが重要になってくる。特にオープンスキル（刻々と変化する不安定な環境の中で行われる運動）を必要とする競技においては、その状況に応じてどのように運動すべきかを素早く判断して対応することが必要になる。対人競技である柔道であれば「この組み方・体勢では，次はこの技を掛けてくる」や、ネット型球技のテニスであれば「あの位置であのラケットの角度だとこの方向に（あの方向に）に打ってくる」などがそれにあたる。前者の柔道であれば、相手の組み方や体勢などの情報（外的刺激）を視覚により認知し、大脳中枢に送り解釈することによって次の動きを「予測」していると考えられる。このように

感覚器官から大脳などの中枢へ、という方向の情報処理を「データ推進型の情報処理」という。しかし全ての「予測」がそれだけでなされている訳では無く、無数にある情報の中から予測の手掛かりとなる情報を認知する必要がある。これはプレーの仕方や戦術につての知識から、予測の手掛かりとなる情報に注意を向けるよう知覚を誘導する大脳の中枢から感覚器官へと進行する働きであり、「概念推進型の情報処理」と呼ばれる。後者のテニスであればラケットの面の向きや方向、打球の種類やコースとの関係などの知識を背景に、相手のスイングやラケット面に注意を向ける働きがそれにあたる。「予測」とはそれら二つの情報処理が図22-2のように相互作用することによって成り立っているとされている [11]。

　認知的トレーニングとはそれら相互作用に基づく予測の学習を効率的に行うトレーニングである。例えば、中本ら [14] によると、熟練者と初心者を比較した結果、熟練者の方が予測が早く的確であることを述べている。しかし初心者においても、トレーニングをすることによって予測の正確性を短期間で向上させることができることも明らかにしている。熟練者の方がなぜ予測が早く的確かというと、續木 [15] は空間遮蔽法を用いた実験にて、熟練者は予測の手掛かりとなる部位を遮蔽されると正答率が下がる

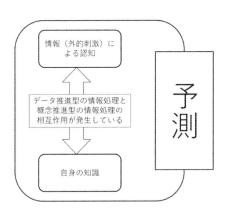

図22-2　予測は概念推進型とデータ推進型の情報処理の相互作用によって生みだされる
(杉原隆　2003)

のに対し、未熟練者はその手がかりを持たないために遮蔽されても正答率に変化が見られないとしている。つまり、未熟練者は知識が足りないために予測に必要な情報をどこから察知して良いか分からないため、概念推進型の情報処理が機能していないということである。しかし、認知的トレーニングを行うことにより、未熟練者においても予測の手掛かりとなるものが分かり、概念推進型の情報処理と視覚などの感覚器からの情報を処理するデータ推進型の情報処理を駆使し、短期間で向上させることができるのである。また松崎ら [16) 17)] は、状況判断の良いプレーとは何かを検討し、相手の分析、瞬時の判断、予測といったものが関与していると述べている。つまり、刻々と変化する環境の中であっても、「どのような場面」「周囲の状況」「対象相手」など必要な状況を取捨選択し、把握しながらプレーしているのである。これらのことからも分かるように、オープンスキルの必要な競技スポーツでは、それぞれの状況から最善の策を瞬時に選択することが求められる。瞬時に的確な判断ができるように「認知的トレーニング」が非常に有効だといえる。

　一般的に人間の脳は大きさや重さ、構造、神経細胞の数などが同じにできているが、外部から得た情報を正しく脳に伝えるとなると、それがうまくできる人とそうでない人がいる。つまり脳をいかにコントロールするかが大切になってくるが、高岸 [18)] はその方法として「R/C/T 理論」を提唱している。「R/C/T」とは英語の Relaxation、Concentration、Target の頭文字を繋げたものだが、試合などで実力を発揮できなかった際の反省点を考えてみると「緊張した」や「集中できなかった」「目標が明確でなかった」などが挙げられる事が多い、と述べている。そこで「リラックス」して緊張や不安を取り除き、「集中」することによって自分が求めている「目標」に全力を注ぐことができる、という理論である。そのために高岸は「残像カード」を使用したトレーニングを行わせている。「リラックスカード」の図柄には人間がリラックスするときに出る脳波が、「集中カード」の図柄には集中するときに出る脳波が多く出るように設計され、「目的カード」には各競技の目的に合わせて様々な種類を考案されており、トレーニングをするにつれて瞬時に脳をクリーンな状態に持っていくことができるため、

ミスをしてマイナス思考に陥ったときにリカバリーができる、と紹介している。高岸のトレーニングも一種の「認知」トレーニングであるが、次に「メンタルトレーニング」に関して紹介していきたい。　　　（野口欣照）

3. メンタルトレーニングの実践例（2）

　日本スポーツ心理学会認定 SMT 指導士である田口耕二氏が、2005 年選抜高校野球大会に出場する神村学園野球部に対して行ったメンタルトレーニングの実践例を紹介する。

　田口は初めのメンタルトレーニングの講習「心理的競技能力検査」を行い、その結果から自己分析をしてもらい、先ずは「今の自分」を知ってもらう事から始めた。「心理的競技能力」とは試合の場面などで必要な心理的能力を指しており、競技意欲、精神の安定・集中、自信、作戦能力、協調性の 5 つの因子に分けられる。そこからさらに競技意欲には忍耐力、闘争心、自己実現意欲、勝利意欲が、精神の安定・集中には自己コントロール能力、リラックス能力、集中力が、自信には自信と決断力、作戦能力には予測力、判断力、協調性は協調性、というように小さくすると 12 個に分類することができる、というものである。「今の自分」を知ってもらう、と述べられているのは、競技場面で必要な自分の心理的能力がどうなのかを理解するということである。

　その後、「心理的競技能力検査」とメンタルトレーニングを行う上で必要な 8 つのスキルと、田口氏の考える 5 つのポイントに関して選手・監督に説明した。8 つのスキルとは、1, 目標設定、2, リラクゼーションとサイキングアップ (心の高揚)、3, イメージ、4, 集中力、5, プラス思考、6, セルフトーク、7, 試合前の準備、8, コミュニケーションスキル、であり、5 つのポイントとは、1, メンタルトレーニングの目的・価値、2, センバツの意義、3, プレッシャー対策、4, 甲子園への心の準備、5, マスコミ対策、インタビュー練習、であった。

　監督の懸念は「良いときと悪いときの差が激しい」というものであったが、それは選手たちにおこなった検査にも結果としてリラックス能力と自己コントロールのチーム平均の低さに顕著に表れていた（図 22-3）。それ

らを改善するために、実践でチームとして「これをやれば落ち着く」「これをやればうまくいく」というルーティンを考え、それをみんなで練習や試合でいい流れの時に積極的に使っていこうと決めた。

　選手として「心技体」をレベルアップする為に、試合前、試合中、試合後にすべきことにおいても説明している。試合前は、アップやノック、ブルペンなどにあらゆる情報があるので可能な限り観察し、選手間、特に先発メンバー以外がフォローして情報共有し、傾向と対策を探る。試合中は、「8つのスキル」を駆使し、準備、対応、修正が重要で、常にその時点までの流れを理解し、「打てないなら守備で貢献しよう」など、できる事を各選手が考えることが必要になってくる。試合後は、結果を素直に受け入れ、現状を把握することから始め、ノートなどを活用し、今後やるべきことを記し、自分を見つめ直す時間を作る。

　チーム力をアップさせるためには、各選手の準備・観察眼などが欠かせない。その対策として、田口は「ベンチワークチェックリスト」を使用し、戦略・戦術として気を付けなければならない項目を挙げているが、試合前、試合中、試合後に分け、幾つか紹介する。

1,試合前
・相手チームの特徴をよりよく観察する
・相手の言葉、声の連携、声の強さ、動きなどをチェックする
・アップやノックの時にチームカラーを見る
・試合前のブルペンで癖や配球を見てイメージしておく
・相手の良いところは真似し、向上につなげる

2,攻撃の時
・初回の7球の投球練習中にあらゆる情報をつかむ
・投手、内野手の牽制の癖をつかむ
・その投手の一番多い球、コースを狙う

3,守備の時
・打順、ポジション、早打ちか遅打ちか、狙いや情報を伝達する
・打者の視線や、グリップや後ろ足の方向、ステップやスイングを見て間違ってもいいので打球方向の準備をする

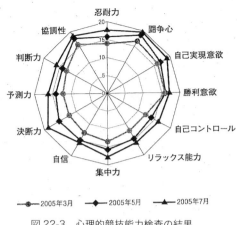

図 22-3　心理的競技能力検査の結果

4, 伝達
・トップハンドが早く動くとストレート狙いが多い
・初球は打ち気満々で来る場合もあるので、低めのボール球から入るのも良い
・打者が打つ前に一、三塁の守備位置を確認してきたらセーフティバントの可能性がある
・見逃したボールやタイミングが合っていないボールは苦手な傾向にある
・スコアブックを見てヒットコースを詰める
5, その他
・フライと三振の合計がチームで10を超えると負けケースが多い
・チャンスの後ピンチ、ピンチの後チャンス、表裏一体、一球で流れが変わる
・守れなかったら打て、打てなかったら走れ、何かでチームに貢献する
・野球場確率のスポーツ、準備の声をチームとして出していく
・劣勢の時こそ元気のある声をだす
　以上、一部ではあるが合計で61個ものリストを作成している。

(岩田大助)

【参考文献】

1) 西野明、土屋裕睦「我が国におけるメンタルトレーニング指導の現場と課題―関連和書を対象とした文献研究―」スポーツ心理学研究第 31 巻第 1 号 Pp9-21、2004

2) 高橋珠実、新井淑弘「マインドフルネスを用いたメンタルトレーニングが女子大学生アスリートの身体組成, 心理面, および生活習慣に与える影響 ―陸上長距離選手を対象として―」群馬大学教育実践研究第 37 巻 Pp149-154、2020

3) 西野滉佑、岡田雅次、内藤祐子「大学陸上競技選手の心理的競技能力に関する研究」体育・スポーツ科学研究第 17 巻 pp19-27、2017

4) 平田緩子「大学女子バスケットボールチームに対するメンタルサポート―メンタルトレーニングに関する実践研究―」奈良学園大学紀要第 47 巻 pp129-144、2016

5) 菅野恵子、粟木一博「バスケットボール競技の攻撃時における認知的トレーニングの効果に関する研究」仙台大学大学院スポーツ科学研究科修士論文集第 15 巻 pp117-125、2014

6) 澁谷智久、佐藤淳一、田中菊子「大学テニスプレーヤーの注意スタイル」東洋学園大学紀要第 28 巻 pp107-117、2020

7) 前川直也、菅波盛雄、飯嶋正博、廣瀬伸良、高橋進、佐藤博信「メンタルトレーニングによる大学柔道選手の心理的適性の変容について」大阪産業大学論集第 114 巻 pp63-81、2004

8) 中込四郎「こころとメンタルトレーニング」トレーニング科学研究会（編）『競技力向上のスポーツ科学』pp187-212、朝倉書店、1990

9) 立花泰久「メンタルトレーニングの実態と課題―日本体育大学の学生に対する調査から―」日本体育大学紀要第 28 巻 2 号 pp171-180、1999

10) 石井源信「チームスポーツのメンタルマネジメントに関する研究―バルセロナオリンピック選手の心理的コンディショニングの失態について―」日本オリンピック委員会スポーツ医・科学研究報告第 3 巻 pp30-55、1993

11) 杉原隆『新版 運動指導の心理学 運動学習とモチベーションからの接近』(覚醒と運動パフォーマンス pp.180-197) 大修館書店、2008

12) 吉川政夫『スポーツメンタルトレーニング教本 改訂増補版』pp15、大修館書店、2005

13) 遠藤純男、飯田頴男、武内政幸、上口孝文「柔道選手の「あがり」の因子分析的研究」秋田経済法科大学経済学部紀要第 6 巻 pp37-43、1987

14) 中本浩揮、杉原隆、及川研「知覚トレーニングが初級打者の予測とパフォーマンスに与える効果」体育学研究第 50 巻 5 号 pp581-591、2005

15) 續木智彦、大槻茂久、矢野晴之介、李宇ヨン、西條修光「サッカーペナルティーキック時のコース予測と手掛かりについて」日本体育大学紀要第 38 巻 1 号 pp17-23、2008

16) 松崎拓也、大槻茂久、續木智彦、筒井大助、西條修光「野球での「状況判断がよいプレー」についての研究」東京体育学研究第 31 巻 34 号 pp31-34、2008

17) 松崎拓也、續木智彦、野口欣照、古城隆利、黒田次郎、西條修光「野球における「状況判断のよいプレー」とは？：場面・状態・対象からの検討」運動とスポーツの科学第 21 巻 1 号 pp60-67、2015

18) 高岸弘「潜在能力をフルに引き出せ！「R/C/T 理論」と「残像トレーニング」」. コーチング・クリック、2017 年 4 月号「特集 / 疲れ知らずの身体づくり」pp38-39

19) 田口耕二『今すぐ実践できる！高校野球メンタルトレーニング』2022

20) 徳永幹夫『教養としてのスポーツ心理学』大修館書店 10-13、2005

第 23 章　esports ビジネス

esports という言葉がようやく日本にも定着し始めたように思う。世界中でゲーマー人口は爆発的に増えており、2025 年には esports 愛好家は 3 億 1800 万人に上ると予測されている。今後、ますます盛り上がるであろう esports ビジネスを把握するため、本章では esports 産業の発展の経緯と現在の市場規模や状況について概説する。つぎに esports のビジネスモデルに登場する主要なステークホルダーについて紹介する。最後に、その中でもチーム運営・選手のパフォーマンスに焦点を当てて、ビジネスとしての今後の発展可能性を考察する。

1．esports 産業の発展経緯と市場規模

　esports 産業は、1990 年代のブロードバンドインターネットの出現とともに始まり、インターネットを通じて世界中の誰とでもオンライン対戦ができるというコンセプトから発展してきた。esports 産業は 2019 年の COVID-19 の流行もあり、ゲームの世界の中で急成長している市場で、グローバルかつオンラインの要素を満たしており、その高いエンターテインメント性からローカルかつオフラインの市場をも席巻している。esports はハイスペックのゲーミングパソコンを利用してプレイするタイトルが主流と思われがちであるが、スマートフォンを使うモバイルタイトルも数多くリリースされており、近年のスマートフォン利用率の増加やゲームに対する意識の高まりも市場の成長を支えていると考えられる。また、競技シーンの白熱によってより多くのプロチーム、大会 (イベント)、ゲーム関連企業が新たに誕生することで、スポンサーシップや広告による連携が醸成されている。

　数値としては、2020 年の esports 関連市場の収益額は約 10 億米ドル (以下米ドル) であったが、2022 年には約 13 億 8000 万ドル、2025 年には約 18 億 7000 万ドルにまで成長すると予測されている。(Gough, 2023)。アジアと北米は収益面で最大の esports 市場となっており、Tencent の大規模な投資や政府の支援も相まって中国だけで市場の約 20 ％を占めている (2021 年データで推定 3 億 6010 万ドル)。その他の地域に着目すると、東南アジア、中央南アジア、ラテンアメリカは 2020 年からの市場成長が

著しく、今後大きなマーケットとなる可能性を秘めている。

　一方で、わが国日本の esports 市場は年々成長を続けているが、世界市場と比較するとそこまで大きくない。2021 年は、約 78 億円となったが、2025 年には約 180 億円近い市場規模に達するといわれている (Statista, 2023)。また、市場規模は年平均で 20％を超える成長率で拡大する見込みであり、黎明期から成長期への市場進化の様相に注目したい。

　ところで、世界の esports の直接市場の割合を大きく占めているのは、スポンサー料と広告料で、その収益は 2021 年に合計 6 億 4100 万ドルに達している。次に高い収入源は放映権料で、1 億 9200 万ドル強となっている。その他にも著作権許諾、グッズ＆チケット収入、パブリッシャーフィーなどの収益が挙げられる。また、esports が生み出す経済効果はこれらの要素にとどまらず、経済的なエコシステム（収益構造）が育つことで、他産業への波及効果も期待されている

２．esports 周辺市場と広がり

　経済産業省と一般社団法人日本 e スポーツ連合 (JeSU) による e スポーツを活性化させるための方策に関する検討会が 2019 年から 2020 年にかけて 5 回開催された。その報告書の中で「e スポーツは、サイバー空間・フィジカル空間の融合の社会実装の一つの局面であり、様々な周辺市場・産業への経済効果が見込まれるほか、経済効果を超えた様々な社会的意義を内包しているではないか」と提言された (e スポーツを活性化させるための方策に関する検討会, 2020)。同報告書では、esports と関わる周辺市場にもかなりの広がりが見られると述べられている。そこで、直接市場から波及領域までを記載した概要図 (図 23-1) を参照しながら、直接市場の各要素およびエコシステムのなかでも「人的資源確保・育成」を取り扱う。

　スポンサー / 広告：多くの esports チームは、企業からスポンサーシップを受けている。リアルスポーツと同様、企業がチームに対してお金や商品を提供し、認知拡大のサポートを実施し、スポンサー企業は代わりにブランドの宣伝や大会 (イベント) の開催などの恩恵を受ける形である。例

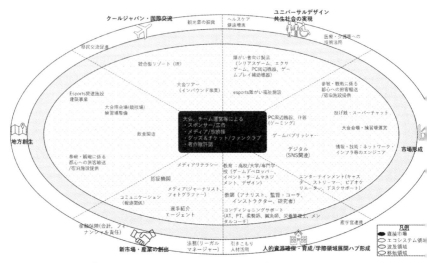

図 23-1 e スポーツを活性化させるための方策に関する検討会 (2020) を基に一部改変

えば、Intel や Coca-Cola、Red Bull などの名だたる大企業が、esports チームや大会のスポンサーとなっている。また、esports は伝統的なリアルスポーツとの関係性が深くなっており、プロスポーツチームが esports チームを所有するなど、既存のスポーツビジネスに esports が積極的に取り入れられるケースが増えている。例えばフランスのパリに本拠地を置くプロサッカーチームのパリ・サンジェルマン FC は、2016 年に esports 部門を立ち上げ、FIFA(EA SPORTS) というサッカーの esports タイトルや Multiplayer Online Battle Arena(MOBA) ジャンルの金字塔である League of Legends(Riot Games) のチームを立ち上げたりしている。しかし、一握りのトップチーム以外はスポンサードしてもらえる企業集めに苦戦しており、近年ではプロモーション費用として予算獲得を狙うビジネスモデルが増加している。

　また、esports の大会では、スポンサーに加えて広告収入を得ることができる。例えば、大会中に表示される広告や、スポンサーシップ以外の広告収入などが含まれる。市場にもよるが、esports のファン層はミレニア

244

ル世代・Z世代が多いため、若年層へのアプローチを目的とした大手企業がスポンサーになる大会も増えている。

メディア／放映権：esportsの大会は、オンラインでストリーミングされることも多いため、メディア権利は重要な収益源の一つとなる。また、大手メディア企業も、esportsイベントのストリーミングを提供することで収益を上げている。例えば、わずか1年でプレイ人口3000万人に到達したOverwatch (Blizzard Entertainment, 2016)の国際リーグでは、放映権や入場料、ゲーム内課金アイテム売り上げなどリーグ全体の純利益の一部を参加チームへ分配するビジネスモデルが採用されている。

また、プロ選手やストリーマーたちは、ゲームプレイの様子を配信することにより、直接収入を得ている。Twitch、YouTube、Meta（旧Facebook）などのメガプラットフォームを使ってゲーム配信を行い、視聴者から投げ銭(スーパーチャット)による寄付やサブスクリプション報酬を受け取っている。プラットフォームに応じて様々な広告の設定方法があるが、多くのプラットフォームでは、視聴者数に応じた広告収入を得られる。

グッズ＆チケット収入/ファンクラブ：esportsの大会では、オフラインで有料チケットを購入して観客として参加することもできる。このようなチケット販売は、大規模な大会やイベントによく見られ、人気大会のチケットは販売開始から直ちに売り切れとなる。また、プロは、人気ブランドとのコラボレーションによって、収益を得ることもできる(いわゆるブランドアライアンス)。選手やチームロゴに関するグッズ関連の収益ももちろんあるが、購入者はゲーム内アイテム(電子データ)としてキャラクタースキンを着用でき、その売り上げの一部を収益として得る形もある。esports直接市場の拡大に向けて、顧客のファン化、オンラインでの収益化が必須となっている中で、プロesportsチームによるファンクラブの設立も進んでいる。会員特典は、従来型のビジネスモデルと似通っているが、ゲーミングチームに所属しているプロ選手から直接フィードバック(コーチング指導)を受けられるといった珍しい特典も用意されている。

著作権許諾：ゲームパブリッシャーやデベロッパーが収入元となり、基

本的には大会等で利用許諾を行うことで、それに伴った収入を得る形となる。esports 先進国であるアメリカに倣う必要があるかどうかはさておき、黎明期にある日本の esports 市場の状況を鑑みると、市場を取り巻く法律の整備などを早急に進める必要がある。

　最後に、esports チームビジネスにおいて欠かせない賞金について述べる。これは、最も読者がイメージしやすい要素ではないだろうか。esports チームの運営にとって競技シーンへの出場はその中核を成しており、良い成績を残すことでスポンサー料、広告料の獲得につながる。近年は、多種多様なジャンル・タイトル別で、賞金を獲得できる世界大会が開催されており、例えば First Person Shooter(FPS) ジャンルの老舗である Counter-Strike: Global Offensive (CS:GO) の 2021 年大会賞金総額は約 800 万ドルに達している。また、MOBA ジャンルの Dota 2 の賞金も年々増えており、2019 年には 542 万ドルとなっている。大会主催者は、スポンサー企業からの資金や放送収入、チケット販売収入などから賞金を拠出するケースが多い。なお、Dota2 では、ファンのゲーム内課金による収益の 25% を賞金に充てている特徴がある。このように、esports 大会の賞金総額が増加した結果、プロ選手は esports で生計が立てられるようになった。esports 市場は絶えず成長しているため、今後もプロを目指すプレイヤーが大量に集まる流れは止まらないであろう。

3．esports 選手のパフォーマンス

　esports は、「エレクトロニック・スポーツ」の略で、広義には、電子機器を用いて行う娯楽、競技、スポーツ全般を指す言葉であり、コンピューターゲーム、ビデオゲームを使った対戦をスポーツ競技として捉える際の名称と定義されている（JESU, 2023）。当然、プロとして賞金を獲得し、活躍し続けるためには優れたパフォーマンスの発揮が求められる。しかし、パフォーマンスを高めるために健康を度外視したオーバートレーニングが原因で、プロ選手としてのキャリアが平均 2 〜 3 年で幕を閉じてしまう問題も生じている。そのような状況を打開するべく、esports 産業の発展に伴って、徐々に生理学、心理学、栄養学などの学術分野が esports のパフ

ォーマンスマネジメントに関わるようになり、科学的見地に基づいた研究が進められている。いわゆる産学連携である。

　筆者は、その中でも esports プレイ中の生理・心理指標に着目し、スキルレベルの高いプレイヤーは何がどのように優れているのかを研究している (Furukado and Hagiwara, 2023)。esports は、ラグビーやサッカーなどのリアルスポーツと比較すると、身体的側面よりも認知的側面が重要となる。ジャンルにもよるが FPS では、限られた時間の中で、常に正しい状況判断を連続して行う必要があり、時には 1 秒にも満たない時間の中での判断ミスが原因で試合に負けてしまうこともある。このような状況の中で、プレイヤーたちはいつ、どこを、どのように見ながらどんな感情状態でプレイしているのか。これらの点を明らかにするべく、スキルレベルの異なる VALORANT(Riot Games) のプレイヤーを対象にゲームプレイ中の視線および脳波指標を計測する実験を行った (写真 23-1)。その結果、スキルレベルの高いプレイヤーは、画面中央のレティクルエリア (領域 6 番) に視支点を置き、その上で画面左上のマップ (領域 5 番) を頻繁に注視していることが判明した (写真 23-2)。また、脳波データからゲームプ

写真 23-1 esports プレイ中のマルチモーダルデータ計測実験の様子 (筆者提供)

247

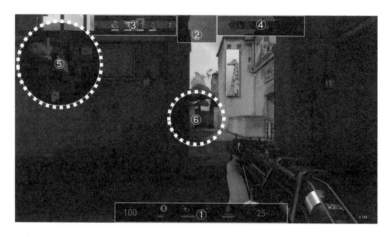

写真 23-2 VALORANT 熟練者の視線の特徴 (Furukado and Hagiwara, 2023 より一部改変)

レイ中の感情状態を推定したところ、熟練者にのみゲームプレイに完全に没頭しているフロー (リラックスと集中のバランスが取れている) 状態が見られた。よってリスポーン条件のない FPS では、原則は画面中央のレティクルエリアを注視し、外的条件や環境による注意の散漫を最小限に抑え、身体をリラックスさせながら競技に集中し、いつでも行動可能なアイドリング状態を維持することが重要と示唆された。このように、esports のパフォーマンスに対して脳波や視覚探索などの指標を用いることで、ゲーム内スタッツやプレイ映像からは得られない、プレイヤー自身が気づけない特性についての理解が深まった。学術研究により明らかにされた事実を具体的なトレーニング方法に落とし込むまで、引き続き産学連携による研究推進が必要となる。

　研究の一例を紹介したが、パフォーマンスマネジメントにはその他にも多くのエコシステムが関連している。特に選手のコンディショニングは非常に重要な要素である。なぜなら、プロ選手は 1 日に 10 時間以上の練習をすることも珍しくなく、長時間椅子に座るため身体的な活動量が少なくなるためである。また、それに伴って腰痛、肩こり、手根管症候群などは

もちろん、不眠症などの身体トラブルを抱える選手は少なくない。今や大手プロチームではフィジカルトレーナー、心理学者、栄養管理士が帯同することも珍しくない。日本であればアスレチックトレーナー、理学療法士、柔道整復師、鍼灸師などが関係する。

　教育面についても、日本では専門学校の設立にとどまっているが、海外のように esports 関連の学位取得プログラムがより汎化することで、プロ選手の引退後のセカンドキャリアを踏まえた人材資源確保および人材育成が行えるであろう。具体的には、ネットワーク・インフラエンジニア、ゲームデベロッパー、イベントマネジメント、デザイナーなどが当てはまる。また、エンターテインメント業界 (キャスター、ビデオクリエーター、ストリーマー) で活躍できる人材も輩出できる可能性がある。チーム運営に関してはリアルスポーツと同じく、監督、コーチ、スカウト、インストラクター職が求められる。とくに、esports およびバーチャルスポーツ (エクサゲーム) を活用した健康寿命延伸のサポートを行うインストラクター職などは、高齢社会の国々において最もニーズがある市場へと成長するであろう。

　以上のように、esports 産業の発展経緯や市場規模について概説した。直接市場やエコシステム領域を含むと esports 市場の成長はまだまだ続くと予測できる。　　　　　　　　　　　　　　　　　　　　(古門良亮)

【参考文献】

1) Gough, C. (2023). eSports market revenue worldwide from 2020 to 2025. [https://www.statista.com/statistics/490522/global-esports-market-revenue, retrieved March 15, 2023]
2) Statista Research Department (2023). Revenue of the eSports market in Japan from 2018 to 2021 with a forecast until 2025. [https://www.statista.com/statistics/1104505/japan-esports-market-size, retrieved March 15, 2023]
3) ｅスポーツを活性化させるための方策に関する検討会：「日本のｅスポーツの発展に向けて〜更なる市場成長、社会的意義の観点から〜」. https://www.meti.go.jp/meti_lib/report/2019FY/030486.pdf(2023 年 9 月 20 日参照)
4) 一般社団法人日本ｅスポーツ連合 . ｅスポーツとは . [online] Available at: https://jesu.or.jp/contents/about_esports/(2023 年 9 月 20 日参照)
5) Furukado, R., & Hagiwara, G. (2023). Gaze and Electroencephalography (EEG) Parameters in Esports: Examinations Considering Genres and Skill Levels. 2023 International Workshop on Smart Info-Media Systems in Asia,　SS2, 107-112.

第 24 章
健康づくりにおけるバーチャルスポーツの可能性

1．ゲーム市場とスポーツの現在

2022年における全世界のゲーム市場の規模は26兆8,005億円と推定されている（ファミ通ゲーム白書，2023）（図24-1）。また、わが国の2022年におけるゲーム市場規模は前年比1.4%の増の2兆316億円となり、さらにゲーム人口は5,400万人と推計されており一定の成長を示している。ちなみに、わが国のジョギング・ランニング人口が2020年に1,055万人（笹川スポーツ財団，2020a）、散歩・ウォーキング人口が4,913万人（笹川スポーツ財団，2020b）であることを鑑みると、ゲーム人口はスポーツ人口と同等の規模を有しているといえよう。

国際オリンピック委員会（IOC）は2021年4月にオリンピック・バーチャルシリーズ（OVS）を開催すると発表し、スポーツとバーチャルスポーツを同時に楽しめる大会は2021年5月13日から6月23日に東京オリンピック・パラリンピック大会に先立ち実施された。OVSで実施された競技は野球、自転車、ボート、セーリング（ヨット）、自動車の5つで、

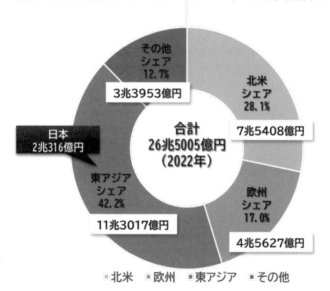

図24-1　2022年ゲーム市場規模
（ファミ通ゲーム白書，2023）＊筆者改定

図 24-2　グランツーリスモ ® をプレイ中の学生 （筆者提供）

たとえば自動車はわが国でも馴染みのある「グランツーリスモ ®」を使ってバーチャル・カーレースを実施した。また、OVS の成功を受けてオリンピック e スポーツシリーズ（OES）を 2023 年 3 月 1 日に開幕し各競技の予選ラウンドを実施した。さらに、2023 年 6 月 22 日から 25 日に「オリンピック e スポーツウイーク 2023」という対面形式による IOC 主催の決勝大会をシンガポールで開催した。

　このように、IOC はゲーム業界との連携のもと、デジタルコンテンツを活用したスポーツへの取り組みも強化し始めているように、近年では、バーチャルとスポーツを融合させた「バーチャルスポーツ」やその他デジタルコンテンツを活用したスポーツの有用性も語られるようになっている。そこで、本章では、「バーチャルスポーツ」を中心として、スポーツビジネスの未来を紹介する。

2．バーチャルスポーツとは

　バーチャルとスポーツの融合である「バーチャルスポーツ」を説明する際、世界的な研究のキーワードとなっているのがエクサーゲーム（Exergaming）である。エクサーゲームは、フィットネス、教育、健康の分野で新たな世界のトレンドとなっている「バーチャルスポーツ」の一種だとされている。エクサーゲームは、一般的に体の動きを必要とするデジ

タルゲームと認識され、アクティブなゲーム体験が身体活動の一形態としてとらえられており、eスポーツで一部採用されている身体活動を伴わないデジタルゲームは含まない。先に紹介したOVSにおいてもエクサーゲームを中心としたバーチャルスポーツ種目(以下、バーチャルスポーツに統一する)が採用されている。バーチャルスポーツが普及してきたことで、その有用性がスポーツ科学の分野でも主張されるようになってきている。例えば、American College of Sports Medicineでは、バーチャルスポーツが「子どもの身体活動と健康を促進するフィットネスの新しい形」と紹介されており(Benzing & Schmidt, 2018)、運動参加率が低下している青少年向けの未来のスポーツとしてバーチャルスポーツを紹介している。また、成人や高齢者においても、バーチャルスポーツの実施が中程度の身体運動を促し、抑うつ、ストレスなどの緩和や精神的健康度の向上を促すことが示されている(Huang et al., 2022)。バーチャルスポーツの実施は、通常の運動よりも参加しやすく、またゲームの楽しさや没入感といった参加者のポジティブな心理的価値を高め、身体運動を継続させる可能性があることが報告されている(Bonnechère et al., 2016)。

　このように、バーチャルスポーツはゲームの要素が取り入れられていることから、スポーツがより魅力的で、かつ楽しくプレイすることができるのではないだろうか。

3. バーチャルスポーツと健康づくり

　バーチャルスポーツの参加者はゲームシナリオと協応することで、感覚、認知、心理、運動機能が刺激され、さらに、ゲームのコンテンツは魅力的に設計されていることから、インタラクティブな運動形態として、高齢者の運動継続率を向上させることが明らかにされている(Wiemeyer & Kliem, 2012)。そして、運動に対するモチベーションの欠如や運動結果に対するネガティブな認識など、従来の運動の障壁を克服するのに役立つとされていることが報告されている(Manaf, 2013)。日本でも地方自治体が主体となり、高齢者の運動習慣への気づきを促すためにバーチャルスポーツを健康づくり教室に取り入れているところが増えつつある(図24-3)。

図24-3　東大阪市におけるゲームを利用した健康づくり教室（筆者提供）

　近年、転倒は高齢者における主要な公衆衛生問題であり、転倒に関連する傷害は、死亡、障害、医療費の主要な原因となっている。Jones et al.（2011）が示したデータでは、高齢者（65歳以上）の約3分の1は1年に1回転倒し、そのうちの半数はその後の1年間に再び転倒する可能性が高いと言われており、高齢者の健康を維持するためにも転倒を予防する健康づくり施策が必要であるといわれている。

　転倒の発生率は国によって差異があり、例えば、毎年転倒する高齢者の割合は、日本では20％、中国では6〜31％となっている（WHO, 2007）。上記のような高齢者の課題に対して、近年、歩行とバランスを改善するための一つのアプローチとして、バーチャルスポーツが用いられている。特に、バーチャルスポーツは、常に自己修正が必要であり、歩行とバランス能力の回復、実行機能・認知機能への刺激、マルチタスクトレーニングへの応用などの高齢者の転倒予防に対する活用の可能性が示唆されており（Levin, 2011）、高齢者の健康づくりのために応用され始めている。

4. 高齢者向け健康づくりにおけるバーチャルスポーツの種類と効果
　バーチャルスポーツに使用されるゲームは市販のものや低価格のものなど、さまざまな種類のツールが医療現場等で高齢者に使用されている。

Schoene et al.（2014）は、バーチャルスポーツに使用されているゲームの種類を身体活動のレベルに応じて分類している。1つ目は、動的バランス、認知トレーニングを促すステップトレーニング系、2つ目は立位バランス能力の向上を促すバランスボードトレーニング系、3つ目は、有酸素運動と高強度の筋力・バランストレーニングを促す、バランスボード＋エアロビックトレーニング系、4つ目は、有酸素運動と低強度の筋力・コーディネーショントレーニングを促すマルチコーディネーション系、最後に、有酸素運動を促すエアロビックプログラム系である。これらの種類の運動プログラムはゲームを使用し、利用者に提供される。高齢者向けの健康づくりでは、上記のバランスボードトレーニング系（以下、バランス系）のバーチャルスポーツが最も多く使用されていることから（Müller et al., 2023）、本章では、高齢者の身体活動を向上させる目的で使用されているバランス系の市販されているゲームコンテンツを中心にコンテンツ内容と研究成果を紹介する。

　高齢者向けバランス系バーチャルスポーツとしては、米国のMicrosoft® が開発した Xbox のゲームコンテンツが代表的である。動作センサーを使用したシステムを取入れ、身体の動きが適切に動いているときにのみプレイヤーがゲーム内でのやり取りができるようにするシステムをゲームコンテンツとして使用していることから、プレイヤーの運動制御が必要となり、ゲーム内で身体活動が自然と行われるような仕組みが導入されている。このようなシステムを取り入れたゲームを使用することで、上肢の動きだけに重点を置いてゲームを行った場合でも、高齢者のバランスを改善する効果があることが報告されている（Hsieh et al., 2014）。わが国でも任天堂株式会社が開発した Wii Ⓡを使用したゲームではバランスボードを使用したシステムが取り入れられており、高齢者のバランストレーニングのために世界で最も一般的に使用されるバーチャルスポーツのプラットフォームになっていると紹介されている（Perrier-Melo et al., 2014）。Wii Ⓡを使用した研究では、統制群と実施群で比較実験を行った結果、Wii Ⓡを使用した実験群の参加者では有意なバランス改善が見られたことが報告されている（Bonnechère et al., 2016）。このように、高齢

者の姿勢バランスに対するバーチャルスポーツの影響が示されている。また、高齢者の神経疾患についても、脳卒中患者やパーキンソン病患者などの標準的なリハビリテーション補助療法として、バランス改善にバーチャルスポーツが有効であることが報告されている（Zeng et al., 2017）。

　さらに、Timed Up and Go（TUG）テストなどの歩行機能テストと組み合わせてバーチャルスポーツの身体機能への効果を示している研究が行われている。例えば、Esculier et al. (2012) は中等度パーキンソン病患者10名と疾患のない高齢者8名を対象に任天堂 Wii Fit® を使用したバーチャルスポーツを6週間実施させ、機能的バランス能力への影響を検討した結果、パーキンソン病患者では、TUG テストなどの歩行機能及びバランス能力が有意に向上していることを示している。また、疾患のない健康な高齢者であっても、同様の知見を得られたと報告されている。つまり、バーチャルスポーツは障害の有無に関係なく高齢者の身体運動機能を向上させる効果があることが示唆されている。わが国でも、高齢者を対象にWii®、Nintendo Switch® などの家庭用ゲーム機を使用した研究が行われており、バーチャルスポーツを取り入れた介入プログラムを実施することによるバランス能力および歩行能力の向上が認められている（細井ほか, 2010）。このように、高齢者に対するバーチャルスポーツの効果を科学的な視点から検証し、将来的に一治療として活用することができれば、健康づくりビジネスとしても価値のあるものになると考えられる。

　さらに、近年ではバーチャルスポーツは身体機能を高めるだけでなく認知機能を向上させる効果がある可能性も示されており（Anders, et al., 2017）、身体機能と認知機能の両方に対するバーチャルスポーツのポジティブな効果から、高齢者の健康づくりのための新たな施策として世界的に注目が向けられている。

　以上のように、本章では近年、スポーツ活動の一形態として注目が向けられているバーチャルスポーツを健康づくりという視点から解説した。今後、コンテンツの開発や科学的エビデンスがさらに蓄積されれば、より多くの人々が運動の一形態としてバーチャルスポーツを選択する日は遠くない。

（萩原悟一）

【参考文献】
1) Anders, P., et al. (2018). Exergames inherently contain cognitive elements as indicated by cortical processing. Frontiers in behavioral neuroscience, 12, 102.
2) Benzing, V., & Schmidt, M. (2018). Exergaming for children and adolescents: strengths, weaknesses, opportunities and threats. Journal of clinical medicine, 7(11), 422.
3) Bonnechère, B., et al. (2016). The use of commercial video games in rehabilitation: a systematic review. International Journal of Rehabilitation Research, 39(4), 277-290.
4) Esculier, J. F., et al. (2012). Home-based balance training programme using Wii Fit with balance board for Parkinsons's disease: a pilot study. Journal of Rehabilitation Medicine, 44(2), 144–150.
5) Hsieh, W. M., et al. (2014). Virtual reality system based on Kinect for the elderly in fall prevention. Technology and Health Care, 22(1), 27-36.
6) Huang, K., et al. (2022). Exergame-based exercise training for depressive symptoms in adults: A systematic review and meta-analysis. Psychology of Sport and Exercise, 102266.
7) Levin M. F. (2011). Can virtual reality offer enriched environments for rehabilitation?. Expert Review of Neurotherapeutics, 11(2), 153–155.
8) Manaf, H. (2013). Barriers to participation in physical activity and exercise among middle-aged and elderly individuals. Singapore Med J, 54(10), 581-586.
9) Müller, H., et al. (2023). Exergaming in older adults: the effects of game characteristics on brain activity and physical activity. Frontiers in Aging Neuroscience, 15, 1143859.
10) Perrier-Melo, R.J., et al. (2014). Active video games, balance and energy expenditure in elderly: a systematic review. ConScientiae Saúde. 13(2), 289-297.
11) Schoene, D., et al. (2014). The effect of interactive cognitive-motor training in reducing fall risk in older people: a systematic review. BMC geriatrics, 14(1), 1-22.
12) Wiemeyer, J., & Kliem, A. (2012). Serious games in prevention and rehabilitation—a new panacea for elderly people?. European Review of Aging and Physical Activity, 9(1), 41-50.
13) World Health Organization (WHO). (2007). Global Report on Falls Prevention in Older Age. World Health Organization. https://www.who.int/publications-detail/who-global-report-on-falls-prevention-in-older-age?ua=1-64k. (2023年4月11日).
14) Zeng, N., et al. (2017). A systematic review of active video games on rehabilitative outcomes among older patients. Journal of Sport and Health science, 6(1), 33-43.
15) ファミ通ゲーム白書（2023）．世界の地域別ゲームコンテンツ市場規模．株式会社角川アスキー総合研究所.
16) 細井真弓，田中実希，他．(2010)．脳卒中片麻痺患者のバランス能力向上を目的とした Wii Fit の使用経験．八千代病院紀要，30, 52-53.
17) 笹川スポーツ財団（2020a）．ジョギング・ランニング人口 2020年．https://www.ssf.or.jp/thinktank/sports_life/data/jogging_running.html（2023年8月10日）.
18) 笹川スポーツ財団（2020b）．散歩・ウォーキング人口 2020年 https://www.ssf.or.jp/thinktank/sports_life/data/walking.html（2023年8月15日）.

「オーストラリアの中で感じる 2032 年自国開催のオリンピックに向けた動き」

　2021 年 7 月日本で行われた IOC 総会にて、2032 年のオリンピック開催地がオーストラリアのブリスベンに決定した。2022 年 9 月にブリスベンで行われた Australia Sports Technology Conference でも 10 年後のオリンピックに向けてどのように進んでいくべきかという議論があちらこちらで行われていたという話を聞いた。

　今回はオーストラリアのスポーツ業界という括りの大きな話ではなく、もう少しミクロな視点、つまりは特定のスポーツにおいて 10 年後の自国開催オリンピックに向けてどのような取り組みがスタートしているのかについて紹介したい。

　私が携わっているアーティスティックスイミング（旧：シンクロナイズドスイミング）では、大きな変化がいくつかあった。Australian Artistic Swimming の最大のスポンサーである Hancock Prospecting が出資額の増加を決めたことにより、主に以下の 3 点が可能になった。

・Centre of Excellence（COE）というプロジェクトの開始により、2022 年 12 月よりシニアナショナルチーム全員がトレーニング拠点のパースに移り住み、長い期間一緒にトレーニングをすることが可能になった。

・シニアナショナルチームのメンバーには、国際大会の経験に応じて毎月定額の給料が支払われるようになり、トレーニングにより専念できる環境になった。

・オーストラリア全土を対象にした 10 年後を見据えたタレントの発掘、育成プロジェクトが各地で始動。

　2024 年パリオリンピックに向かうトップチームの練習環境は改善されている一方で、現在の課題としては、実際に 2032 年のオーストラリア代表になるであろう世代の育成プログラムや方針が、各地域でバラバラの取り組みになっていることである。2021 年末よりナショナルパスウェイコーチという役職を作り、プランニングを試みるも競技特性を理解した専門家が入っておらず、なかなか前進する兆しが見えていない。また、次世代の強化については、選手の親がその費用のほとんどを負担しており、そこへのサポートが少ないため才能があっても費用負担ができず、代表入りを断念するという選手もいるという話も聞いている。

　国土が広く西から東の移動は、飛行機で約 5 時間、オーストラリア国内であっても最大時差が 2 時間あるという地理的な条件もあり、なかなか東西で一丸となって育成していくという動きがとりづらい。

　またオーストラリアではコミュニティスポーツ（レクリエーションスポーツ）がとても盛んであり、アマチュアスポーツで長時間練習に時間を費やすということが、受け入れられづらい文化があると感じる。

　以上のような課題もありつつ、しかし 2032 年のオリンピックに向けての一歩を踏み出している。これからどのように進化、飛躍していくのかがとても楽しみである。

Artistic Swimming WA Inc. 小野祥子

索 引

あとがき

　本書は、スポーツビジネスの多様な側面を網羅的に探求し、その複雑な構造と動きを明らかにすることを目的としました。スポーツビジネスの起源から現代に至るまでの発展、そして未来への展望まで、複数の研究者がそれぞれの専門分野に基づいて貢献しています。

　第一部では、スポーツビジネスの歴史的背景と基礎知識を概観し、読者にこの分野を理解するための基礎を提供しました。古代から現代に至るまでのスポーツビジネスの進化を追い、スポーツ施設や用品、マーケティング、プロダクトについて取り上げました。

　第二部では、近年のスポーツビジネスに焦点を当て、特に教育、企業スポーツ、ヘルスケア、法的枠組みの観点からその動向を分析しました。これらの章では、スポーツが地域社会や企業レベルでどのように位置づけられ、活用されているかを明らかにしました。

　第三部では、スポーツビジネスの発展に関する洞察を提供し、レジャースポーツ産業、アダプテッド・スポーツ、社会課題解決におけるスポーツの役割などを詳細に掘り下げました。ここでは、スポーツが社会に与える影響と、それが経済にどのように寄与しているかを探求しました。

　第四部では、トップスポーツビジネスに注目し、スポーツイベント、プロスポーツ経営、アスリート支援、オリンピック効果などを検討しました。これらの章は、スポーツイベントが経済や社会に与える影響と、それらを成功させるための戦略に焦点を当てました。

　第五部は、進化するスポーツビジネスを探るもので、スポーツリーグのプロ化、テクノロジーの影響、スポーツツーリズム、そして政治、政策におけるスポーツビジネスの位置づけについて考察しました。ここでは、スポーツビジネスが直面する新たな機会と課題を提示しました。

最終部では、スポーツビジネスの未来を考え、ブランドアイデンティティ、メンタルトレーニング、esports、バーチャルスポーツといった新興分野に焦点を当てました。これらの章では、スポーツビジネスの進化が社会にどのような影響を与える可能性があるのかを探りました。

　編集を通じて、私たちはスポーツビジネスが持つ多面性と、それが私たちの日常生活、健康、教育、そして経済に及ぼす影響を明らかにすることができました。本書が、学術界だけでなく、業界関係者や一般読者にとってもスポーツビジネスの理解を深め、その将来性について考えるきっかけとなることを願っています。また、私たちは、スポーツが持つ社会的、経済的価値の研究を進める中で、より良い社会を構築するための強力なツールであることを確信しております。本書が、スポーツビジネスの学術的研究だけでなく、実践的な指針としても機能し、多くの読者にとって貴重な資源となることを願ってやみません。

　著者一同、今回、提起したテーマや議論が、スポーツビジネスの未来に関する新たな研究や実践的な取り組みを促すことを期待しています。私たちの社会が直面する多くの課題に対して、スポーツがいかに貢献できるかを理解するには、継続的な探求と創造的な思考が必要です。本書がそのような探求と思考の旅の一助となれば幸甚です。

　最後に、出版に向けて尽力してくださった全ての著者、そして編集作業を支えていただいた佐藤公美氏をはじめ叢文社の皆様に心から感謝を表します。また、本書を手に取ってくださった読者の皆様にも感謝申し上げます。スポーツの未来は明るく、その可能性は無限大です。本書がその可能性を一緒に探求するための一歩となることを願っております。

令和6年3月

秋山　大輔

第 1 章　　谷釜尋徳　　東洋大学　法学部　法律学科　教授

第 2 章　　永田秀隆　　仙台大学　体育学部　教授

第 3 章　　八尋風太　　至学館大学　健康科学部　健康スポーツ科学科　助教

第 4 章　　奈良堂史　　関東学院大学　経営学部　准教授

第 5 章　　石塚大輔　　スポーツデータバンク沖縄株式会社　代表取締役

第 6 章　　神力亮太　　常葉大学　健康プロデュース学部　心身マネジメント学科　講師

第 7 章　　萩原裕子　　医療法人　牛尾医院　理事

第 8 章　　岡本悌二　　姫路獨協大学　人間社会学群　教授

第 9 章　　近藤　剛　　四国学院大学　社会学部　准教授

第 10 章　　内田勇人　　兵庫県立大学　理事兼副学長　環境人間学部　教授

第 11 章　　山田力也　　西九州大学　健康福祉学部 スポーツ健康福祉学科　教授

第 12 章　　村田真一　　静岡大学　グローバル共創科学部　准教授

第 13 章　　長野史尚　　学校法人国際学院　法人部

第 14 章　　黒田次郎　　近畿大学 産業理工学部　経営ビジネス学科　教授

第 15 章　　下園博信　　福岡大学　スポーツ科学部　教授

第 16 章　　佐久間智央　日本大学　工学部　総合教育　専任講師

第 17 章　　出口順子　　東海学園大学 スポーツ健康科学部 スポーツ健康科学科 准教授

第 18 章　　秋山大輔　　九州産業大学　人間科学部　スポーツ健康科学科　准教授

第 19 章　　林　恒宏　　岡山理科大学　経営学部　経営学科　准教授

第 20 章　　田中宏和　　高崎経済大学 地域政策学部　准教授

第 21 章　　吉池　淳　　株式会社 名古屋グランパスエイト　育成普及部　副部長

第 22 章　　野口欣照　　有明工業高等専門学校　一般教育科　准教授

　　　　　　岩田大助　　熊本高等専門学校　リベラルアーツ系 総合科学 Gr　准教授

第 23 章　　古門良亮　　西日本工業大学　工学部　講師

第 24 章　　萩原悟一　　九州産業大学　人間科学部　准教授

スポーツビジネス概論　5

発　行：2024 年 4 月 1 日　第 1 刷

編　著：黒田次郎、石塚大輔、
　　　　萩原悟一、秋山大輔
発行人：佐藤由美子
発行元：株式会社 叢 文 社
　　　　112-0014
　　　　東京都文京区関口 1-47-12
　　　　TEL　03-3513-5285
　　　　FAX　03-3513-5286
編　集：佐 藤 公 美
印　刷：株式会社丸井工文社

定価はカバーに表示してあります。
乱丁・落丁についてはお取り替えいたします。

KURODA Jiro/ISHIZUKA Daisuke/
HAGIWARA Goichi/AKIYAMA Daisuke　©
2024 Printed in Japan
ISBN978-4-7947-0847-2